CAHIERS DES ÉTATS

DE

NORMANDIE

SOUS LE RÈGNE DE CHARLES IX

DOCUMENTS RELATIFS

A CES ASSEMBLÉES

RECUEILLIS ET ANNOTÉS

Par Ch. de Robillard de Beaurepaire

1561-1573

ROUEN

CHEZ A. LESTRINGANT

LIBRAIRE DE LA SOCIÉTÉ DE L'HISTOIRE DE NORMANDIE

11, RUE JEANNE-D'ARC, 11

—

M DCCC LCI

CAHIERS

DES

ÉTATS DE NORMANDIE

ROUEN. — IMP. DE E. CAGNIARD, RUE JEANNE-DARC, 88

CAHIERS DES ÉTATS

DE

NORMANDIE

SOUS LE RÈGNE DE CHARLES IX

DOCUMENTS RELATIFS

A CES ASSEMBLÉES

RECUEILLIS ET ANNOTÉS

Par Ch. de Robillard de Beaurepaire

1561-1573

ROUEN

CHEZ A. LESTRINGANT

LIBRAIRE DE LA SOCIÉTÉ DE L'HISTOIRE DE NORMANDIE

II, RUE JEANNE-D'ARC, II

M DCCC LCI

EXTRAIT DU RÈGLEMENT.

Art. 16. — Aucun volume ou fascicule ne peut être livré à l'impression qu'en vertu d'une délibération du Conseil, prise au vu de la déclaration du Commissaire délégué et, lorsqu'il y a lieu, de l'avis du Comité intéressé, portant que le travail *est digne d'être publié.* Cette délibération est imprimée au verso de la feuille de titre du premier volume de chaque ouvrage.

Le Conseil, vu la déclaration de M. Julien Félix, *commissaire délégué, portant que l'édition des* Documents relatifs aux Etats de Normandie, *recueillis et annotés par* M. Ch. de Beaurepaire, *lui a paru digne d'être publiée par la* Société de l'Histoire de Normandie, *après en avoir délibéré, décide que cet ouvrage sera livré à l'impression.*

Fait à Rouen, le lundi 2 février 1891.

Certifié :

Le Secrétaire de la Société,

P. LE VERDIER.

ARTICLES
ET
REMONSTRANCES

Faictes aux Estats dernièrement tenuz à Rouen, le quinziesme iour de Novembre et autres iours ensuyvans, mil cinq cens soixante sept, Par les deputez Assistans ausdits Estatz, avec les responces et Ordonnances sur ce faictes, ainsi et en la forme qu'il ensuit.

A Hault et Puissant Seigneur, *monseigneur Tanneguy le Veneur, sieur de Carrouges, Chevalier de l'Ordre du Roy, Capitaine de cinquante hommes d'armes des Ordonnances du Roy, et son Lieutenant general és Bailliages de Rouen, et Evreux, en l'absence de monseigneur le duc de Buillon, et à Messeigneurs les Commissaires deputez avec vous, pour tenir la presente Convention generalle des Estatz de ce pays de Normendie, en ceste ville de Rouen au quinzieme iour de ce present moys de Novembre et autres iours ensuyvans, mil cinq cens soixante sept.*

Suplient et remonstrent tres-humblement, les gens desdits trois Estatz assistans en la presente Convention, qu'il vous plaise en vertu du pouvoir à vous donné par le Roy nostre dit seigneur, leur donner les provisions requises et necessaires, sur les articles du cayer de leurs complainctes et doleances qui ensuyvent.

ET PREMIÈREMENT.

Suplient et reiterent instamment les deleguez d'iceux Estatz leur pourvoir la requeste qu'ils ont cy devant faicte, qu'il plaise au Roy suyvant l'Edit et Ordonnance des estappes, que après le passage des gens de guerre, et liquidation faicte de leur despence, les Commissaires et Contrerolleurs, à ce deputez, puissent faire assiette et quotisation sur les habitans contribuables de chaque viconté, de ce que pourra monter icelle despence, comme tousiours a esté fait au grand bien et soulagement desdits poures habitans ; Par ce que ceux qui desià ont esté nommez n'en veulent aucunement prendre la charge, pour avoir veu que leurs predecesseurs ont esté contraints d'endurer la discution de leurs biens, pour le payement des vivres et victuailles à eux accreuz pour le fait desdites estappes, lesquels ils n'ont sceu payer au temps qu'ils avoyent promis. Si suplient iceux deleguez, qu'il plaise au Roy lever lesdictes deffenses pour ce regard, autrement seront contraints cesser icelles estappes, et laisser courir et desborder les soldartz par le pais pour y vivre à discretion, qui seroit la totale ruine du poure peuple, et au retardement des deniers du Roy.

Le Edit desquelles estappes ils suplient tres-humblement sa Maiesté, veu le temps où nous sommes, vouloir entretenir, garder et observer selon sa forme et teneur.

Apres que les Commissaires ordonnez pour dresser les estappes, auront fait le marché des denrées selon l'estat qui aura esté mandé faire, et qu'ils auront certifié à monsieur le Gouverneur ou son Lieutenant, la despense qu'il aura convenu faire pour le passage des soldatz et gens de guerre. Il plaira au Roy ordonner qu'incontinent et tost après quotisation et levée sera faite de la somme à laquelle montera ladite despense sur les habitans de la viconté où aura esté dressé ladite estappe.

Et pour ce qu'en la derniere Convention d'iceux Estatz, il a esté ordonné suivant la requeste desdits deleguez, que le remboursement des estappes dudit pays des années finies mil cinq cens cinquante sept, et cinquante huit, seroit fait respectivement par les deleguez du tiers estat de chacune Viconté, à raison de deux deniers tournois par livre. Ce neantmoins maistre Estienne du Val, receveur, nommé par les deleguez à faire la recepte generalle desdites estappes, à ladite charge amplement contenuë en sa provision et ordonnance, faites aux precedens Estats, et en sa presence, avoit contre la teneur de sadite provision et ordonnance susdite, poursuivy et obtenu commission de faire iceluy remboursement à douze deniers pour livre, qui se peut monter environ cinq mil livres. Suplient à ceste cause iceux deleguez qu'il vous plaise ordonner que le surplus desdits deux deniers pour livre, sera rendu et restitué au peuple, et iceluy du Val condamné à l'interest de ce qu'il auroit retenu les deniers plus long temps qu'il ne devoit. Et mesmes à payer le surplus du principal à ceux qui restent encores à payer, avec l'interest suyvant la protestation du iourd'huy.

Mandement est accordé ausdits deleguez et leur procureur pour faire convenir ledit du Val, par devant les Commissaires du Roy estans en ceste ville de Rouen, afin d'apporter l'estat et ordonnance faite au privé Conseil du Roy, pour, iceluy veu et ledit du Val ouy, estre ordonné sur le contenu audit article, et autres requestes presentées comme de raison.

Suplient et reiterent davantage lesdits deleguez à la requeste qu'ils ont cy devant faite, touchant l'inequalité de la contribution desdites tailles, avec les autres provinces de ce Royaume, dont il ne fait pas la douzieme partie, afin qu'il plaise au Roy faire continuer la recherche encommencée par feu de bonne memoire, le Roy Charles huictieme ou autrement leur pourvoir de diminution comme il plaira à sa Maiesté ordonner : A ce que pour l'avenir lesdits supplians puissent mieux satisfaire à la subuention de ses affaires, et leur donner moyen de se pouuoir resoudre des infinies pertes et dommages qui leur sont suruenuës. Et que à ceste fin il plaise à sadite Maiesté, suyuant l'ordonnance faite à son priué conseil, faire assembler les generaux de France, pour proceder audit egallement.

Se retirent les suplians par deuers le Roy, et facent poursuyte de l'Ordonnance faite au priué conseil dudit sieur, sur semblable Article.

Et entant qu'est un affranchissement fait par le Roy à aucuns que l'on nomme francz tenans de ne cueillir la taille, et plusieurs autres exemptions à eux octroyez. Dient lesdits deleguez que cela leur vient à grande surcharge, pour ce que ià plusieurs affranchiz ayans eu telle exemption, sont venus en si bonne fortune et abondance de biens, qu'ils acquierent une partie des biens de ladite parroisse, et ne se trouue entre les dits contribuables aucune egallité par le moyen d'icelle exemption. Pour ce que lors d'icelle ils estoyent assis à petite somme, et ne peuuent par le moyen d'iceluy affranchissement, estre à plus grand taille, qui est un grand interest, et dommage pour tous lesdits contribuables de ladite parroisse, Suplians lesdites exemptions estre reuocquées.

Les deleguez suplieront le Roy de leur pouruoir sur le contenu audit article, ainsi qu'il plaira à sadite Maiesté ordonner.

Reiterent dauantage les deleguez de l'Estat de la Noblesse, qu'il vous plaise à l'auenir leur permettre s'exercer à tirer de la Harquebuze sur leurs terres, en baillant par eux leurs noms et surnoms au greffe du Bailliage dont ils sont, le tout suyuant l'Edit d'Orleans, afin que ladite Noblesse ait moyen de soy esbatre à quelque honneste exercice.

Le Roy pour le present a permis à tous ceux qui luy voudront faire service de porter Harquebuzes et Pistollés, et neantmoins suplieront sa Maiesté de leur pouruoir pour l'auenir sur leur requeste.

Comme pour raison des troubles qui sont pour le present en ce Royaume, il y ait en ce païs une infinité de voleurs, gens vacabons et autres, qui se dient gens de guerre, lesquels font et commettent plusieurs pilleries, et exactions sur le peuple. Suplient qu'en chacun Bailliage d'iceluy païs, y ait un Vibailly qui soit gentil homme, demourant audit bailliage nommé et esleu par les habitans et deleguez d'iceluy. Et lequel Vibailly aura quatre cens liures de gaiges, à prendre sur les huit cens liures qui estoyent ordonnez à chacun Vibailly pour deux bailliages, attendu que les dits Vibailliz ont charge de deux Bailliages, qu'ils ne peuuent seuls exercer.

Il est enioint ausdits Vibailliz faire le deuoir de leurs charges, et circuir leurs Bailliages. Et pour le regard de l'augmentation desdits vibailliz, se retirent les dits suplians par deuers le Roy pour en ordonner.

Et afin d'exercer une pieté et charité à l'endroit de plusieurs enfans orphelins, et donner moyen que les republiques soyent augmentées de personnes de lettres, et sçauans, et qu'ils soyent dès leur ieunesse instruits à viure Catholicquement, et suyuant les institutions de l'Eglise Catholicque et Romaine. Il plaise au Roy ordonner que és villes, bourgs, et bourgades où il n'y a prebendes, soit prins certaine somme de deniers sur les abbayes, et prieurez prochaines des lieux pour l'entretenement d'un regent qui sera commis pour l'instruction de ladite ieunesse.

Sera remonstré au Roy le present article, afin de pouruoir ausdits suplians sur le contenu en iceluy, lequel est trouué raisonnable par les Commissaires deputez par sa Maiesté à tenir la presente conuention pour le regard des villes de ladite province.

Suplient dauantage les dits deleguez, qu'il plaise au Roy pour le repos et vnion de son peuple, ordonner que par cy après nul ne sera receu à aucun estat, et office de indicature et autre office et charge publicque qu'il ne soit Catholicque, et face profession de foy. Et que ceux de la religion nouuelle, qui de present sont pourueuz en estatz et offices, ne soyent admis à l'exercice d'iceux : mesme que le semblable soit observé aux Eveschez, Abbayes, Prieurez, et autres Estatz Ecclesiasticques, declarant pour ceste cause sadite Maiesté, iceux estatz, benefices, et offices estre vacants. Et le semblable soit fait pour ceux lesquels ont le maniement des armes, comme capitaines des Villes et Chasteaux, et conducteurs des gens de guerre, tant de cheual que de pied.

Qu'il luy plaise pareillement ordonner que tous les dits Euesques, Abbez, et Prieurs, ne pourront bailler à ferme leurs benefices, soit en spirituel ou temporel, qu'à personnes Catholicques, et non à ceux qui sont de la religion nouuelle. Et en surplus il plaise à sadite Maiesté, ordonner qu'en tout ce païs de Normandie, n'y aura aucun exercice de religion nouuelle, et que les Ministres et autres ayant charge de ladite religion, seront contraints sortir hors ledit païs. Auec deffenses ausdits de la nouuelle religion, porter, ny auoir en leurs maisons de la ville, ou aux champs aucunes armes.

Apres qu'il est demouré pour congneu que les bailliages de Rouen, Eureux, Gisors, Caux, et Costentin, comme assans à la pluralité des voix, ont requis que les dites articles demeurent au cayer, pour sur iceux estre pourveu par le Roy, et que les deleguez du bailliage de Caen, ensemble les deleguez de la Noblesse et tiers estat d'Alançon et Carentan ont requis estre inserez. Qu'ils suplient le Roy les vouloir maintenir en leur liberté suyuant ses Edits, lesdits Commissaires ont ordonné que les articles demoureront audit cayer, et que la requeste et remonstrances desdits deleguez de Caen et Alançon, sera inserée pour en estre pourveu par le Roy, ainsi qu'il plaira à sa Maiesté.

Comme il ne soit loisible au païs d'Angleterre, en vn François, achapter, ny vendre aucune marchandise, sinon par les mains d'un bourgeois du lieu, duquel ils sont tenus faire leurs achapts. Suplient pareillement que les Anglois ne puissent autrement trafficquer en France, vendre, ni achapter directement ou indirectement, sinon par les mains d'un bourgeois, ainsi qu'il est amplement contenu par leurs priuileges confermez par les predecesseurs Roys. Et par le concordat de ce fait entre le Roy nostredit sieur, et les Rois d'Espagne, et d'Angleterre.

Le Roy entend que les suplians soyent maintenus en leurs priuileges, et libertez, suyuant les confirmations faites par le Roy, et ses predecesseurs. Neantmoins suplieront la Maiesté dudit sieur, de leur donner nouuelle prouision à ce requise et necessaire.

Pareillement qu'il plaise à sadite Maiesté, remettant sus la liberté ancienne du traffic de marchandise, reuocquer certaine declaration obtenuë par surprinse par aucuns officiers de l'imposition foraine ou autres, pour leur profit particulier, par laquelle il est deffendu aux marchands de faire traffic de marchandise, sinon aux lieux mesmes cù croissent lesdites marchandises.

Feront les dits deleguez apparoir desdites lettres de declaration, par laquelle il est deffendu ausdits marchans de traffiquer, pour icelles veuës leur pouruoir ainsi qu'il appartiendra par raison.

Et pour euiter aux abus qui sont cy deuant auenus à raison de la multitude des officiers, et iurisdictions. Suplient la Maiesté du Roy, que le Edit par luy fait touchant la suppression des officiers, et iurisdictions, de l'imposition foraine et attributions d'icelles, aux Bailliz, Juges ordinaires aura lieu. Et sera executé non obstant le contredit, empeschement, et opposition desdits officiers, fermiers, et tous autres.

Soit interpreté par les marchans le contenu audit article, pour entendre les fins d'iceluy. Et sur ce leur pouruoir apres auoir fait apparoir des lettres de le Edit de suppression.

Qu'il luy plaise pareillement declarer que par cy après, les amendes des iurisdictions, Greffes d'icelles, ny les Tabellionnages, et sergenteries qui sont du domaine du Roy, ne seront baillez à ferme, pour euiter aux exactions et autres inconueniens qui en suruiennent.

Se retirent lesdits deleguez par deuers le Roy, pour luy faire remonstrance du contenu audit article.

Item remonstrent lesdits deleguez du bailliage de Gisors, qu'au bourgage d'Andely, affluent grande quantité de bledz, bois, vins, orges et auoines, et toutes autres sortes de marchandises. Auquel lieu se trouuent grand nombre de marchands, pour achapter les dites marchandises, et icelles faire charger aux basteaux pour estre voicturez, tant en ceste ville de Rouen qu'ailleurs, tellement que ordinairement en chacune sepmaine y a sur ledit kay d'Andely si grand nombre de marchandise, qu'elle ne pourroit estre chargée, sinon qu'à deux ou trois grands basteaux. Ce neantmoins vn nommé Nicolas Gosselin, soy disant porteur de quelque commission, pretend empescher les autres voictures par eauë, de mener leurs basteaux audit Andely, et charger les dites marchandises : Tellement que par faute que ledit Gosselin ne peut porter toutes lesdites marchandises, les laboureurs et autres marchans sont contraints faire reporter en leurs maisons icelles marchandises au grand preiudice et dommage du public. Si suplient qu'il plaise au Roy permettre tous voicturiers par eauë, aller charger audit Andely, en eux païans de ladite voicture gré à gré, comme l'on a accoustumé de tout temps.

Il a esté satisfait au contenu dudit article par arrest de la Court de Parlement de Rouen, donné sur l'interinement des lettres obtenuës par ledit Gosselin, duquel lesdits suplians se pourront ayder.

Et outre remonstrent iceux deleguez, que plusieurs gentils-hommes ayans estat en la maison du Roy, ou de monsieur le prince de Condé et autres, euocquent par ce moyen leurs causes et matieres au grand conseil, au grand preiudice et dommage des poures habitans dudit païs, et contre leurs priuileges et libertez. Si suplient sadite Maiesté qu'il luy plaise ordonner que telles euocations n'auront lieu, et qu'ils seront renuoyées par deuers leurs iuges ordinaires.

Feront apparoir les suplians de quelles euocations ils se complaignent, afin de porter icelles par deuers le Roy pour leur estre pourueu, ainsi qu'il plaira à sa Maiesté ordonner.

Qu'il vous plaise dauantage maintenir les suplians en leur possession et liberté accoustumée de eslire et nommer telles personnes que bon leur semblera pour assister en la Conuention desdits Estats, sans aucunement inmuer ny changer la forme ancienne. Et qu'ils n'y puissent estre receuz que de trois ans en trois ans, pour ce que autrement ils seroyent tousiours tous nouueaux, et ne pourroyent entendre les affaires du pays.

Le present article sera communiqué à monsieur le duc de Buillon gouuerneur dudit pays, d'autant que l'ordonnance a esté faite en sa presence.

Davantage, suplient les dits deleguez la maiesté du Roy, ne permettre que ses tailles soyent baillez à ferme, et ce qui en auroit puis n'agueres esté fait en aucunes des eslections de ce païs pour ledit effet le reuoquer, d'autant que par tels baulx à ferme son peuple pourroit estre grandement interessé par les moyens cy après declarez. Le premier que le taillable voulant s'acquitter de sa taille, pour euiter l'execution rigoureuse, dont ledit fermier pourroit vser à l'encontre de luy, seroit tenu aller en personne ou enuoyer à ses fraiz et despens, porter au bureau de la recepte desdites tailles, les deniers de son assiette, qui pourroit monter si peu de chose eu esgard à ses petites facultez que pour un sold en principal luy en cousteroit douze à la ruine d'iceluy, ce qui se preuue par demonstration.

Car demourant ledit taillable à quatre, cinq ou six lieuës, ou autre grande distance loin du bureau d'icelle recepte, il ne pourroit faire ledit voyage à moindre despense que de huit, dix, ou douze sols, sans l'iniure du temps qui luy pourroit quelquefois suruenir en chemin, et la discontinuation de sa vaccation et besongne à quoy il s'aplicque, qui pourroit monter beaucoup dauantage que ladite despense, chose de pernicieuse consequence, que pour payer vn sold de la taille en cousteroit vingt, dont à trait de temps cela pourroit tant accroistre et s'augmenter, qu'au lieu que le Roy penseroit auoir des hommes en vne election, il n'y trouueroit que poures miserables desolez, et à la fin sa terre deserte. Le second est que si les taillables voulans porter les deniers de leur assis en ladite recepte dedans le temps prefix par iceux baulx à ferme, qui est le vingtieme iour du premier mois de chacun quartier de ladite taille, comme a esté puis n'agueres fait par celles des elections de Caen, et Bayeux, se trouueroyent tous audit iour au bureau de ladite recepte, reuenans par estimation au nombre de quatre vingts ou cent mil personnes, n'y auroit moyen que tous peussent en vn seul iour estre despeschez ensemble, tant pour payer particulierement et eux faire enregistrer que retirer leurs quittances dudit fermier, et faudroit par necessité que grand partie d'iceux demourast à ses fraiz et despens, attendans l'ordre de son expedition, la despense duquel seiour oultre l'interest de la discontinuation de leurs labourages et besongnes, pourroit pour quelques uns surpasser le principal de leur taille.

Les suplians feront remonstrance au Roy du contenu audit article pour y estre pourveu au soulagement de son peuple, ainsi qu'il plaira à sa Maiesté ordonner.

Suplient aussi lesdits deleguez la maiesté du Roy, que son bon plaisir soit casser, et reuocquer les commissions par elle decernées, tant à maistres Guillaume Postel, sieur de Fourneaux, et François de Corbie, maistre Pierre le Jumel, sieur de Lisores, qu'autres ayans pareillement commissions, afin de voir corriger et reformer les departemens des subdiuisions et assiettes faites touchant le payement et contribution des tailles creuës, et autres subsides leuez en cedit païs, comme venans icelles commissions plus à la charge et foulle du peuple, qu'au bien et soulagement d'iceluy, et en ce faisant ordonner que la forme qui auoit esté de tout temps auparauant gardée, sera entretenuë et executée suyuant ce qu'en semblable auoit esté requis en la derniere conuention.

Les deleguez suplieront tres humblement la maiesté du Roy, afin qu'il luy plaise entretenir les dits suplians en la forme anciennement obseruée, pour faire les departemens de la taille sans aucune innouation. Et à ceste fin reuocquer toutes commissions par luy decernées à ce contraires.

Remonstrent aussi lesdits deleguez, comme il ne soit chose mieux seante à un bon Roy, que faisant administrer iustice à ses subiets, garder les bons de toute moleste et oppresse, et faire aussi punir les malings et transgresseurs de leurs fautes et offenses, Calomnies indeues, vexations par procez ou autrement, l'administration de laquelle iustice leur est deuë gratuitement par sa Maiesté, toutesfois soubz pretexte de vouloir mettre une prompte fin ausdits procez qu'on voit de iour en autre pulluler entre les subiets de ce Royaume, ou bien y donner ordre pour la diminution d'iceux, l'on auroit de nouueau imposé plusieurs subsides, que celuy ou ceux des attaignans seroyent tenus payer à peine d'estre deboutez de leurs demandes ou poursuites, chose du tout repugnante à la liberté que la maiesté du Roy doit auoir et exercer enuers sesdits subiets, ioint que telle dace de procez, au lieu de les contenir de plaider les vns contre les autres, les embraze bien souuent à ce faire, estans mal contens que pour entrer en recepte de leur deu, ils sont contraints par le moyen dudit impost y commencer par despense, dont la restitution leur est aussi peu asseurée que le payement de leur deu, Et quant à ceux qui n'ont moyen de païer ou auancer ladite dace, toute ouuerture de iustice leur est deniée à faute de paiement, dont auient que le riche se mal contente de bailler, là où luy est deu receuoir, et le poure demeure par son impuissance priué de pouuoir poursuiure ses droits, si suplient le Roy qu'il plaise à sadite Maiesté pour le bien et descharge de ses dits subiets, reuocquer et casser ledit impost et dace de procez.

Les suplians feront entendre au Roy le contenu au present article et suplieront sa maiesté de vouloir suprimer ledit subside.

Suplient pareillement lesdits deleguez la maiesté du Roy, que ayant esgard aux calamiteuses afflictions qu'ils ont soustenus, tant à cause des gresles, fouldres, et sterilitez des années dernieres que des troubles ayans cours de ceste heure en ce Royaume. Et aussi aux grandes sommes de deniers dont ils l'ont secouru pour subuenir aux vrgens affaires de ses guerres, vouloir casser et reuocquer l'impost de cinq solz pour muy de vin, mesmes faire ceste grace à son peuple de Normendie, qu'ils soyent reduits au payement du huictiesme de leurs boissons qui sont vendues audit pays, ainsi et en la forme des autres prouinces de ce Royaume.

Pareillement feront remonstrance au Roy lesdits deleguez du contenu audit article, pour ordonner sur iceluy ainsi que sa Maiesté voirra estre à faire par raison.

Davantage vous remonstrent que puis peu de temps il a esté erigé vn autre subside de six deniers pour liure, à prendre sur les hosteliers et cabaretiers de ce Royaume, chose grandement incommode et preiudiciable à son peuple. Si suplient la maiesté du Roy de suprimer ledit subside, et en exempter specialement ledit païs de Normendie, lequel est grandement chargé d'imposts et tailles trop plus que les autres prouinces de son Royaume.

Semblablement feront lesdits deleguez requeste au Roy de suprimer ledit subside.

Suplians aussi sadite Maiesté, que suyvant ce que de tout temps a esté accoustumé, son bon plaisir soit restablir les parties rayées au compte presenté et clos en son priué Conseil, le vingt quatriesme iour de Mars dernier, en cest an mil cinq cens soixante sept. Ensemble ordonner que neantmoins le reiglement fait ledit iour, touchant les taxes desdits deleguez pour vous porter et presenter le cayer des complaintes et doleances de cedit païs, lors que l'occasion se presenteroit, iceux deleguez tant de l'Eglise, Noblesse, que du tiers estat, seront païez de leurs dits voyages, à la raison de leurs premieres taxes, cessans lesquelles nuls d'entre eux voudroyent entreprendre faire à leurs despens tels voyages pour les affaires communs de cedit païs. Et en surplus ordonner que les quinze cens liures ordonnez par iceluy reiglement, estre mis és mains du soliciteur d'iceluy païs, seront neantmoins mises és mains de celuy que lesdits estatz voudront à ce commettre et deputer, pour subuenir aux fraiz des affaires communs dudit païs.

Feront entendre lesdits deleguez au Roy leur demande contenue audit article, pour en ordonner. Et pour le regard des deniers leuez pour les affaires communs dudit païs renuoyez par deuers le general de la charge pour leur pouruoir.

Et pour ce que plusieurs personnes pretendant remboursement et recompense sur les habitans de cedit pays, de quelques fraiz et despenses qu'ils auroyent faicte, ou perte particuliere qui leur seroit aduenue pour le passage des gens de guerre ou autrement, ordinairement se retirent par deuers le Roy, et messieurs de son conseil priué, et obtiennent lettres patentes pour faire leuer deniers sur le peuple après la sceance des dicts estatz, sans toutesfois qu'il y ait aucunement de leur accord ou consentement et à leur desceu ainsi qu'il a esté fait en la derniere conuention, chose très pernicieuse et dommageable aux poures taillables dudit païs, d'autant que pour leuer lesdits deniers il est besoin faire nouuelle assiette, nouueaux mandemens, nouueaux collecteurs, payer les commissaires de leurs courses, et les receueurs de leurs quittances, tout ainsi que si c'estoit pour les deniers de la taille. A ceste cause suplient lesdits deleguez, qu'il plaise à sadite Maiesté ordonner que pour l'auenir nul ne sera receu à faire leuer deniers sur les habitans dudit pays, que prealablement ils n'ayent presenté leur requeste, et demandé à la conuention des deleguez d'iceux estatz pour entendre icelles, et y garder l'interest des poures taillables dudit pays. Et aussi que pour l'année auenir ne soit leué plus grand somme de deniers, que ceux qui sont contenuz aux lettres patentes enuoyées pour la seance des presens estats.

Suplieront lesdits deleguez la maiesté du Roy, de les maintenir en leurs libertez à ce que pour l'auenir il ne soit leué aucuns deniers sur eux, que prealablement les deleguez n'en ayent eu communication en la conuention desdits estatz, pour euiter aux surprinses qui auiennent iournellement pour cest effect, au grand dommage et charge du poure peuple.

Suplient en outre qu'il vous plaise ordonner que les deleguez ayans assisté en la presente conuention, seront payez au premier quartier de l'année prochaine, ainsi qu'il a esté fait és conuentions precedentes.

Seront payez comme és années precedentes, suyuant l'ordonnance sur ce faite au priué conseil du Roy, et à ceste fin le greffier desdits estatz leur en deliurera lettre.

Et pour conclusion, en faisant et donnant response par les gens desdits estats à la demande que vous monseigneur, et vous messeigneurs leur auez faite de la part du Roy, tant pour le principal de la taille, taillon, et creuë d'icelle pour l'année prochaine, qui finira mil cinq cens soixante huit, que autres choses à plain declarées és lettres dudit seigneur, remonstrans iceux deleguez, que pour le present ne leur est possible de pouuoir entierement satisfaire au vouloir et demande du Roy, comme ils desireroyent faire ayans esgard aux choses qui sont auenuës és années passées, à cause des troubles ià passés, et ceux qui sont de present dont les poures subiets dudit pays se ressentent et se ressentiront tout le temps de leurs vies, considerans aussi la penurie des biens de la terre, signantement des bledz qui ont esté abbatuz par les grands vents, et tourmentes qu'il a faits, defaute de fruictages, et autres calamitez qui sont auenuës en iceluy pays, passage, et seiour de grand nombre de gens de guerre, tant de cheual que de pied, qui ont esté et sont encores audit pays, les quels ont fait plusieurs et incroyables excez, cessation de traffic et commerce de marchandises au moyen des troubles qui sont à present, auec plusieurs autres charges, pertes et calamitez qu'ils ont amenez, ce neantmoins voulans en tout ce qui leur est possible obtemperer au bon vouloir du Roy, et voyans les grans affaires qu'il a à supporter, luy accordent sa demande telle quelle est declarée èsdites lettres patentes, luy suppliant toutesfois que s'il voit que ses affaires le puissent permettre leur vouloir faire don de la creuë de trois sols tournois par liure, laquelle leur est impossible pouuoir porter ceste presente année, tant à l'occasion des choses susdites que pour autres charges et affaires dudit pays. Et en surplus entretenir les habitants dudit pays en leurs anciennes libertez et franchises comme cy deuant ont fait ses predecesseurs Roys, et les auoir en bonne et singuliere recommandation.

Signé, GOSSELIN.

Sera fait entendre au Roy par les Commissaires tenans la presente conuention, que après amples remonstrances par eux faites aux deleguez desdits Estatz, assistans en icelle conuention, des vrgens affaires vouloir et intention de sa Maiesté, ont les deleguez d'iceux Estatz octroyé, et accordé lesdites taille, creuë, reparations, et autres choses mentionnées és lettres patentes du Roy. Ensemble les deniers dudit taillon, pour le tout estre cueilly, leué, receu, et payé aux termes, et ainsi qu'il est contenu et declaré èsdites lettres patentes. Et que ayans esgard à leur poureté, ruine dudit pays, et necessité du temps, il plaise à sa Maiesté de descharger et soulager, à l'auenir lesdits habitans et subiets dudit pays, des grandes tailles, creuë, subsides et imposts qu'ils ont supporte** et endure* par le passé, portent et endurent encores de present. Et en surplus les entretenir en paix, et confirmer en leurs anciennes libertez et franchises, ainsi que ont accoustumé faire ses predecesseurs Roys.

Fait par les Commissaires du Roy tenans la conuention des Estatz de Normandie, à Rouen le dixneufiesme iour de Nouembre, l'an mil cinq cens soixante sept.

Signé, N. DE BAUQUEMARE,
vn paraphe.

A Rouen. Chez Martin le Mesgissier, libraire et imprimeur du Roy, tenant sa boutique au haut des degrez du Palais. M. D. LXVIII. Avec priuilège du dit Seigneur. — Rémprimé d'après l'exemplaire de la Bibliothèque Nationale.

ARTICLES
ENUOYEZ AU ROY

*Par Messeigneurs les Commissaires, tenans lesdits
Estatz expediez par ledit Seigneur en son
priué Conseil, au Chasteau de Boulongne,
le quatorziesme iour d'Aoust, mil
cinq cens soixante huit.
Ainsi qu'il ensuit.*

AV ROY.

Svplient tres humblement, les gens des trois estatz de vostre pays de Normandie, Qu'il vous plaise leur pouruoir sur plusieurs articles par eux presentez aux Commissaires par vous deputez à tenir la seance des estats derniers, et à vous renuoyez par iceux Commissaires pour y pouruoir selon vostre bon plaisir. Et lesdits suplians prieront Dieu pour vostre Maiesté et prosperité.

ET PREMIEREMENT

Suplient et requierent les deleguez dudit pays qu'il luy plaise pouruoir sur la requeste qu'ils ont cy deuant faite touchant l'inequalité de la contribution des tailles, auec les autres prouinces de vostre Royaume, dont ils ne font pas la douzieme partie : Afin qu'il vous plaise faire continuer la recherche encommencée par feu de bonne memoire le Roy

Charles huitieme, ou autrement leur pourueoir de diminution comme il plaira à vostre Maiesté ordonner, à ce que pour l'auenir les dits suplians puissent mieux satisfaire à la subuention de vos affaires, et leur donner moyen de se pouuoir resoudre des infinies pertes et dommages qui leur sont suruenuës. Et qu'à ceste fin il vous plaise, suyuant l'Ordondonnance faite en votre priué conseil, faire assembler les generaux de France pour proceder audit egallement.

Le Roy y pouruoirra par l'assemblée des generaux de ses finances, ou autrement si tost que ses affaires le pourront porter.

Et entant qu'est vn affranchissement fait par vous Sire, à aucuns que l'on nomme francs tenans de ne cueillir la taille, et plusieurs exemptions à eux octroyées. Dient lesdits deleguez que cela leur vient à grande surcharge, pour ce que ià plusieurs ainsi affranchiz ayans eu telle exemption, sont venuz en si bonne fortune et abondance de biens qu'ils acquierent vne partie des biens de la parroisse, et ne se trouue entre les dits contribuables aucune equalité par le moyen d'icelle exemption, pour ce que lors d'icelle ils estoyent assis à petite somme et ne peuuent par le moyen d'iceluy affranchissement estre à plus grand taille, qui est vn grand interest et dommage pour tous lesdits contribuables de ladite paroisse. Supplians les dites exemptions estre reuocquées.

Y a esté pourueu par la reuocation cy deuant faite des anoblissemens octroyez depuis quarante ans, et n'a le Roy affranchy aucun du payement de la taille.

Comme pour raison des troubles qui sont pour le present en vostre Royaume, y ait en ce païs vne infinité de voleurs, gens vacabons, et autres qui se dient gens de guerre, lesquels sont et commettent plusieurs pilleries et exactions sur le peuple. Suplient qu'en chacun bailliage d'iceluy pays, y ait vn Vibailly qui soit gentil-homme demourant audit bailliage, nommé et esleu par les habitans et deleguez d'iceluy. Et lequel Vibailly aura quatre cens liures de gages, à prendre sur les huit cens liures qui estoyent ordonnez à chacun Vibailly pour deux bailliages, attendu que lesdits Vibailliz ont charge de deux bailliages, qu'ils ne peuuent seuls exercer.

Sera enioint à ceux qui ont les charges de Vibaillyz d'y faire leur deuoir, et faire leurs cheuauchées suyuant les Edits et Ordonnances et iusques à ce que le Roy ait esté plus amplement informé du besoin de l'augmentation requise du nombre de Vibaillyz, ledit sieur n'entend changer le reiglement et establissement cy deuant fait.

Et afin d'exercer vne pieté et charité à l'endroit de plusieurs enfans orphelins, et donner moyen que les republicques soyent augmentées de personnes de lettres et sçauans, et qu'ils soyent dès leur ieunesse instruits à viure Catholicquement, et suyuant les institutions de l'Eglise Catholicque et Romaine. Il vous plaise ordonner que és Villes, Bourgs, et Bourgades ou il ny a prebendes, soit prins certaine somme de deniers sur les Abbayes, et prieurez prochaines des lieux, pour l'entretenement d'vn regent qui sera commis pour l'instruction de ladite ieunesse.

Faudra qu'ils s'aydent et facent comme a esté fait iusques icy, pour la nourriture et instruction desdits enfans orphelins, sans innouer aucune chose.

Suplient d'auantage lesdits deleguez, qu'il vous plaise pour le repos et vnion de vostre peuple, ordonner que par cy après nul ne sera receu à aucun estat et office de iudicature, et autre office et charge publicque qu'il ne soit Catholicque et face profession de foy. Et que ceux de la religion nouuelle qui de present sont pourueuz en estatz et offices ne soyent admis à l'exercice d'iceux. Mesmes que le semblable soit obserué aux Eueschez, Abbayes, Prieurez et autres estatz ecclesiastiques, declarant pour ceste cause vostre Maiesté iceux estatz, benefices, et offices estre vacants. Et le semblable soit fait par ceux lesquels ont le maniement des armes, comme capitaines des villes, cheuaux et conducteurs des gens de guerre, tant de cheual que de pied.

Le contenu au present article est accordé, pour le regard de ceux qui seront pourueuz cy après, et pour ceux qui le sont desià, faut suyure le Edit de pacification.

Qu'il vous plaise pareillement ordonner que tous les dits Euesques, Abbez et prieurs, ne pourront bailler à ferme leurs benefices, soit en spirituel ou temporel, qu'à personnes Catholicques, et non à ceux qui sont de la religion nouuelle. Et que les ministres et autres ayans charge de ladite religion, seront contraints sortir hors ledit pays, auecques deffenses ausdits de la nouuelle religion de porter ny auoir en leurs maisons de la ville ou aux champs aucunes armes.

Ne sera aucune chose innoué sur le contenu en cest article de ce qu'a esté fait iusques icy.

Comme il ne soit loisible au pays d'Angleterre à vn François achapter, ne vendre aucune marchandise, sinon par les mains d'vn bourgeois du lieu, duquel ils sont tenus faire leurs achaptz. Aussi pareillement que les anglois ne puissent autrement trafficquer en France, vendre, ny achapter directement ou indirectement, sinon par les mains d'vn bourgeois, ainsi qu'il est amplement contenu par leurs priuileges confermez par les predecesseurs Roys et par le Concordat de ce fait entre le Roy nostredit Seigneur, et les Roys d'Espagne, et d'Angleterre.

Le Roy fera veoir les traictez entre sa Maiesté et la Royne d'Angleterre, et ce pendant veut que chacun viue et trafficque comme il a accoustumé.

Qu'il vous plaise pareillement declarer que par cy après les amendes des iurisdictions, greffes d'icelles, ny les tabellionnages et sergenteries qui sont de vostre domaine ne seront baillez à ferme, pour euiter aux exactions et autres inconueniens qui en suruiennent.

Le Roy y pouruoirra ainsi qu'il verra estre à faire.

Suplient aussi lesdits deleguez vostre Maiesté que vostre plaisir soit casser et reuocquer les commissions par elle decernées, tant à Maistres Guillaume Postel sieur de Fourneaux, et François de Corbie, maistre Pierre le Iumel sieur de Lisoires, qu'autres ayans pareillement commissions, afin de voir corriger et reformer les departemens des subdiuisions et assiettes faites touchant le payement et contribution des tailles, creuës, et autres subsides leuez en cedit païs. Comme venans icelles commissions plus à la charge et foulle du peuple qu'au bien et soulagement d'iceluy. Et en ce faisant ordonner que la forme qui auoit esté de tout temps auparauant gardée, sera entretenuë et executée, suyuant ce qu'en semblable auoit esté requis en la derniere conuention.

Le Roy entend que la reformation de l'inegalité des departemens, soit poursuyuie et gardée, et orra les plaintes des particuliers qui se presenteront.

Suplient pareillement les dits deleguez vostre Maiesté, qu'ayant esgard aux calamiteuses afflictions qu'ils ont soustenuës, tant à cause des gresles, fouldres, et sterilitez des années dernieres, que des troubles ayans cours dès ceste heure en ce Royaume, et aussi aux grandes sommes de deniers dont ils vous ont secouru, pour subuenir aux vrgens affaires de vos guerres, vouloir cesser et reuocquer l'impost de cinq sols tournois pour muy de vin. Mesmes faire ceste grace à vostre peuple de Normandie, qu'ils soyent reduits au payement du huictiesme de leurs boissons, qui sont vendus audict païs ainsi et en la forme des autres prouinces de vostre Royaume.

En continuant le subside du vin pour six années, le Roy a suprimé, au grand soulagement de ses subiets, les subuentions et subside des procez.

Suplians aussi vostredite Maiesté, que suyuant ce que de tout temps a esté accoustumé, vostre bon plaisir soit restablir les parties rayées au compte presenté et clos en vostre priué conseil, le vingt quatriesme iour de Mars dernier, en l'an mil cinq cens soixante sept. Ensemble ordonner que neantmoins le reiglement fait ledit iour touchant les taxes desdits deleguez, pour vous porter et presenter le cayer des complaintes et doleances de cedit païs, lors que l'occasion se presenteroit, iceux deleguez tant de l'Eglise, Noblesse, que du tiers estat, seront païez de leurs dits voyages à la raison de leurs premieres taxes, cessans lesquelles nuls d'entre-eux voudroyent entreprendre faire à leurs despens tels voyages pour les affaires communs de vostredit païs. Et au surplus ordonner que les quinze cens liures ordonnez par icelluy reiglement, estre mis és mains du soliciteur d'iceluy païs, seront neantmoins mises és mains de celuy que les dits Estatz voudront à ce commettre et deputer, pour subuenir aux fraiz des affaires communs dudit païs.

Le Roy ne peut pour la consequence, accorder le restablissement des dites parties rayées, bien permet que les quinze cens liures soyent mises és mains de celuy que les Estatz nommeront et deputeront.

Et pource que plusieurs personnes pretendans remboursement et recompense sur les habitants de vostredit pays de Normandie, de quelques fraiz, et despenses qu'ils auroyent faites, ou perte particuliere qui leur seroit auenuë pour le passage des gens de guerre ou autrement, ordinairement se retirent par deuers vous Sire, et Messeigneurs de vostre Conseil priué, et obtiennent lettres patentes pour faire leuer leurs deniers sur le peuple après la seance desdits Estatz, sans toutes fois qu'il y ait aucunement de leur accord ou consentement et à leur desceu, ainsi qu'il a esté fait en la derniere conuention, chose très pernicieuse et dommageable aux poures taillables dudit païs, d'autant que pour leuer les dits deniers, il est besoin faire nouuelle assiette, nouueaux collecteurs, payer les commissaires de leurs courses, et les receueurs de leurs quittances, tout ainsi que si c'estoit pour les deniers de la taille. A ceste cause suplient les dits deleguez qu'il plaise à vostre Maiesté ordonner que pour l'auenir nul ne sera receu à faire leuer deniers sur les habitans dudit païs, que prealablement ils n'ayent presenté leur requeste, et demandé à la conuention des deleguez d'iceux estatz, pour entendre icelles, et y garder l'interest des poures taillables dudit païs. Et aussi que pour l'année auenir ne soit leué plus grande somme de deniers, que ceux qui sont contenus aux lettres patentes enuoyées pour la seance desdits Estatz.

Le Roy aura esgard à l'auenir au contenu audit article.

Fait au Chasteau de Boulongne le Roy estant en son conseil, le quatorzieme iour d'Aoust, mil cinq cens soixante huit.

Signé, FIZES.
Vn paraphe.

EXTRAIT D'AVCVNS *articles du cayer des complainctes et doleances faictes par les gens des estatz de Normandye, en la conuention d'iceulx tenue à Rouen le quinziesme iour de Nouembre, et autres iours ensuyuans mil cinq cens soixante huict, desquelz articles, ensemble des responces et ordonnances sur iceulx, faictes par messieurs les Commissaires deputez par le Roy pour tenir ladicte conuention, la teneur ensuyt.*

REMONSTRENT dauantage comme il ait pleu au Roy pour le repos et vnion de son peuple, Ordonner entre autres choses par son Edict du moys de Septembre dernier, que tous Ministres et predicans de la nouuelle Religion vuyderont et sortiront hors de ce Royaume de dens quinze iours après la publication d'icelluy Edict, et par mesme moyen inhibé et defendu tout exercice d'autre Religion que de celle qui est Catholicque et Romaine telle que luy et ses Maieurs ont successiuement tenuë et gardée sur les peines indictes par ledict Edict, toutesfoys soubs couleur que par icelluy est permis à ceulx de la nouuelle Religion viure en liberté de leurs consciences sans pouuoir estre aucunement recherchez, plusieurs d'iceux par vn mespris et contemnement delaissent faire baptiser leurs enfans, ausquels pourroit aduenir ung mal irreparable, qui est de damnation de leurs ames, decedans auant que estre baptisez, autres de ladicte religion ne tiennent auiourd'huy aucune loy ou religion quelconque, à cause de quoy par le laps du temps ils pourroient oublier Dieu nostre Createur et par cela tumber plustost en ung ateisme que à recognoistre celuy qui est seul autheur de toutes choses.

SI SUPPLIENT iceulx deleguez qu'il plaise à la Maiesté du Roy pour le bien et salut des dictz petits enfans nouuellement nez, Ordonner en augmentant à sondict Edict que lesdicts petis enfans n'ayans encores esté baptisez, seront baptisez selon la forme Catholicque, par les Curez ou Vicaires des parroisses où auront esté lesdicts enfans nez, encores que les peres et meres ne le requissent, et quant aux maieurs de ladicte nouuelle Religion, semblablement ordonner qu'ils seront contraincts aller à la Messe et garder au reste toutes les constitutions de nostre mere Saincte Eglise, ainsi que les autres viuans Catholicquement, ou bien vuyder et sortir hors de ce Royaume dedans tel bref temps qu'il plaira à sa Maiesté leur prefiger pour cest effect sur les peines au cas appartenant. Afin qu'ils ne soyent cause de scandalle et mauuais exemple à ceulx qui sont viuans en la foy et Religion Catholicque et Romaine, aussi ordonner, aduenant le trespas d'iceulx de ladicte nouuelle Religion, que leurs corps ne seront inhumez aux cymetieres ou autres lieux sainctz et benis, ordonnez pour ceulx qui sont decedez en la foy et loy Catholicque, si en prealable ils ne s'estoyent reconciliez à l'Eglise Catholicque et Romaine.

Il est enioinct à tous Curez et Vicaires d'estre diligens d'entendre chascun en leurs parroisses les enfans qui naquiront en icelles, et les baptiser suyuant l'Edict et ordonnance du Roy, et en aduertir les sages femmes de le venir promptement denoncer, sur peine de pugnicion Corporelle, et pour le surplus les Edictz du Roy seront obseruez et gardez, neantmoins feront entendre lesdictz deleguez au Roy leur requeste pour y estre pourueu ainsi qu'il plaira à sa Maiesté,

Qu'il luy plaise pareillement ordonner, que tous Euesques, Abbez et Prieurs ne pourront bailler à ferme leurs benefices, soit en spirituel ou temporel, que à personnes Catholicques et non à ceulx qui sont de ladicte nouuelle Religion, ce que lesdicts supplians requerent estre pareillement entendu pour le regard des biens et domaine des Leprosaries et dixmes dependans des benefices dessus dicts, ausquels de ladicte nouuelle Religion, sera inhibé et defendu porter ou auoir en leurs maisons, tant en la ville que aux champs aucunnes armes.

Les Euesques, Abbez et Prieurs, seront admonestez pour l'aduenir de bailler à ferme leurs revenuz et dixmes aux personnes Catholicques, et non à ceux de la nouuelle Religion, et pour le regard de la defence de porter ou auoir en leurs maisons armes, les defences seront reiterées selon l'edict du Roy, et est enioinct à tous iuges d'y tenir la main chascun pour leur regard.

Qu'il plaise au Roy aussi ordonner que au Gouuernement et administration des Villes, Hospitaulx, et Leprosaries les gens de ladicte nouuelle Religion, ne seront doresnauant admis ne receuz, par ce que des deniers d'iceulx ils ont par cy deuant subuenu et fauorisé les Ministres, messaigers et autres perturbateurs du repos publicq de ce Royaume, et differé prester l'ayde et subuention qui appartient aux pauures Catholicques, parquoy supplient le Roy que à l'aduenir ne soit permis aux gens de ladicte nouuelle Religion administrer telles ou semblables charges que dessus, mesmement des offices concernant le publicq, et aussi la Iustice.

Il est enioinct à toutes personnes de ne recepuoir à l'administration des Hospitaulx des villes et Leprosaries, les gens de la nouuelle pretendue Religion, et pour le regard des offices concernans le public et de la Iustice il y a esté pourueu par l'edict du Roy, lequel est mandé à tous Iuges de obseruer et garder.

Comme soit très necessaire pourueoir d'hommes doctes et de bonne vie exemplaire en chascunne ville pour prescher la vraye doctrine et parolle de Dieu, affin de reduire le peuple desuoyé par les faulx Ministres predicans, qui ont cy deuant dogmatisé en ce Royaume, qu'il plaise au Roy ordonner à Messeigneurs les Euesques et autres Prelatz de pouruoir de Predicateurs à chascunne ville et bourgade et autres lieux où ils verront estre necessaire, et mesmement que l'ordonnance d'Orleans pour le faict de la residence d'iceulx Prelats soit entretenue et gardée.

Seront admonestez les Euesques et Prelatz de cedict pays de pourueoir de Predicateurs pour administrer la parolle de Dieu ès villes et bourgades de leurs dioceses, afin de reduire le peuple desuoyé, et aussi seront exortez de resider sur les lieux suyuant l'Edict d'Orleans.

Et qu'il soit defendu ausdicts Euesques et Prelats et à leurs Officiers de prendre ou exiger pour les collations des benefices et autres choses spirituelles, emplusauant que somme raisonnable.

Il est ordonné en attendant le bon plaisir du Roy que inhibitions et defences sont faictes aux Secrettaires des Euesques de cedict pays de ne prendre ne exiger pour les collations des benefices et autres choses spirituelles, emplusauant qu'il est faict en l'Archeuesché de Rouen, et se reigler suyuant les Officiers d'icelluy sur les peines de droict.

Et pour ce que en ceste Prouince y a plusieurs Leprosaries et Hospitaulx où n'y a aucuns mallades, du reuenu desquelz ioyssent neantmoins les seigneurs et Gentils-hommes ou autres ayans le maniement et administration d'iceulx, supplient sa Maiesté que le reuenu soit employé à la reparation des edifices desdicts lieux (si aucuns en y a) ou entretenement des Maistres d'escolle et pauures Catholiques des parroisses où les dicts Hospitaulx et Leprosaries sont respectivement assises, ausquels Gentils-hommes sera pareillement inhibé et deffendu prendre à ferme les fruicts des dicts Hospitaulx, et Leprosaries, ou autres benefices quelsconques, pour les appliquer à leur prouffit, ne mesmement les dixmes et autres droicts dependans des benefices desquels ils sont patrons et fondateurs.

Il est enioinct d'employer le reuenu à l'entretenement des edifices des lieux et aux pauvres d'iceux, et deffendu à tous Gentizhommes et autres de s'aproprier les dixmes des benefices dont ilz sont patrons, sur les peines au cas appartenant.

Suplient et remonstrent d'auantaige, que puys aucun temps en ça les gens de guerre à pied, allans par pays se sont tellement desbandez, comme aussi ont faict le semblable les gens de guerre à cheual pour viure à discretion sur le pauure peuple et gens du plat pays, chose qui leur est tourné à plus grande despence que ne monte vne année de leur taille, si suplient la Maiesté du Roy ordonner pour le regard des dicts gens de guerre à pied, que l'Edict des Estappes sera entretenu et faict executer par Monseigneur le Gouuerneur et Lieutenant general de sa Maiesté en ce pays, Messeigneurs ses Lieutenans generaulx audict Gouuernement en leurs Bailliages respectiuement et autres qu'il appartiendra, et quant ausdicts gens de guerre à cheual que l'Edict du taillon sera semblablement entretenu et executé, payans par iceulx leurs hostes de gré à gré selon qu'il est amplement contenu en icelluy Edict, autrement et à faulte de ce faire suplient iceulx deleguez estre deschargez par sa Maiesté dudict taillon.

Pour le regard des Estappes l'Edict sera gardé, et est enioinct aux Commissaires, Contrerolleurs et recepueurs des dictes Estappes lors que le passaige des gens de guerre à pied se fera, d'estre diligens chascun en leur ressort de faire dresser l'estappe suyuant et par les moyens contenuz ès lettres patentes dudict sieur dernierement obtenuz par lesdictz deleguez, sans permettre qu'ils se puissent desborder par les villages, et pour le regard des gens de guerre à cheual, il est enioinct à tous Cappitaines de faire viure leurs gendarmes suyuant les Edictz et ordonnances du Roy. Neantmoins feront entendre les Supplians à sa Maiesté le dommaige et perte que apporte le desbordement desdictz Gendarmes à son pauure peuple et au recouurement de ses tailles et creuës.

Suplient d'auantaige lesdicts deleguez, qu'il plaise au Roy ordonner que les Recepueurs des deniers communs des villes de cedict pays, soyent tenuz auant que presenter leurs comptes en la Chambre des Comptes à Paris, icelluy compte faire veriffier par deuant le Iuge Royal du lieu, appelez à ce voir faire les Aduocat et Procureur du Roy audict lieu auec les Conseillers, Escheuins ou Gouuerneurs des dictes villes, pour voir si aucune obmission ou maluersation y seroit commise, et duquel compte après la redition et closture d'icelluy le comptable en sera tenu bailler vng double en la maison de ville.

Accordé ainsi qu'il est requis, et est enioinct aux recepueurs des villes de faire communication de leurs comptes de recepte et despence aux Consulz des dictes villes pour les voir auant que de les porter à la Chambre des comptes.

Supplient aussi estre maintenuz en leur possession et liberté accoustumée de eslire et nommer telles personnes que bon leur semblera pour assister à la conuention desdicts Estats, sans aucunement innouer ou changer la forme antienne, lesquels deleguez y seront admis et receuz, encores que entre leur derniere comparition et la precedente n'y eust interualle de troys ans, pour ce que autrement leurs deleguez seroyent tous nouueaux et ne pourroyent si bien entendre les affaires du pays comme les autres qui y auroyent versé de plus longue main.

Les commissaires entendent suyuant les ordonnances precedentes, maintenir les deleguez en leurs libertez accoustumez, pourueu qu'ilz ne commettent abbuz en leurs ellections et aussi qu'il n'y ayt poinct de contredict.

FAICT à Rouen par les Commissaires du Roy tenant la conuention des Estatz de Normandye le dix-huictiesme iour de Nouembre, l'an mil cinq cens soixante huict.

Signé, DE BAVQVEMARE.

A Rouen. Chez Martin le Mesgissier, Libraire, et Imprimeur du Roy, tenant sa boutique au haut des degrez du Palais. M. D. LXVIII. Avec privilège dudit Seigneur. Réimprimé d'après l'exemplaire des Archives communales de Caen.

ARTICLES
ET
REMONSTRANCES

Faictes aux Estatz dernierement tenuz à Rouen, le quatorziesme iour de Novembre et autres iours ensuyvans, mil cinq cens soixante neuf, Par les deleguez Assistans ausdits Estatz, avec les responses et Ordonnances sur ce faites, ainsi et en la forme qu'il ensuit.

A Monseigneur, *Monseigneur messire Iacques de Bauquemare, chevalier, seigneur de Bourdeny, conseiller du Roy et premier président en la court de Parlement à Rouen et à messeigneurs les Commissaires deputez avec vous, pour tenir la présente convention generalle des Estatz de ce pays de Normandie, en ceste ville de Rouen le quatorzième jour de Novembre et autres jours ensuyvans, mil cinq cens soixante neuf.*

Suplient et remonstrent très-humblement les gens desdits Estatz assistans en la présente Convention qu'il vous plaise en vertu du pouuoir à vous donné par le Roy nostre dit sieur, leur donner les provisions requises et necessaires, sur les articles du cayer de leurs complainctes et doleances qui ensuyvent.

ET PREMIEREMENT.

Suplient et remonstrent très-instamment lesdits gens desdits trois Estatz, comme puis aucun temps en ça, les gens de guerre à pied allans par pays, se sont tellement debandez, comme aussi ont fait le semblable les gens de guerre à cheval, tant des Ordonnances, Arrière bans, Argoulletz qu'autres, lesquels neantmoins les Edits et ordonnances du Roy, outre ce qu'ils vivent à discretion sur le pauvre peuple, robent et emportent les biens du pauvre homme. Et qui pirs est, ne se contentans de ce contraignent leurs hostes à leur partement leur bailler grans deniers, chose qui leur est tournée en plus grande despence que ne monte six années de leur taille, de sorte que le pays est si pauvre que le pauvre peuple n'a pas du pain à mettre deuant luy, et quittent et abandonnent la plupart leurs maisons. Si suplient lesdits deleguez, qu'il vous plaise ordonner pour le regard desdits gens de guerre à pied, que l'Edit des estappes sera entretenu et fait executer par monseigneur le gouverneur et Lieutenant general de sa Majesté en cedit pays, Messeigneurs ses Lieutenans generaulx dudit gouvernement, en leurs bailliages, respectivement et autres qu'il appartiendra. Et quand ausdits gens de guerre à cheval, que l'Edit du taillon sera semblablement entretenu et executé, payans par iceulx leurs hostes de gré à gré selon qu'il est plus amplement contenu en iceluy Edit, autrement et à faute de ce faire, suplient iceulx deleguez dès à present estre deschargez dudit taillon. Suplians en outre qu'il soit informé respectivement par les Baillifs, leurs lieutenans, Vibaillifz, ou autres Juges dudit pays, des excez faits par iceux gens de guerre, pour par après en estre faite punition exemplaire et aussi que ceux qui seront commis pour la conduite des Arrierebans dudit païs, soyent du Bailliage, Gentilshommes et capables pour faire le service.

Enioint à tous gensdarmes et soldats de vivre suyvant les Edits du Roy nostredit sire, sur les peines contenues en iceux, et est permis aux deleguez et leur procureur de faire informer des excez par eux prétendus avoir esté faits par lesdits gens de guerre et soldatz en contreuenants ausdits Editz, et sur le surplus feront remonstrance au Roy pour y pourvoir.

Davantage lesdits deleguez suplient qu'il plaise au Roy addresser commission aux juges des lieux pour informer des excez et abbuz commis par plusieurs capitaines et autres ayans charge du plat païs, qui sans commission du Roy, avoyent contraint les paroisses dudit païs, à leur fournir soldats munis de harquebuses, dagues et espées et auroient levé grand nombre desdits soldats, lesquels avoient vesquy à discretion, sur le pauvre peuple par longue espace de temps, (et qui pirs est) auroyent cotisé et taxé plusieurs desdites parroisses à grande somme de deniers, pour avoir des armes à leursdits soldats, et iceux executez par la prinse de leurs biens, chevaulx et autres meubles venduz sur le pavé, jusques à la concurrence des dites taxes, et dont ils auroyent receu une infinité de deniers, ainsi qu'il apparoistra par les dites informations et quittances par eux signées, lesquelles informations faites suplient estre envoyez par devers la Majesté du Roy, afin d'en estre faite punition exemplaire.

Il est enjoint aux Juges ordinaires, d'informer des excez et abbuz commis par lesdits capitaines et autres, ayans prins charge du plat pays, pour l'information faite leur estre pourveu par le Roy, ainsi qu'il plaira à sa Majesté.

Remonstrent en outre que les Vibaillifz commis par les bailliages ne font aucun devoir en leurs charges, s'excusans sur ce qu'ils sont maintenant à un bailliage, ores à l'autre. A ceste cause suplient au Roy qui luy plaise commettre en chacun bailliage un Vibailly avec ses archers ainsi que sa Majesté a fait és bailliages de Caux et Gisors, à la charge que audit Vibailly sera enioint chacun mois faire un tour par chacune viconté de sa charge en y allant par un costé et revenant par l'autre, pour s'enquerir des malfaiteurs, et iceux apprehender sans connivence, et pour ceste cause sera tenu prendre attestation des juges ordinaires de chacun voyage et les apporter en chacune convention desdits Estatz, avec les procez verbaux des executions et diligences qu'ils auront faites chacune année, et si assisteront aux assises comme il leur est cy-devant ordonné, empeschant aussi lesdits deleguez que les gaiges du prevost S. Leger soient levez pour l'advenir, par ce qu'il est des principaux de la nouvelle opinion et requierent en estre deschargez.

Lesdits Commissaires sont d'avis soubz le bon plaisir de sa Majesté qui doit mettre des Vibaillifz en chacun bailliage en la forme et maniere comme il a esté fait au bailliage de Caux et Gisors. Et ce pendant leur est enjoint de faire leur devoir et apporter en chacune Convention leurs procez verbaux des executions et diligences qu'ils auront faites, et d'assister aux assises, et à faute de ce faire est permis ausdits deleguez et leur procureur de faire arrester les gaiges desdits Vibaillifz, leur Lieutenant et Archers. Et pour le regard des gaiges du prevost S. Leger, deffences seront faites au receveur des tailles de ne payer lesdits gaiges, et se retireront lesdits deleguez par devers le Roy pour en obtenir lettres telles qui appartiendra.

Requerent en outre iceux deleguez desdits Estatz que ceux qui ont eu l'administration des estappes et fourny munitions ordonnez pour les villes et places fortes de cedit païs, rendent compte du fait de leursdites charges à l'audition desquels lesdits deleguez suplient estre appellez respectivement chacun en son bailliage ainsi qu'il a esté cy devant fait.

Accordé, et est ordonné que lorsque les comptes des vicontez dudit pays se rendront il sera appellé un delegué du bailliage, qui prendra memoire des autres vicontez pour y assister.

Et d'autant que plusieurs laboureurs mesmes aucuns gentils-hommes ont esté contraints porter bledz par le commandement de messieurs les gouverneurs durant les premiers et presens troubles, pour la munition des villes. Suplient qu'ils soient permis les recueillir desdites places, ou bien que les habitans desdites villes, entre les mains desquelz lesdites munitions ont esté livrez par leur recepissé, soient condamnez les leur payer à prix raisonnable.

Il est enjoint à ceux qui ont receu lesdits bleds, de les rendre ou payer gré à gré et à faute de ce faire se retireront lesdits deleguez par devers messieurs les Lieutenans du Roy en ce dit pays, pour leur pourvoir de telles contraintes qu'il appartiendra.

Comme plusieurs terres tant nobles que roturieres, ayant esté saisis en la main du Roy, dont les tenans ou partie d'iceux sont subjets à la taxe du ban pour le deu de leurs fiefs et autre partie sont taillables. Suplient qu'il soit ordonné que la cottisation de leur cotte part soit leuée pour le service du ban, et l'autre partie des tailles employé aussi pour leur cotte part, autrement le peuple demeureroit chargé de leur taille, ce qui ne seroit raisonnable.

Les suplians se pourvoirront sur le contenu au present article par devers le Roy, pour en ordonner ainsi qu'il plaira à sa Majesté.

Davantage suplient lesdits deleguez pour le soulagement du pauvre peuple, que les taillables qui se demettent à leurs enfans ecclesiasticques ou soubs aages que durant la vie desdits demis leurs biens et heritages seront obligez et demeureront affectés au payement des tailles qu'ils portent ou pourront porter, nonobstant ladite demission.

Les Commissaires sont d'advis soubs le bon plaisir du Roy, que les peres payans la taille qui se demettront sur leurs enfans ou autres leurs parens, doyvent payer l'assis de la dite taille leur vie durante.

Et en outre suplient lesdits deleguez de l'Estat de Noblesse, qu'il plaise au Roy les entretenir en leurs anciens privileges, sans les contraindre au service du ban et arrièreban en plus avant qu'une fois l'an, selon la coutume du païs, et que les deniers ne soyent aplicquez à autre effect qu'audit service, suplient pour ceste cause les comptes en estre renduz par devant eux, et non à la Chambre des Comptes à Paris.

Les Commissaires sont d'avis soubs le bon plaisir dudit sieur, que les nobles du pays soyent maintenus en leurs privileges suyvant la coustume du pays, et que les deniers provenant de l'arriereban, ne doyvent estre appliquez à autre effet qu'au dit service, et pour le regard de la reddition des comptes se pourvoirront par devers ledit sieur.

Suplient aussi sadite Majesté, ne commettre ny employer un estranger aux commandement et gouvernement des places, mais y mettre pour gouverneurs gentils-hommes du païs signallez, gens de bien et de biens lesquels, pour le bien de la patrie et pour leur propre qui en seroit responsable, seront plus diligens à garder et conserver lesdites places, et ne voudront permettre qu'il en avint faute.

Lesdits deleguez se pourvoirront par devers sa Majesté pour en ordonner.

Remonstrent davantage comme il ait pleu au Roy pour le repos et union de son peuple, ordonner entre autres choses par son Edit du mois de septembre mil cinq cent soixante sept. Que tous Ministres et predicans de la nouvelle opinion vuideront et sortiront hors de ce royaume dedans quinze jours après la publication d'iceluy Edit, et par mesme moyen inhibé et defendu tout exercice d'autre religion, que de celle qui est Catholique et Romaine. Toutefois soubs couleur que par iceluy Edit est permis à ceux de la nouvelle opinion vivre en liberté de leurs consciences, sans pouvoir estre aucunement recherchez, plusieurs d'iceux par un mespris et contennement delaissent faire baptiser leurs enfans ausquels pourroit advenir un mal irreparable, qui est de damnation de leurs ames decedans avant qu'estre baptisez. Autres de ladite nouvelle opinion ne tiennent aujourd'huy aucune loy de religion quelconque, à cause de quoy par le laps de temps pourroyent oublier Dieu nostre createur, et par cela tumber plutost à un atheisme, qu'à recognoistre celuy qui est seul autheur de toutes choses. Si supplient iceulx deleguez qu'il luy plaise pour le bien et salut desdits petits enfans nouvellement naiz, ordonner en augmentant sondit Edit, que lesdits petits enfans n'ayant encore esté baptisez, seront baptisez selon la forme catholique, par les curez ou vicaires des parroisses où auront esté lesdits enfans naiz, encores que les peres et meres ne le requissent et que s'il se trouvoit aucuns desdits petits enfans qui fussent morts sans baptesme, les peres et meres soyent punis comme homicides. Et quant aux majeurs de ladite nouvelle opinion semblablement ordonner qu'ils seront contraints aller à la Messe et garder au reste toutes les constitutions de nostre mere la sainte Eglise ainsi que les catholiques, ou bien vuider et sortir hors de ce royaume dedans tel bref temps qu'il plaira à sa Majesté leur prefiger pour cest effect, sur les peines au cas appartenant, afin qu'ils ne soyent causes de scandale et mauvais exemple, à ceux qui sont vivans en la foy et religion Catholique et Romaine. Aussi ordonner avenant les trespas d'iceux de la dite nouvelle opinion que leurs corps ne seront inhumez aux cimethieres, ou autres lieux saincts et benis ordonnez pour ceux qui sont decedez en la foy et loy catholique, si au paravant ils ne s'estoient reconciliez à ladite Eglise Catholique et Romaine et abjuré suivant les Ordonnances. Et au surplus que tous livres censurez soyent bruslez, et ceux qui en seront saisis punis exemplairement, et defendu à tous imprimeurs d'en imprimer et exposer en vente sur peine de la vie, et enjoint aux libraires qui sont de ladite nouvelle opinion fermer leurs boutiques, requerant que leurs caractères leur soyent ostez, et qu'à ceste fin recherche en soit faite pour eviter aux inconveniens qui en sont par cy-devant avenuz. Et pareillement qu'il plaise à sadite Majesté ordonner que tous Capitaines, maistres de Navires, et autres ayans commandement seront de la religion Catholique et Romaine, pour obvier aux inconveniens qui en sont avenuz et peuvent avenir.

Il est enjoint à tous curez et vicaires d'estre diligens d'entendre chacun en leur parroisse les enfans qui nacquiront en icelle, et les baptizer suyvant l'Edit et Ordonnance du Roy, et en advertir les sages femmes de le venir promptement denoncer sur peine de punition corporelle, et seront les Edits et arrests de la Court sur ce interinez, gardez et observez selon leur forme et teneur, et sur le surplus feront lesdits deleguez entendre au Roy le contenu au dit article pour y estre pourveu, ainsi qu'il plaira à sa Majesté ordonner.

Que tous gentils-hommes et autres qui ont benefices à leur presentation estans de la nouvelle opinion ne puissent doresnavant y presenter, et soyent incorporez au domaine du Roy.

Les suplians sont renvoyez par devers le Roy pour en ordonner.

Et pource que plusieurs églises de ceste province ont esté ruinez et bruslez par les ravages, saccagemens, et oppressions desdits de la nouvelle opinion, il plaise à sa dite Majesté ordonner, qu'iceux de la nouvelle opinion seront condamnez à les rédifier et reparer, et qu'à ceste fin soit mandé aux juges des lieux informer de ceux qui ont abattu et demoly, ou fait abattre et demolir lesdites églises, afin de les contraindre à les rédifier à leurs coustz et despens.

Renvoyez par devers le Roy pour en ordonner.

Qu'il plaise a sadite Majesté ordonner que par les Baillifs, leur lieutenant et autres ses officiers, sera informé du nombre des religieux qui defaillent és Abbayes, Monastères et Prieurez conventuelz, tant d'hommes que de femmes, d'autant qu'il estoit accoustumé et en doibt avoir specialement és années dernières precedentes les troubles, et que d'autant qu'il s'en defaut, la provision, nourriture et entretenement d'iceux soit estimée, et les administrateurs d'icelles Abbayes et Prieurez conventuelz, et les fermiers soyent contraints en payer et delivrer le prix d'icelle estimation, ès mains d'une personne notable telle qui sera commise par le juge du lieu, à la nomination des habitans d'iceluy, pour iceux deniers estre employez à l'entretenement des predicateurs, maistres d'escolles et pauvres catholiques dudit lieu, le tout jusques à ce qu'il soit pourveu ausditez Abbayes, et Prieurez conventuelz, du nombre des religieux limité par leur fondation.

Remonstrance sera faite au Roy, nostredit sieur, du contenu au present article pour y estre pourveu au soulagement de son peuple, ayant esgard à la contrarieté des religions.

Et afin d'exercer une pieté et charité à l'endroit de

plusieurs enfans orphelins et donner moyen que les republicques soyent augmentées de personnes de lettres et sçavans, et qu'ilz soyent dès leur jeunesse instruits à vivre catholicquement suyvant les constitutions de l'Eglise Catholicque et Romaine, il plaise au Roy ordonner que ès villes, bourgs et bourgades où n'y a prebendes soit prise certaine somme de deniers sur les Abbayes et Prieurez prochains des lieux pour l'entretenement d'un regent qui sera commis pour l'instruction de ladite jeunesse.

Se pourvoirront par devers le Roy.

Combien que par plusieurs Edits et ordonnances, il ait esté ordonné que tous curez tenans benefices feront residence sur iceux, et qu'il y aura gens doctes de la religion chrestienne et catholicque, pour prescher et enseigner le simple peuple à vivre selon les sainctes constitutions de l'Eglise. Neanmoins la plupart n'en font compte à l'occasion de certaines lettres de non residences qui leur sont baillez par messieurs les Evesques et leurs vicaires, qui est chose contraire ausdits Edits et Ordonnances, à quoy il plaira à sa Majesté avoir esgard et ordonner que lesdits Edits et Ordonnances seront observez en cest endroit en leur integrité, et que si lesdits vicaires vouloyent contrevenir, il soit commandé à tous juges tenir la main, et defences estre faites à tous Evesques et vicaires de ne bailler aucunes lettres de non residence, Ordonnant pour ceste cause que ceux qui ne resideront dedans l'an, leurs benefices seront declarez impetrables, et le semblable requierent estre fait pour les Evesques et Abbez commandataires.

Les Edits du Roy seront observez et gardez, et seront admonnestez les Evesques, Abbez et Curez de cedit pays, de pourvoir de predicateurs pour administrer la parole de Dieu, et aussi de resider sur les lieux suyvant les Edits du Roy.

Qu'il soit aussi commandé à tous juges faire observer les Ordonnances touchant les blasphemes, pour autant qu'à present neanmoins l'injure du temps, lesdits blasphemes regnent plus que jamais, et pareillement faire garder l'ordonnance des tavernes.

Il est enjoint à tous juges de faire observer les Edits et Ordonnances du Roy et de faire punir les blasphémateurs afin qu'un chacun y puisse prendre exemple.

Qu'il soit en outre inhibé et defendu à tous de la nouvelle opinion de tenir taverne ou hostellerie pour les amats qui se peuvent faire en leurs maisons, et autres inconveniens qui en peuvent avenir, sur peine d'estre punis comme infracteurs des Edits du Roy.

Les Commissaires sont d'avis soubs le bon plaisir du Roy, que lesdites defences doibvent estre faites.

Suplient aussi qu'il plaise au Roy faire publier les articles du concille dernier, et iceux faire entretenir et observer à la gloire et honneur de Dieu et de ses commandemens.

Les suplians se retireront par devers le Roy pour en ordonner.

Item que les curez des villes soyent deschargés des decimes, sans estre pris à corps comme ils ont esté, et constituez prisonniers en defraudant leurs ouailles de leur pasteur, et que lesdits decimes d'iceux curez des villes et gros bourgs, mesmes du plat païs, soient payez par les Evesques, Abbez et autres Prelatz qui ont la jouissance des dismes et patrimoine de l'Eglise, situez à l'entour desdites villes, et dedans lesdites parroisses, et qu'à ceste fin les taxes qui auroyent esté faites par un nommé Bapaulme soyent reformez.

Sera fait remonstrance au Roy par lesdits suplians du contenu audit article, pour y estre pourveu ainsi qu'il plaira à sa Majesté ordonner.

Item qu'il plaise à sa dite majesté revocquer, casser et anuller les surceances et dispenses qu'il à baillez à aucuns de ses officiers, qui sont de la nouvelle opinion, tant des finances qu'autres contre les Edits de sa Majesté, et defendre à toutes personnes d'exercer tels estatz, ny avoir commis clercs et gens manians lesdites affaires d'icelle opinion, d'autant que les habitans de la religion Catholique de ce païs, ont esté et sont encores soubz umbre de telles surceances mal traictez et grevez, et que contre eux ils pratiquent et machinent chacun jour de les travailler et faire grever de charges insuportables extraordinaires, pour descourager et indirectement divertir lesdits Catholiques du service et bonne affection qu'ils ont à leur dite religion Catholique et service de sa Majesté. Et par mesme moyen divertissent ceux de la nouvelle opinion de se reduire à ladite religion Catholique. Supliant en outre lesdits deleguez que tous officiers tant royaux que subalternes, Advocats et autres personnes publicques de quelque qualité qu'ils soyent, qui ont esté suspects de ladite nouvelle opinion, encores qu'ils ayent fait profession de foy, et depuis esté à la Messe, ne soyent partant receus en leurs estaz, quelques lettres et arrests qu'ils ayent obtenu au contraire.

Les Edits du Roy seront observez et gardez, au surplus se pourvoirront par devers le Roy ainsi qu'ils aviseront bien estre.

Et d'autant que plusieurs tresoriers prennent la pluspart des deniers de leurs fabriques ou fondations de service pour païer leurs tailles, faire present aux juges Esleuz, Sergens, Capitaines et autres dont ils ont affaire, et cependant les services demeurent, et les Eglises ne sont entretenües. Suplient qu'il plaise au Roy que telles fautes venants à la cognoissance des auditeurs de leurs comptes, qu'ils ayent incontinant à en advertir les officiers dudit seigneur afin qu'ils les condamnent à la restitution desdits deniers et amende arbitraire, tant pour le regard des arrierages des rentes desdites fondations que du principal d'icelles, avecq l'interêt de ce qui se trouvera avoir esté aliené sans permission ou auctorité de justice, depuis la vente desdites rentes et heritages jusques à la restitution et employ des deniers d'iceux.

Se pourvoyent les suplians par devers les juges ordinaires pour declarer ceux qui ont en ce fait faute, pour estre contre eux procedé ainsi qu'il appartiendra par raison, ausquelz est enjoint faire prompte justice.

Qu'il soit defendu à toutes personnes tant des villes, bourgs, que villages, de ne bailler à ferme leurs maisons à estrangers pour y faire leur demeure ou residence, s'ils n'ont attestation du curé ou vicaire des lieux dont ils sont partis, sur peine aux propriétaires desdites maisons en respondre en leur nom privé de la taille, à quoy lesdits estrangers sont cottisez.

Il est defendu à toutes personnes de bailler à ferme leurs maisons et heritages à estrangers, sans avoir attestation du curé du lieu dont ils sont partis.

En tant qu'est un affranchissement fait par le Roy à aucuns qu'on nomme francz tenans de ne pas cueillir la taille, avecq plusieurs autres exemptions à eux octroyez par sa Majesté, dient iceux deleguez que cela leur vient à grande surcharge d'autant que par le moyen d'icelle exemption les autres cohabitans sont chargez de ce que lesdits affranchis pourroient et deveroient porter en plus avant que leur assis, lors et au temps de l'impétration de leur dit exemption, et n'y auroit enfin de temps que les pauvres qui payassent la taille. Si suplient sa Majesté vouloir revoquer telles exemptions comme estans du tout pernicieuses et dommageables à son peuple, ou pour le moins declarer que nonobstant icelles, lesdits affranchis pourront estre haulcez ou diminuez selon que plus ou moins ils seront trouvez estre abondans en biens et facultez, et tout ainsi qu'est accoustumé faire pour les autres contribuables ausdites tailles, et ne seront exempts de la contribution des chevaulx d'artillerie, pionniers et autres subcides, mesmes de loger et nourrir les gens de guerre passans par ledit païs pour le service de sa dite Majesté, non plus que les autres cohabitans de leurs dites parroisses offrants iceux Estatz rembourser sur la generalité dudit païs ceux qui jusques à present auroyent obtenu lesdites exemptions, et ce au marc la livre, et pour autant de deniers qui sont entrez aux coffres du Roy sans fraude, par ce toutesfois que par cy-après nul ne pourra estre pourveu ausdites exemptions.

Les deleguez se retireront par devers le Roy pour obtenir la suppresion de l'Edit desdits affranchis, et feront remonstrance des dommages et interests qui proviennent au peuple au moyen dudit Edit.

Suplient aussi lesdits deleguez son bon plaisir soit casser et revocquer la commission ou commissions decernez, tant à maistre Guillaume Postel sieur de Fourniaux et Francois de Corbie, que maistre Pierre Le Jumel sieur de Lisors et autres ayans commission, afin de voir corriger et reformer les subdivisions et départemens faits touchant le payement et contribution de ses tailles, cruës et autres subcides levez en cedit païs, comme venantes icelles commissions plus à la charge et foule du peuple, qu'au bien et soulagement d'iceluy et en ce faisant ordonner que la forme qui avoit esté de tout temps auparavant gardée sur le fait de l'assiette et subdivision desdites tailles, cruës et subsides, sera entretenue et gardée. Et neanmoins où plairoit à sa dite Majesté faire procéder à la reformation desdites assiette et departement, suplient que son bon vouloir soit que telle réformation se fera par les generaux de ses finances en ce dit païs chacun en sa charge, ou autres personnages d'iceluy païs, tels qu'il luy plaira commettre et deputer pour cest effet.

Se pourvoirront par devers le Roy.

Remonstrent et suplient davantage sa dite Majesté, qu'il luy plaise maintenir les habitans dudit païs en leurs libertéz, franchises, et usages qu'ils ont aux forestz, sans qu'ils puissent estre traitez ailleurs qu'aux jurisdictions ordinaires dudit païs, et pour l'advenir ne decerner aucunes commissions extraordinaires pour le fait desdites forestz, et si aucunes avoient esté decernez icelles revoquer, casser et adnuller, et cependant s'il en avient aucune cognoissance au procureur desdits Estatz, il se puisse porter pour appellant, pour en ce faisant maintenir son pauvre peuple et les Estatz de ce dit païs de Normandie grandement de present travaillez de guerre en leurs franchises et libertez, et soubs l'auctorité des juridictions naturelles et ordinaires establis en icelui païs et aussi de faire plus souvent ausdites forestz ventes ordinaires.

Les deleguez supliront le Roy de les maintenir en leurs libertez, franchises et usages qu'ils ont en ses forestz, et de leur pourvoir sur le contenu dudit article, à ce qu'ils puissent estre traictez aux juridictions ordinaires dudit païs et non ailleurs, et de faire plus souvent ventes ordinaires en ces dites forests.

Et pour ce que plusieurs personnes prétendant remboursement et recompense sur les habitans de ce dit païs, de quelques fraiz et despence qu'ils auroient faites ou quelques pertes particulieres à eux survenus pour le passage des gens de guerre ou autrement, se retirent ordinairement par devers le Roy et obtiennent lettres de sa majesté pour faire lever deniers sur le peuple apres la seance desdits Estats. Suplient lesdits deleguez pour eviter les inconveniens qui en pourroient avenir, qu'il plaise à sa dite Majesté ordonner que pour l'avenir aucun ne sera receu faire lever deniers sur le peuple, que prealablement ils n'ayent presenté leur requeste à la convention d'iceux Estatz pour entendre icelle et garder l'intérest de ce dit pays. Et aussi que pour l'avenir ne soit levé plus grande somme de deniers, que ceux qui sont declarez en ses lettres patentes expediez pour la seance desdits Estatz.

Les dits Commissaires ont trouvé ledit article raisonnable soubz le bon plaisir du Roy, pour eviter aux surprises qui en aviennent ordinairement au dommage et charge du pauvre peuple.

Qu'il plaise à sa dite Majesté maintenir et entretenir son pays de Normandie en ses anciens previleges, coustumes et libertez, et que tous les procez d'iceluy y soient decidez et jugez, supliant sa dite Majesté ne admettre nulles evocations hors dudit païs et ressort de la court du Parlement de Rouen, ny aucuns jugemens par commissaires.

Le Roy entend que les habitans dudit pays soyent maintenus en leurs privileges, et pour le surplus specifiront les evocations qui pretendent leur estre prejudiciables pour leur estre pourveu par sa Majesté.

Davantage que les Ordonnances du Roy puis n'agueres faites à Moulins, contenant la restrinction des committimus sera observée et gardée, et qu'il soit inhibé et defendu pour l'avenir de bailler et delivrer aucuns committimus, sinon à ceux qui sont desnommez et specifiez par ledit article.

Se pourvoirront par devers le Roy.

Les deleguez des Estats de Normandie asssistans en la convention generalle d'iceux tenuë à Rouen, le quatorziesme jour de novembre et autres jours ensuivans mil cinq cens soixante neuf. Pour satisfaire à l'ordonnance de messeigneurs du privé conseil du Roy estably à Paris près la personne de monseigneur le Duc, en dabte du vingt septiesme jour d'aoust dernier, par laquelle, avant que procéder au jugement deffinitif du different d'entre le procureur sindic desdits Estatz demandeur d'une part, et maistre Pierre David pourveu à l'estat de second esleu en l'eslection de Coustances et Carenten, Jean Collet aussi pourveu à l'estat de second esleu à Bayeux, Jean Pinart semblablement pourveu à l'estat de second esleu en l'eslection de Valongnes, Jean Cauvet pourveu en l'estat de procureur du Roy en ladite eslection de Bayeux, Jean de Neufville aussi pourveu à l'office de procureur du Roy en ladite eslection de Coustances et Carentan, et maistre Mathurin Morin, notaire et secrétaire du Roy, pourveu à l'estat de receveur alternatif des aides et tailles en l'eslection de Caen, respectivement defendeurs, d'autre, lesdites parties ont esté renvoyez aux presens Estatz, pour par les deleguez assistans à iceux, donner avis sur la commodité ou incommodité de la suppression, ou restablissement, des esleuz au dit pays en plus grand nombre que d'un en chacune des eslections d'iceluy. Ensemble des offices de procureurs du Roy ès dites eslections et receveurs alternatifs des tailles. Pour ledit avis rapporté et veu par le Roy en son dit conseil estre fait droict ausdites parties comme de raison. Sont d'avis soubs le bon plaisir du Roy que le restablissement pretendu des offices dessus declarez, outre ce qu'il n'apporte que charges aux finances de sa Majesté, est du tout pernicieux et dommageable à son peuple dudit païs, pour les causes à plain contenuës en l'edit de suppression d'iceux offices, Déclarations sur ce ensuyvis. Tous lesquels Edits, Déclarations et Arrests lesdits deleguez suplient humblement sa dite Majesté vouloir entretenir pour le bien commun d'icelle et des sujets de son dit païs sans aucun remboursement entendu le violement par eux fait contre et au prejudice des droits de leur patrie, pour avoir scientement et par surprinse ou importunité, impetré lesdites offices long temps auparavant suprimez à la requisition d'iceux Estatz. Et neanmoins où aucun remboursement leur feroit à accorder, requerent qu'il soit assis et levé sur tous les Esleuz optez de ce dit païs, et autres estans en leur lieu, receveurs antiens, et procureur du Roy et la jurisdiction ordinaire où est assis le siege principal de chacune des dites Eslections, qui demeureront seuls en l'exercice de leurs dits Estatz et ausquels tous les profits et emolumens des autres officiers suprimez sont acruez par le moien de leur dite supression, d'autant qu'il ne seroit raisonnable que le peuple sur lequel le remboursement desdits a esté levé fust rechargé de nouvelle imposition de deniers pour pareil effet que le premier. Et au reste ne pourvoir aux autres offices de semblable qualité et suprimez à la requisition des Estats de son dit pays, pour se redimer des vexations auparavant par luy soutenus à ceste occasion, augmentant par le Roy les gaiges desdits Esleuz optez, procureur du Roy en l'ordinaire et antiens receveurs des tailles au Prorata des deniers qu'ils fourniront respectivement pour le remboursement des dessus dits David, Collet, Pinard, Cauvet, De Neufville et Morin, à prendre et avoir sur partie ou portion des gages attribuez aux estats des dessus nommez, selon et ainsi que sa dite Majesté verra estre à faire.

Les suplians feront remonstrance au Roy du contenu audit article, auquel sera envoyé l'avis donné par les Commissaires députés par sa Majesté à tenir la convention desdits Estatz.

Suplient davantage lesdits deleguez, qu'il plaise au Roy revocquer l'Edit fait par sa Majesté au mois de juin dernier, touchant l'erection et establissement d'un garde des seaux en chacune de ses courts, sieges presidiaux, bailliages et autres juridictions de ce Royaume, pour ce que telle multiplication d'officiers ne peut apporter à son peuple que foule et oppression, donnant aux juges plus d'occasion d'exiger sur luy que faire autre chose pour son profit. Suplians aussi sa Majesté n'eriger par cy après tels et semblables Estatz sans au prealable en avoir eu l'avis desdits Estatz, pour sçavoir la commodité ou incommodité d'iceux, et ce pour le soulagement de son peuple.

Renvoyé au Roy le present article pour pourvoir aux supplians sur le contenu en iceluy, selon son bon plaisir au bien et soulagement des habitans dudit pays.

Comme il ait pleu à sa Majesté ordonner que tous Huissiers et Sergens Royaux pourront indifferamment executer en tous lieux de ce Royaume, toutes lettres patentes et arrests et sentences avecq grand et excessif salaire et esmolument, qui seroit à la grande foule et vexation du pauvre peuple, et contre les libertez et franchises dudit pays, supplient que son bon plaisir soit revoquer iceluy Edit pour le bien et soulagement de son dit peuple, et afin que les habitans dudit païs ne puissent estre distraits de leur ressort et juridiction naturelle.

Facent remonstrance au Roy lesdits deleguez du dommage et interest qui proviendroit de l'execution d'iceluy Edit en ceste province pour leur estre pourveu ainsi qu'il plaira à sa Majesté.

Qu'il plaise au Roy pareillement faire moderer les taxes que les vicontes, leurs lieutenans et autres officiers prennent pour la reddition des comptes des pauvres pupilles, les biens desquels doivent estre gardez soubz sa main et protection, mesmes pour les Estatz et decretz, et les greffes des juridictions soient baillez à gens de bien et à leur conscience, afin que les greffiers ayent contentement des emolumens ordonnez par le Roy, et qu'à ceste fin ils soyent tenus marquer leur salaire suyvant lesdites ordonnances. Et neanmoins supplient qu'il soit informé des malversations commises par aucuns desdits greffiers, pour en faire punition exemplaire.

Deffences sont faites aux juges et autres officiers, de prendre aucun salaire outre ce qui est permis par les ordonnances du Roy et pour le surplus se retireront les suplians par devers messieurs de la Court pour y donner reiglement tel qu'il appartiendra, et est enjoint au procureur syndic d'en faire la poursuite.

Item combien que par les Ordonnances des gabelles, les marchans adjudicataires soyent tenus fournir les greniers de sel sec, egoutté, et salubre, ce neanmoins lesdits marchans sont tant negligens de fournir lesdits greniers qu'ils vendent et distribuent ledit sel venant du Navire, chose grandement prejudiciable au pauvre peuple, par ce que les deux boisseaux de sel qu'ils vendent ne peuvent valoir un boisseau de bon, et si ne sont salubres pour le corps humain. Si suplient iceux deleguez qu'il vous plaise promptement y pourvoir pour les inconveniens qui en adviennent ordinairement, deffendant aussi aux marchans, entrepreneurs du fournissement du grenier à sel, de ne poursuivre aucune augmentation de prix, ce qu'ils font ordinairement et en obtiennent lettres par surprinse au grand destriment du pauvre peuple. Suplians estre permis de faire informer des abbus et malversations commises, et ce pendant que nul ne soit si ozé ny hardi, d'admettre l'intérinement desdites lettres ainsi levez à la charge et foule du peuple suivant le contenu en la commission de la presente année.

Les ordonnances du Roy seront gardez et est enjoint aux grenetiers de faire entretenir les dites ordonnances, et faire poser le sel ainsi qu'il a esté cy-devant accoustumé sur peine de respondre des dommages et interest qui par defaut de ce pourroyent advenir, et est permis aux dits deleguez et leurs procureurs de faire informer des abbus commis sur les marchans adjudicataires desdits greniers, sur l'obtention des lettres par eux obtenuz par surprinse pour l'augmentation de leurs prix au grand destriment du peuple pour l'information veüe ordonner ce que de raison.

Remonstrent davantage lesdits deleguez comme par cy devant ils auroient requis et suplié pour eviter aux dangers et perils de mort qui peuvent advenir pour faute de reparation de ponts et planches, il fust enjoint aux receveurs de chacune viconté, requeste des gens du Roy, faire redifier et reparer lesdits ponts et planches dont sa Majesté prend profit et emolument, contraindre les seigneurs qui auront passages et peages à iceux reparer, pour eviter aux dangers et perils, et aussi afin que les subjets ne soyent empeschez de comparoistre aux jurisdictions où ils sont assignez, et marchans d'aller et venir à leurs marchandises, pour raison desdits ponts et planches ruinez, où il n'auroit esté toutesfois sur ce pourveu. Si suplient qu'il soit ordonné que messieurs les tresoriers de chacune generalité, facent commandement aux procureurs et receveurs desdits lieux de ce faire, et en faire la poursuite et diligence à ce necessaire, pour eviter aux perils, dangers et inconveniens susdits.

Renvoyé aux tresoriers de France establis à Rouen et Caen pour y pourvoir en ce qui concerne l'effet du Roy, et pour les autres particuliers est enjoint aux Baillifs et Vicontes, leurs Lieutenans et officiers dudit sieur, d'y pourvoir de sorte qu'il n'en advienne inconvenient sur peine d'en respondre.

ITEM pour ce que soubs pretexte du procez qui est contre le duc de Nevers, joint avec luy le procureur general au parlement de Paris, demandeur en distraction de ressort de conté d'Eu du parlement de Rouen, au parlement de Paris, d'une part, et lesdits suplians joint avec eux le procureur general audit parlement à Rouen, soustenant et faisant apparoir clairement iceluy conté d'Eu appartenir au Roy en propriété et possession, et estre du corps de son Domaine de sa province de Normandie, et par ce empeschant ladite distraction, et defendeurs d'autre part, et soubs pretexte aussi d'une declaration impetrée du Roy par surprinse par ledit sieur de Nevers pendant ledit procez, le dix-neufiesme jour de mars mil cinq cens cinquante et un, en l'absence et sans avoir oy lesdits defendeurs, les sieurs de Nevers ont voulu et sont efforcez par plusieurs et diverses fois distraire non seulement ledit ressort de jurisdiction, mais aussi le gouvernement d'icelle province et comparence en la congrégation des Estatz, Ban et Arriere-ban, contribution aux tailles, taillon, cruës, et autres charges imposez et mises par le Roy sur ladite province, ce qui n'eust peu estre fait qu'à la grande foule et charge des autres subjets et habitans d'icelle province, iceux suplians auroyent requis par plusieurs années en leurs cayers de complaintes qu'il pleust au Roy estre procedé à l'instruction et jugement dudit procez, nonobstant lesdites lettres de declaration. Surquoy ledit sieur auroit en l'an mil cinq cens soixante six fait responce qu'il auroit commandé la vuydenge dudit procez, et icelle faite y seroit pourveu comme de raison, sans avoir exprimé que ce seroit, nonobstant et sans avoir regard à ladite declaration. A ces causes iceux deleguez desdits Estatz suplient au dit sieur qu'il luy plaise faire ladite expression, et commander lettres leur en estre expediez, et en outre pour plus briefve et sommaire expedition et vuyde dudit procez, laquelle depend seulement de sçavoir si ledit conté d'Eu appartient au Roy comme le soustient son dit procureur general audit parlement à Rouen, et que le procureur general du Roy audit Parlement à Paris ne peut demander, ne soutenir icelle distraction du ressort, sans impugner ladite proprieté, et icelle n'appartenir au Roy, il plaise audit sieur ordonner que les procureurs generaux conviendront ensemble pour conferer leurs pieces et eux accorder de ce point, et qu'à ceste fin ils seront mandez par ledit sieur, comparoir par devant luy (si fait n'a esté) à ce que ce point accordé entre eux, ledit differend de ressort, en ce qu'il restera à vuider, puisse estre plus promptement et sommairement décidé entre lesdits sieurs de Nevers et suplians.

Poursuyvent les deleguez et leurs procureurs l'execution des Ordonnances precedentes sur ce faites au Conseil privé du Roy, et se retirent par devers sa Majesté pour leur estre pourveu ainsi que de raison.

Qu'il soit inhibé et defendu à toutes personnes de quelque qualité qu'ils soyent, de n'enlever aucuns biens, vivres, bledz et victuailles hors de ceste province de Normandie, sur les peines au cas appartenans et principalement de nuict.

Defences sont faites à toutes personnes, de n'enlever biens et vivres hors de la province de Normandie, sans permission du Roy ou auctorité de justice.

Suplient les deleguez qu'il vous plaise ordonner que pour l'avenir les deleguez de chacun bailliage soyent appellez au departement des tailles de chacune des parroisses desdites eslections, sans que les Esleuz contraignent lesdits deleguez desamparer le conclave, et qu'il leur soit commandé ausdits esleuz faire assister lesdits deleguez jusques à la fin et departement desdites parroisses, laquelle sera signée desdits deleguez avec l'Esleu, Procureur du Roy, et autres assistans et auront voix deliberative.

Enjoint aux Eleuz de permettre aux deleguez d'assister au departement de la taille, suyvant qu'il est mandé faire par les commissions envoyez pour le departement de ladite taille.

Remonstrent qu'il y a plusieurs escumeurs et pirattes sur la mer, lesquels par chacun jour robent, pillent et prennent les navires et marchandises des pauvres subjets marchans de ce Royaume, qui est la cause de rendre le commerce innutil et faire cesser le traficq de marchandise, et donner occasion que les pauvres artisans ne font aucun artifice de leurs estats, au moyen de quoy eux et leurs pauvres enfans n'ont aucun moien de vivre, à quoy il plaise à sa dite Majesté avoir esgard et y faire donner ordre.

Se retireront par devers le Roy pour en ordonner.

Qu'il soit donné règlement sur le fait des exactions qui se commettent par les pillottes de Quillebeuf, pour monter et descendre les navires, dont ils exigent deniers inestimables au grand prejudice et diminution du traficque de marchandise, par ce que le plus souvent par l'impericie d'aucuns pillottes il se perd plusieurs navires et marchandises, dont les marchans n'ont aucun moyen d'avoir recompense sur lesdits pillottes, qui bien souvent se mettent par force dedans lesdits navires. Si suplient iceux deleguez que tous les habitans du bourg de Quillebeuf qui congnoissent lesdits pillottes soient responsables de ce qui sera perdu par faute ou negligence d'iceux pillottes, entendu les previleges et exemptions dont ils jouissent.

Se retirent les suplians par devers Monsieur de la Mailleraye lieutenant pour le Roy et Vis-admiral de France, pour leur estre pourveu de règlement, avec les pillottes de Quillebeuf, et poursuyvent lesdits deleguez les ordonnances precedentes.

Et en outre la communauté des marchans de ceste ville suplient à sa Majesté vouloir maintenir la jurisdiction des marchans suyvant l'institution d'icelle, par laquelle institution il est dit que tous les officiers d'icelle ne seront que annuelz et electifs par le peuple, et sans ce qu'ils puissent prendre aucun salaire, et par ce moien ne peut estre comprinse, mais declarée exempte de l'Edit fait en l'an mil cinq cens soixante huict sur l'Eslection d'un garde des seaux en chacune juridiction, suplians à ceste cause sa dite Majesté revocquer la provision obtenue par Gilles Fosse pourveu à l'estat de garde des seaux de ladite juridiction, attendu que ledit office seroit charge onereuse au peuple, et au retardement de l'execution des actes et sentences, qui requierent prompte expédition, ce qui feroit contenner icelle jurisdiction, veu que par cy-devant il n'a esté aucune chose prins pour l'exercice de ladite jurisdiction à la charge de rembourser par iceux marchans de Rouen ledit Fosse, si faire ce doit.

Les suplians feront remonstrance au Roy du contenu audit article pour leur estre pourveu ainsi que de raison.

Suplient iceux deleguez qu'en ensuyvant les ordonnances, soit inhibé et defendu à toutes personnes tenant les fermes des subsides et imposts, tant du Roy que des villes, pour le regard des marchandises sur lesquelles y a octroy, et dont ils sont fermiers specialement des quatriemes et autres imposts, et octroy mis sur le vin, ensemble à leurs personniers pour le temps qu'ils tiendront lesdites fermes, sur peine de confiscation desdites marchandises, de faire aucun train et trafficq d'icelles marchandises, par ce que lesdits fermiers ordinairement tiennent les marchans en subjection de prendre et achapter d'eux leurs marchandises à tel pris excessif ou autrement, leur refusent toute composition, et en outre defendu à ceux de la nouvelle opinion de tenir, ne prendre aucunes fermes du Roy, villes, communautez, abbayes, prieurez ny autres en aucune maniere que ce soit, directement ou indirectement sur peine de la vie, et defendu à toutes personnes de leur en bailler sur peine de punition exemplaire.

Renvoyez au Roy pour en ordonner.

Comme il ait plusieurs Medecins, Apothicaires et chirurgiens de la nouvelle opinion, lesquels visitans les malades tant Catholiques qu'autres, les empeschent par sinistres remonstrances d'appeler leur pasteur et soy preparer à recevoir les saints sacrements selon l'ordre de l'Eglise Catholique et Romaine, si suplient que l'exercice soit defendu à tels Medecins, Apothicaires et chirurgiens. Et pour le regard des Catholiques qu'ils n'ayent à donner ny appliquer aucune chose de leur art sur les malades, qu'ils ne les ayent preablablement advertis de requerir la medecine spirituelle par les ministres et pasteurs.

Seront admonestez tous Medecins et Apothicaires de faire remonstrances aux malades de leur salut avec defences à ceux de la nouvelle opinion d'induire les malades à autre religion qu'à la religion Catholique et Romaine.

En outre qu'il soit deffendu à tous Arquebusiers, Armuriers, Fourbisseurs, Vendeurs de poudre à canon et Salpestriers estans de la nouvelle opinion, d'exercer en aucune maniere leurs dits estats sur peine de la vie, pour eviter aux inconveniens qui en sont advenuz.

Feront entendre lesdits suplians le contenu audit article à la Majesté dudit sieur, pour en ordonner.

Remonstrent pareillement les deleguez du bailliage de Gisors, que pour le remboursement des officiers tant du receveur des tailles, alternatif, que de deux Esleus en ladite eslection de Gisors, il a esté levé sur ledit bailliage vingt-deux mil tant de livres sans que la generalité du païs en ait porté aucune chose, combien que les habitans dudit bailliage ayent contribué à ce qui a esté levé sur ladite generalité dudit païs, pour leur en estre fait remboursement des autres officiers supprimez. Si suplient qu'icelle somme soit egallée sur toute la dite generalité dudit païs, pour leur en estre fait remboursement comme il est bien raisonnable, suplians par mesme moyen iceux deleguez dudit bailliage suprimer l'eslection de Chaumont et Maigny, et icelle reunir avec celle de Gisors comme anciennement elle estoit.

Se retireront par devers le Roy pour leur estre pourveu ainsi qu'il luy plaise ordonner.

Suplient pareillement les deleguez desdits Estatz, qu'il plaise au Roy ordonner que le departement general des tailles se fera ainsi qu'il a esté par cy devant fait, et est accoustumé par messieurs les commissaires deputez par sa Majesté pour tenir la convention generalle desdits Estats et non par les generaux des finances, comme il s'est fait depuis trois ou quatre ans en ça, lequel departement sera signé par tous lesdits commissaires qui assisteront ezdits Estatz, et que lesdits generaux facent leurs chevauchées par ledit païs suyvant le deu de leurs charges, et en rapportent procez-verbal en chacune convention par devers lesdits sieurs commissaires du Roy pour leur faire entendre la pauvreté des habitans dudit païs.

Feront remonstrance au Roy, à ce que son bon plaisir soit ordonner que les departemens de la taille seront faits ainsi qu'il estoit accoustumé par les Commissaires deputez à tenir la convention desdits Estats.

Et pour ce qu'il est vantillé soubs couleur de la levée faite par ordonnance du Roy, de la somme de dix livres tournois sur chacun clocher, qu'on a assis et levé autres grans deniers pour les frais du departement d'icelle somme, combien qu'il n'y ait eu aucune vacation pour cest effet. Si suplient qu'il soit ordonné que ceux qui ont fait ou levé les deniers d'iceluy departement, seront tenus exhiber et mettre un double approuvé au greffe desdits Estatz afin que d'entendre s'il a esté levé autre somme de deniers que celle desdits clochers, pour ce fait y requerir pour le bien et utilité dudit païs ce qu'il appartiendra.

Le procureur des Estats fera diligence de se retirer par devers les Esleuz, pour prendre copie des ordonnances de la levée des deniers des clochers pour icelle veue, estre ordonné ce que de raison.

Suplient en outre qu'il vous plaise ordonner que les deleguez ayans assisté en la presente convention, seront payez de leurs taxations ainsi qu'il a esté fait ès années precedentes, au premier quartier de la taille de l'année prochaine, lesquelles taxations suplient très humblement au Roy leur augmenter, et icelles faire reformer ayant esgard à la distance des lieux et à la grande charté des vivres et aux frais qu'il leur convient faire en leur dit voyage, afin qu'iceux deleguez ayent moyen de séjourner davantage en ceste ville de Rouen, pour poursuivre avec plus grand loisir l'expedition de leurs dites affaires.

Les Commissaires soubs le bon plaisir du Roy, sont d'avis que les taxes desdits deleguez doyvent estre reformez et augmentez attendu la charté des vivres et selon la distance des lieux et cependant seront payez ainsi qu'il est accoustumé.

Suplient aussi ordonner que les deputez pour presenter ledit cayer de leurs complainctes et doléances à sa dite Majesté, ou pour faire autres voyages pour le service dudit païs, seront payez de leurs dits voyages et vacations, tant pour l'année passée qu'autres avenir selon et en ensuyvant leurs premieres taxes, cessans lesquelles nul d'entre eux ne voudroit entreprendre faire à leurs despens tels voyages pour les affaires communs d'iceluy païs, et eux submettre aux dangers qui innopinement leur pourroient avenir audit voyage, par maladie, vol et assassinat sur les chemins ou autrement, et que les comptes des fraiz tant desdits voyages qu'autres affaires, pour les affaires communs dudit païs, seront oys, examinez et cloz par devant les deputez d'iceux deleguez, ainsi qu'il a esté cy devant fait et nonobstant l'edit ou reiglement sur ce fait au contraire à Fontainebleau, le vingt quatriesme de Mars mil cinq cens soixante sept.

Les deleguez supliront le Roy leur accorder le contenu audit article.

Et pour conclusion en faisant et donnant response par les gens desdits Estatz, à la demande que vous Monseigneur et vous Messeigneurs leur avez faite de la part du Roy, tant du principal de la taille, taillon et cruë d'icelle pour l'année prochaine, qui finira mil cinq cens soixante et dix qu'autres deniers à plain declarez, ès lettres patentes dudit seigneur.

Remonstrent iceux deleguez que pour le present il leur est du tout impossible de pouvoir entierement satisfaire au vouloir et demande du Roy, ayant esgard aux grandes pertes et calamiteuses afflictions qu'ils ont soustenuz, à cause du continuel passage et long sejour des gens de guerre, tant de cheval que de pied, lesquels ont fait et font encores plusieurs et incroyables excez, vivant à discretion, bastans et outrageans leurs hostes, à quoy lesdits deleguez vous suplient sur tout y donner ordre et avoir esgard à la cessation et discontinuation du traficq et commerce de marchandises tant sur mer que sur terre, à l'occasion des troubles et guerres qui ont de present cours, mesme à la sterilité des grains et fruicts de ceste année et au mauvais Aoust qu'il a fait, avec plusieurs autres grandes charges et pertes que ledit païs a soustenuës par les premiers troubles. Ce neanmoins voulans en tout ce qu'il leur est possible obtemperer au bon vouloir du Roy, et esperant qu'après les troubles passées il aura pitié de son povre peuple et le deschargera de si grand faix, accordent sa demande telle qu'elle est declarée ès dites lettres, excepté toutesfois les gages du prevost Sainct Leger, lesquels ils suplient tres humblement sä Majesté, et vous Messeigneurs, de ne les faire lever, attendu qu'il est des principaux de la nouvelle opinion. Suplians sa Majesté toutesfois vouloir maintenir les habitans dudit païs en leurs anciennes libertez et franchises comme cy-devant ont fait ses prédécesseurs, en restablissant toutes choses audit païs, tant pour la nomination des deleguez desdits Estats, taxes de ceux qui seront deputez pour porter leur cayer, que pour l'audition des comptes des fraiz communs dudit païs, qu'autres deniers levez pour les affaires d'iceluy, comme il estoit de tout temps accoustumé, et avoir tousjours les habitans dudit païs en bonne et singulière recommandation.

Sera fait entendre au Roy nostre dit sieur, par les Commissaires tenans la presente convention, qu'après amples remontrances par eux faites aux deleguez desdits Estats assistans en icelle convention, des affaires, vouloir et intention de sa Majesté. Ont lesdits deleguez liberallement et volontairement octroyé et accordé lesdites taille, cruë, taillon, reparations et autres charges mentionnez en la presente conclusion pour le tout estre cueilly, levé, receu et payé aux termes et ainsi qu'il est contenu et declaré ès lettres-patentes que sadite Majesté leur a fait expedier à ceste fin, et qu'ayans esgard à la pauvreté du peuple dudit pays, il luy plaise de faire descharger et soulager à l'avenir les habitans et subjets dudit pays, des grandes tailles, cruës, subsides, et imposts qu'ils ont suportez et endurez par le passé, portent et endurent encores de present. Et au surplus les maintenir et conserver en leurs anciennes libertez et franchises ainsi qu'ont accoustumé faire ses prédecesseurs Roys.

Fait à Rouen, par les Commissaires du Roy tenant la convention des Estats de Normandie, le dix huictiesme jour de Novembre l'an mil cinq cens soixante neuf.

N. De BAUQUEMARE.

Imprimé à Rouen, chez Martin le Mesgissier, Imprimeur du Roy, tenant sa boutique au haut des degrez du Palais. M. D. LXX. — Publié d'après l'exemplaire conservé aux Archives communales de Caen.

ARTICLES
DU
CAYER DES ESTATZ
DE NORMANDIE

Responduz par le Roy, en son conseil priué à Gaillon, le dix huictiesme iour de Juing, mil cinq cens soixante unze, ainsi qu'il s'ensuyt.

AU ROY

Suplient très humblement les gens des troys Estatz de vostre pays de Normandie Qu'il vous plaise leur pourueoir sur plusieurs articles par eux presentez aux Commissaires par vous deputez à tenir la seance des Estatz derniers et à vous renuoyez par iceux Commissaires, pour y pourueoir selon vostre bon plaisir, et lesdicts suppliants prieront Dieu pour vostre Maiesté et prosperité.

ET PREMIÈREMENT

I.

Remonstrent très humblement les gens des troys Estatz dudict pays, comme il ayt pleu à vostre Maiesté par vostre Edict dernier de pacification permettre à ceulx de la nouvelle Religion qui ont fief de haubert au dict pays, faire presches et exercice d'icelle Religion en l'une de leurs maisons où ils feront leur residence qu'ilz seront tenuz nommer en Justice, avant pouvoir iouyr d'iceluy edict. Toutes-fois soubz coulleur de ce mot de fief de haubert, ne laissent pour le iour d'huy à faire presches où bon leur semble. A ceste cause suplient iceux deleguez, qu'il plaise à vostre Maiesté faire déclaration expresse de ces motz de fiefz de haubert et de la qualité d'iceux, affin que l'on ne puisse commettre aucun abbus et que les infracteurs d'iceluy Edict soyent puniz exemplairement, et mandé aux Juges des lieux sommairement et en bref proceder contre les delinquans, sur peine d'en respondre en leur propre et priué nom.

Les Commissaires deputez pour l'execution de l'Edict de pacification y ont pourveu.

II.

SUPLIENT d'auantaige lesdicts deleguez qu'il vous plaise ordonner que tous Gentilzhommes et autres qui ont benefices à leur presentation estans de ladicte nouuelle Religion ne puissent doresnavant presenter autres que gens Catholicques. Autrement iceux benefices declarez impetrables et que tous patrons tant ecclesiastiques que layques, soyent contraincts pourueoir à leurs benefices dans le temps qui leur est prescript par le droict, affin que le service diuin y soit celebré, et les sainctz sacremens administrez, aussi sur peine de privation de leur droict de patronnage.

Lesdicts Commissaires y ont pourveu, Et en cas particulier le Roy y pourvoirra, ainsi que la necessité le requerra.

III.

SUPLIENT en outre iceulx deleguez, qu'il plaise à vostre Maiesté faire publier et executer de poinct en poinct les articles du Concille dernier, et iceux faire entretenir et observer à la gloire et honneur de Dieu et de ses saincts commandemens.

Le Roy y pouruoirra.

IIII.

ET pour-ce que plusieurs Eglises de ceste Prouince ont esté ruinez par les rauages et saccagemens d'aucuns de ladicte nouuelle Religion qui n'ont porté les armes, ny esté soubz conduite d'aucun Cappitaine, ny en charge en aucunne maniere que ce soit, il vous plaise commander à vostre Court de Parlement, suyuant la response du Cayer de l'année dernière, faire informer pour ce faict, les contraindre à les rediffier à leurs propres coustz et despens.

Lesdicts Commissoires y ont pourueu.

V.

QUE les Curez des villes soyent deschargez des decimes sans estre prins au corps comme ilz ont esté et constituez prisonniers en deffraudant les ouailles de leur Pasteur et que les decimes d'iceulx curez des villes et gros bourgs, mesmes de plat païs soient payez par les Evesques, Abbez et autres Prelats qui ont la iouissance des dixmes et patrimoine de l'Eglise situez à l'entour desdictes villes et dedans lesdictes parroisses.

Le Roy après qu'il aura eu sur ce l'aduis du Clergé y pouruoirra.

VI.

QUE pour la conseruation de vostre Royaume et speciallement de Normandie, Il vous plaise entretenir les compaignies de la legion du pays, ayant esgard aux souldaines entreprinses par cy deuant faictes et pour plus promptement y resister le cas aduenant.

Le Roy a pourueu aux garnisons necessaires au dict pays de Normandie.

VII.

Que à l'aduenir lors qu'il plaira à vostre Maiesté, ordonner faire leuer arrierebaon, il soit mis en chacunne viconté ung recepueur notable pour la recepte des deniers prouenant de la taxe faicte sur les nobles d'icelle, affin d'euiter au travail perte et ruyne de ceulx qui sont esleux pour faire la totalle recepte dudict Bailliage, ayant esgard que les deniers en seront plus diligemment receuz et vostre service plus promptement executé.

Le Roy ne veult pour le present changer l'ordre accoustumé et y pouruoirra cy après comme il verra estre plus commode pour son service.

VIII.

Remonstrent d'auantage les Estatz dudict pays que vostre Maiesté a tousiours deffendu faire aucune leuée de deniers en vostre Royaume, soit par emprunct ou autrement sinon en vertu de vos lettres patentes deuement expediez, soubs le grand seau, il plaise à ceste cause à vostre Maiesté, ordonner que nulles commissions ne pourront estre executez, que au prealable elles n'ayent esté publiez et verifiez en votre Court de Parlement. Et quant à celles qui seront decernées pour vostre ville de Rouen, qu'elles seront oultre ce que dessus presentez en l'hostel commun de ladicte ville, pour y estre pareillement leües et veriffiées deuant le Bailly dudict Rouen audict hostel de ville, Et le semblable requierent estre obserué par les autres Baillifs dudict pays chacun pour son regard.

Le Roy ne veult et n'entend aucuns deniers estre leuez en son Royaume, sans ses lettres patentes et commission expresse.

IX.

Qu'il ne soit doresnauant loisible à aucuns Commissaires user de garnisons ès maisons pour contraindre les subiects de vostre Maiesté à payer les emprunctz ou aultres pareilles quotisations.

Le Roy à telles occasions pouruoirra à ce que ses subjectz soyent traittez le plus doucement que faire se pourra.

X.

Que telles commissions ne puissent estre executées, si elles ne contiennent sommes certaines et liquides et lesquelles ne puissent estre excedées par lesdicts Commissaires.

Sa Maiesté le trouve bon.

XI.

Qu'il plaise à vostre Maiesté pour sçauoir et entendre quelles sommes de deniers ont esté leuées en vostre pays de Normandie, ordonner que les Recepueurs qui ont faict la recepte d'iceux, en vertu desdictes Commissions, bailleront l'estat de leur recepte et en rendront compte affin que vostre Maiesté puisse entendre les gros deniers qui ont esté leuez, Et aussi que lesdicts estats en puissent auoir congnoissance, pour vous en faire remonstrance quant l'occasion s'offrira.

Sadicte Maiesté y pouruoirra comme il verra estre à faire pour le bien de ses affaires et finances.

XII.

L'Église, la Noblesse, et le Tiers Estat Catholicque tous en général, se complaignent grandement de l'execution de la taxe de mil escus faicte par aucuns lesquels se sont emparez par viollence et veoye de faict de leurs maisons, ausquelles ilz ont commis plusieurs insollences et exactions sans faire apparoistre d'aucunne commission, ny mandement decerné de vostre Maiesté, traitant voz bons et loyaux subjects de telle forme et façon voire les Gentilz-hommes et autres de nouueau reuenuz de vostre seruice, n'ayans faict difficulté exposer leur propre vie en peril et danger, et y consommer tous leurs biens dès il y a vingt ans et plus qu'ils ont esté contrainctz habandonner leurs maisons et familles, vendre et mesvendre leurs biens meubles et heritaiges, et constituer rente sur eulx à leur grand preiudice, parce que durant le temps de recouvrer deniers ilz vivoyent à discretion ésdictes maisons, Et oultre les contraignoyent de bailler taxes extraordinaires jusque à la somme de quarante solz pour homme par chacun iour auec leurs despens sans la dissipation des biens qu'ilz faisoyent en leurs dictes maisons et iusque à emprisonner leurs propres personnes comme s'ilz eussent esté criminelz, à quoy ils ne pourroyent satis-faire pour les sommes exorbitantes demandées, ne congnoissans la suffisance desdicts supplians, desquelz aucuns ont esté taxez à mil escus, somme excedante le total pouuoir et avoir d'iceux. Et qui plus est ceste praticque a esté faicte au seul Duché et province de Normandie. Si suplient lesdicts Estats qu'il plaise à vostre Maiesté revocquer et faire cesser telles et semblables Commissions du tout pernicieuses et odieuses à la republique. Et en outre requerent qu'il vous plaise donner ouverture de Justice à voz pauvres subiectz, là où l'on se pourra adresser pour avoir raison et justice de leurs complainctes et dolleances.

La necessité et incommodité du temps en a esté cause, mais à l'aduenir sa Maiesté donnera ordre que ses subjects soyent traités le plus doucement que faire se pourra, ayans ceux qui ont faict lesdictz prestz esté remboursez.

XIII.

Et pour ce que les Visbaillifz dudict pays et leurs Lieutenans, quant ilz ont esté poursuiuiz de quelque plaincte ou maluersation ont obtenu lettres, pour en attribuer la congnoissance aux iuges de la mareschaussée à Paris pour euiter la punition et destourner les plaintifz d'en faire poursuite, il plaise à vostre Maiesté commettre dans ce pays de Normandie, telz iuges qu'il vous plaira pour recepuoir lesdictes plainctes et en informer et iuger, à la charge que l'appel en resortira en vostre Court de Parlement en première instance entant que besoing est ou seroit, Laquelle est establie à l'instar de vostre Court de Parlement à Paris, Afin que le peuple puisse auoir justice desdicts Visbaillifz, Et que voz pauures habitans dudict pays ne soyent de condition inferieure que ceux du pays de France, Lesquels en peuuent auoir justice par les juges de la mareschaussée en première instance et par appel en la Court, dont viendra que lesdicts Visbaillifz ayans crainte de la Court, vacqueront mieux et plus songneusement au faict de leurs charges.

Le Roy attribue la congnoissance desdictes plainctes à la Court de Parlement de Rouen, en premiere et seconde instance et a icelle deffendue à toutes autres Courtz et iuridictions.

XIIII.

Et pour ce que par la responce du Cayer des Estatz de l'année passée, la suppression de ceux que l'on appelle francs tenans a esté par vous accordée suyuant la requisition desdicts Estatz, suplient très humblement vostre Maiesté pourueoir sur l'execution de ladicte ordonnance dudict Cayer, attendu mesmes que lesdictz francs tenans sont desaprésent plus que remboursez et satisfaicts de la finance qu'ilz en pourroyent auoir payée.

Lors qu'il sera faict reiglement vniversel sur le faict desdicts exemptz, il leur sera pourueu sur le contenu en cest article.

XV.

Réiterent d'auantage lesdicts deleguez la requeste qu'ilz ont cy-devant faicte, affin de garder la forme de tout temps observée, sur le faict de l'assiette et subdivision des tailles, En ce faisant casser et reuocquer la commission ou commissions expediées au contraire, Et neantmoins où il plairoit à vostre Maiesté faire proceder à la reformation des assiettes et departemens, supplient très humblement icelle que la reformation soit faicte par les generaux de voz finances chacun en sa charge ou autres personnaiges d'iceluy pays telz qu'il vous plaira commettre et deputer pour cest effect.

Sa Maiesté y aduisera.

XVI.

Remonstrent d'auantaige lesdicts deleguez que plusieurs personnes se retirent par devers vostre Maiesté, et obtiennent lettres pour faire lever deniers sur le peuple après la seance des Estats, Suplient que pour eviter aux inconveniens et surprinses qui en pourroyent aduenir, Qu'il plaise à vostre Maiesté ordonner que pour l'advenir aucun ne sera receu à faire levée de deniers que prealablement ilz n'ayent presenté requeste ausdicts Estatz, pour entendre icelle et garder l'interest du peuple.

Le Roy le trouue bon, si ce n'est en cas de grande et urgente nécessité.

XVII.

Suplient aussi iceux deleguez qu'il plaise à vostre Maiesté reuocquer, casser et adnuller l'erection et establissement des gardes des seaulx en chacunne des jurisdictions du pays comme venant à la très grande charge, foulle et oppression de vostre pauvre peuple, donnant aux juges plus d'occasion d'exiger sur luy, que faire autre chose pour son soullaigement, suplians très humblement vostre Maiesté n'exiger par cy après telz et semblables estatz, sans en prealable en auoir eu l'advis desdicts Estats, Et où il plairoit à vostre Maiesté continuer lesdicts gardes des seaux, il vous plaise donner reiglement aux juges Greffiers et gardez du seau pour leur sallaire d'autant que chacun y prend, et ordonner que ledict seau ne soit mis ès mains dudict Greffier, pour euiter aux inconveniens et facilitez qui en pourroyent aduenir.

Le Roy veult que son Edict sur l'erection des petits sceaux, soit gardé au dict pays de Normandie comme il est en tous les autres lieux de son Royaume.

XVIII.

Reiterent d'auantaige iceux des Estatz la requeste qu'ilz vous ont cy devant faicte, affin qu'il plaise à vostre Maiesté commander la vuyde du procès du Conté d'Eu à l'encontre du sieur de Neuers, Pour le faict de la distraction du ressort dudict Conté, du Parlement de Rouen, au Parlement de Paris, Et en attendant ladicte vuyde, il vous plaise ordonner que les habitans dudict Conté ressortiront en vostre Court de Parlement de Rouen ainsi qu'ilz faisoient en precedent.

Le Roy y pouruoira.

XIX.

Aussy il plaira à vostre Maiesté donner ordre sur plusieurs escumeurs et pirattes de mer, qui pillent et prennent en rançon les pauvres Marchans de ce Royaume, qui est cause de la discontinuation du trafficq de marchandise au grand prejudice du publicq.

Sa Maiesté y pouruoirra.

XX.

Qu'il vous plaise revocquer certaine commission octroyée à ung nommé Guillaume Marie, poudrier, ayant charge et commission expresse de faire et affiner tous les salpestres et poudres à canon dudict pays, sans que nul autre s'en puisse ingerer d'autant que soubz pretexte de sa manufacture, il entre indifferemment dans plusieurs maisons, tant conuentuelles que particullières dudict pays dont pourroit aduenir grand inconuenient.

Le Roy entend que ledict Marie iouisse de sa commission sans en abuser, et en payant de gré à gré, autrement et en cas qu'il en abuse y sera pourueu.

XXI.

Qu'il vous plaise considerer les grandes afflictions calamitez et miseres que vostre pauvre peuple de Normandie a soutenu puys le commencement des troubles, et maintenant l'on pretend les travailler sur la reformation des eaues et forestz qui ont esté closes, recloses et ouvertes tant de foys qu'il leur a conuenu payer plusieurs espices, visitations de procès sallaires et vaccations extraordinaires pour produire et retirer avec grand peine leurs tiltres et chartres des juges et commissions pour cest effect ordonnez, suplient qu'il plaise à vostre Maiesté faire proceder de telle façon à ladicte reformation que les libertez dudict pays soyent gardées comme elles ont esté par le passé sans transporter les subjectz dudict pays et leurs titres hors icelluy comme l'on pretend faire.

Le grand maistre et general reformateur des eaues et forestz y doibt auoir pourveu, Et n'entend sa Maiesté que ses subjectz dudict pays de Normandie à ceste occasion soyent aucunement grevez.

XXII.

Aussy il plaise à vostre Maiesté, attendu la grande cherté et prix excessif qui est sur le boys à brusler, faire plus amples ventes audict pays pour subuenir à la necessité de vostre peuple, Et à tout le moins que les boys qui seront venduz audict pays, demeurent pour l'vsaige des habitans d'icelluy.

Sera mandé audict grand maistre et general reformateur des eaues et forestz, donner aduis de la qualité des couppes qui se pourront raisonnablement faire audict pays, Pour veuz lesdictz advis, estre pourveu ausdictz suppliants, ainsi que sa Maiesté verra estre à faire.

XXIII.

Suplient aussi lesdicts deléguez qu'il plaise à vostre Maiesté, attendu vostre Edict dernierement faict sur le faict de la juridiction des juges presidiaulx audict pays, par lequel vostre Maiesté a voulu qu'il y aura appel de leur sentence, ordonner que lesdicts estatz devenant vaccation demeureront supprimez, Ensemble les impostz que l'on leve pour le paiement de leurs gaiges attendu que telz et semblables estatz et multiplication d'officiers n'apporte que charge au pauvre peuple.

Le Roy y a pourueu, et pour le present ne y peult rien changer.

XXIIII.

Qu'il plaise à vostre Maiesté, maintenir, entretenir et regir vostre peuple de Normandie en sa justice erigée audic pays de tout temps et d'ancienneté et suyuant la chartre Normande par vous et voz prédecesseurs Roys jurée garder en leur joyeux advenement en ce dict pays, Et que suyvant icelle chartre Normande, nul habitant de ce dict pays, de quelque quallité qu'il soit de l'estat de l'Eglise, de l'estat de Noblesse, Marchans et du Tiers Estat, ne puisse estre distraicts hors de sa juridiction ordinaire de ce pays de Normandie et pour quelque cause que ce soit, Et que à ceste fin toutes commissions evocatoires tant là decretées et impetrées, que celles qui pourroyent estre par cy après impetrées pour quelque cause que ce soit, seront pour le regard des lettres jà impetrées, revoquées, cassées et adnullées, Et dès à présent renvoyez les parties y desnommez proceder par devant les juges ordinaires de ce pays, Ausquelz la congnoissance en appartient, et où la cause auroit jà esté introduitte sans avoir esgard à icelles, Et lesquelles dès-à présent seront declarées nulles et impetrées par circonvention, au contraire les renvoyer par deuers les juges ordinaires chascun endroict soy, selon la qualité des causes et des juridictions et de ce qui pend en controverse entre les parties, Et entre autres choses, reuocquer, casser et adnuller en cest endroict les lettres d'evocation de vostre Maiesté impétrées par l'ambassadeur du Roy d'Espaigne, en dabte du trentiesme jour de januier mil cinq cens soixante neuf et vingt quatriesme fevrier mil cinq cens soixante dix, pour le faict des prétenduz deprédations faictes sur mer des biens appartenans aux subjectz dudict sieur Roy d'Espaigne jà faictes et à faire, Et de la saisie d'icelles renvoyez à la quatriesme chambre des enquestes du Parlement de Paris, Par ce qu'elle est grandement dommageable à tous les habitans du dict pays, tant à raison de la personne qui evocque que pour la juridiction où la congnoissance de la cause est attribuée pour les raisons qui ensuyent.

En premier lieu l'Ambassadeur n'a pouvoir ou commission que du Roy Catholicque son Maistre et non des particuliers qui peuvent avoir interest aux depredations, et n'est pas certain si ledict sieur Roy veult que soubz son nom poursuitte soit faicte du droict pretendu de ses subjectz en telles depredations, Et la coustume est que les Ambassadeurs intercèdent pour les subjectz de leur prince, mais ce nom de leur Maistre n'entre en qualité du procès.

Secondo les subjectz n'ont grande asseurance pour leurs despens, dommages et interestz sur l'ambassadeur combien que la vexation en soit bien grande.

Tertio telles evocations deschargent les officiers de l'admirauté qui sont ordonnez sur les lieux de leurs fonctions et charges ordinaires, qui les rend mal songneux et paresseux de leur debvoir.

Qvarto les subjectz seront grandement trauaillez quand telz cas aduiendront de aller à Paris pour auoir mandement et aultres prouisions de justice.

Qvinto la quatriesme chambre de la Court de Paris n'a grande commodité de vacquer et entendre à telz procès, veu les affaires qu'ilz ont ordinairement, par quoy ilz ne pourroyent vacquer que en jours extraordinaires, où il conuiendroit prendre argent, ioinct qu'ilz n'ont jours destinez par les audiences.

Sexto par le moyen de telles longueurs, les delictz demeurent impugniz et couvertz. Par ce que si telles pirateries ne sont descouvertes à l'abordage, on ne peult avoir la congnoissance puys après. Et sont les marchandises et nauires arrestez, ausquelz poinctz et articles il plaira à vostre Maiesté avoir ung singulier esgard.

Le Roy veult que ses subjectz dudict pays de Normandie, soyent conseruez en leurs preuileges, pour n'estre dis-

traicts de leurs iurisdictions, *Entend neantmoins sa Maiesté que l'euocation par elle cy deuant accordée à l'Ambassadeur d'Espaigne pour le faict des depredations ayt lieu.*

XXV.

Qu'il plaise à vostre Maiesté, afin que le commerce de la marchandise soit entretenue en son intégrité et que les marchans estrangers soyent traités en ce royaume en la forme et manière que sont les marchans de par deçà traitez ès autres Royaumes sans que iceux estrangers puissent achapter ny vendre nulles marchandises aux halles, mais bien (aux maisons) des marchans et bourgeoys des villes ainsi qu'il se faict en leur pays.

Le Roy y aduisera et cependant n'entend que aucune chose y soit innouée.

XXVI.

Et pour ce qu'il a pleu à vostre Maiesté adresser commission, pour faire vendre à vostre proufict, fieffer et alliéner à perpetuité plusieurs places communes et pastures, estans le long des forestz et aultres places vuydes et vagues de cedict pays. Chose qui importe grand dommage aux pauvres habitants dudict pays. Voulans reduire ce qui est en nature de commune à vsage de particulier. Combien que lesdicts pauvres habitans en ayent jouy et possedé de tout temps immémorial, pour la nourriture de leurs bestes et bestiaux, autrement seroit occasion de ne pouvoir satisfaire par lesdictz pauvres habitans à payer leur taille d'autant que la pluspart, combien qu'ilz ne possèdent aucuns heritages, s'entretiennent neantmoins par le moyen de leurs dictz bestiaux et nourriture et si seroit contrevenu aux droicts des Gentilzhommes lesquelz par les dénombrements de leurs fiefz possèdent grand partie, tant pour leur commodité que de leurs subjects, Si suplient iceux deleguez ayant esgard aux choses deuant dictes, qu'il plaise à vostre Maiesté faire cesser lesdictes ventes et allienations et par special de ce qui est prochain, tant de la ville de Rouen que aultres villes de ce pays de Normandie, suyuant les arrestz du privé Conseil cy deuant donnez et ce pendant reuocquer les ventes et fieffes, qui en auroyent jà esté faictes.

Le Roy pour bonnes considerations a decerné lesdictes lettres de Commission, pour vendre et afieffer lesdictes terres vagues de Normandie, Partant veult qu'elles sortent leur plein et entier effect sans toutes foys faire tort à personne.

XXVII.

ITEM suplient humblement votre Maiesté faire cesser les erections de toutes nouvelles offices, attendu le grand nombre qu'il en a esté erigé en ce dict pays à la grande foulle du peuple.

Le Roy donnera ordre que ses subjectz soyent soulaigez, au mieulx qu'il sera possible.

XXVIII.

ET pour autant que puys peu de temps en ça, il a pleu à vostre dicte Maiesté eriger quarante secrettaires nouveaulx, outre le nombre ordinaire, Ausquelz a esté consigné à chascun trois cents liures de gaiges, pour lesquelz gaiges payer, l'on a faict augmentation des deniers sur le seau, qui seroit une seconde taille sur le pauvre peuple (qui) a receu tant d'afflictions qui ne faict plus que respirer, il plaise à vostre Majesté les suprimer, attendu que ladicte creation et erection n'emporte aucun fruict ny soullagement au pauvre peuple.

Sa Maiesté veult et entend que son Edict faict sur l'erection de quarante secrettaires et augmentation au sceau porte son plain et entier effect.

XXIX.

Davantage les adjudicataires des magasins à sel dudict pays par faulx donné à entendre au Roy qu'ilz auroyent perdu, durant les troubles, grans deniers à leurs dictes adjudications, ont obtenu vne augmentation de six liures tournoys sur chascun muy de sel, qui se monteroit à vne grande somme de deniers par an, qui tourneroit au particulier proufict desdicts adjudicataires, lesquelz au lieu de livrer ledict sel reposé, n'en distribuent que estant tout mouillé, et n'en ont que au jour le jour, le vendant tout ainsi qu'il vient de Bretaigne et Brouage, de la descente du navire, chose du tout pernicieuse et qui cause plusieurs maladies qui en proviennent, Et aussi que le peuple est contrainct à ceste occasion de prendre la moitié plus de sel qu'il n'avoit coustume, A ceste cause suplient que ladicte augmentation accordée ausdictz adjudicataires soit cassée et adnullée, comme ayant esté obtenue par surprinse au prejudice du pauvre peuple, Et que pour l'advenir toutes lettres qui contiendront augmentation de pris, seront communiquées avant que les mettre à execution au Procureur de vostre Maiesté et des Estatz dudict pays, pour y garder votre interest et celuy du publicq, Et au surplus que les greniers à sel dudict pays seront proclamez de nouveau au rabais attendu le mauvais debuoir que en font lesdictz adjudicataires.

Sera mandé aux Officiers sur les lieux d'informer des abuz mentionnez au present article.

XXX.

Qu'il plaise en outre à vostre Maiesté ordonner que la

somme de douze mil tant de liures ordonnez pour les fortifications et reparations des places fortes et chasteaulx de Normandie, sera employé audict effect et non ailleurs, Autrement que le pauvre en soit deschargé. Et d'autant que la tierce partie de ladite somme est employée aux gaiges des officiers, il vous plaise ordonner que aduenant vaccation desdictes Offices, qu'ilz demeureront suprimez dès à present.

Accordé, Et quant à la suppression requise, aduenant vacation, sa Maiesté y aduisera.

XXXI.

Et pareillement sur les deniers leués respectivement en chascun Bailliage, les gens de guerre qui y sont en garnison en soyent payez et entretenuz.

Le Roy y pouruoira.

XXXII.

Suplient d'auantage lesdicts deleguez que tous Curez, Vicaires, Notaires, Tabellions, Greffiers et Sergens soyent tenuz à l'aduenir faire registre d'assise en assise des délibérations, publications, receptions de contrats, sentences et exploicts tant en heritage que en meuble. Et icelluy registre presenter ausdictes assises et faire approuver par les Greffiers de vostre Maiesté, pour ce faict estre mis en lieu seur, dont la garde sera baillée à quelques notables personnes, qui pour ce faire seront esleuz par les habitans du lieu pour eviter aux falsitez qui de jour en jour se pratiquent par les parties et y avoir recours quant besoing sera.

Le present article sera communiqué aux aduocats et procureurs generaulx du Roy en la Court de Parlement de Rouen, Pour veux leur advis estre pourueu sur le contenu en icelluy.

XXXIII.

Et que lesdicts Notaires, Tabellions, Greffiers et Sergens ne puissent estre receuz à l'exercice desdicts estatz qu'ilz n'ayent attainct l'aage de vingt cinq ans, Et qu'ilz sachent lire et escrire et ce par la deliberation de douze notables personnes congnoissans leur suffisance et capacité.

L'ordonnance sera gardée.

XXXIIII.

Qu'il plaise d'avantaige à vostre Maiesté ayant esgard à l'extresme pauvreté du pays reduire et moderer les tailles, ainsi qu'ilz estoyent du temps du Roy Sainct Loys, Mesme reduire les quatriesmes des vins et autres menuz boyres au huictiesme, comme il se faict aux autres Prouinces de vostre Royaume.

Le Roy, à son très grand regret, attendu la grande necessité de ses affaires, n'y peult encore pour cest heure pourueoir.

XXXV.

Les deputez des Estatz de Normandie pour satisfaire au contenu des lettres closes de vostre Maiesté données à Paris le dernier jour du moys d'octobre mil cinq cens soixante dix, Pour donner advis sur le restablissement d'vn second Esleu en chascunne des Eslections dudict pays, ainsi et pour les causes amplement contenues ès dictes lettres, Dient et persistent comme ilz ont faict depuys l'Edict de suppression, que le restablissement pretendu desdictes offices est du tout pernicieux et dommageable au peuple dudict pays, pour les causes à plain contenues en icelluy Edict de suppression et declarations sur ce ensuyuies, Tous lesquelz edictz declarations et arrestz, supplient humblement vostre Maiesté vouloir entretenir pour le bien et soullaigement du pauvre peuple dudict pays.

Le Roy pouruoira à ce qu'il ne se face aucune nouuelle erection d'Esleuz.

XXXVI.

Et en oultre qu'il vous plaise augmenter les taxes des deleguez, ayans assisté en la presente conuention ayant esgard à la charté des vivres, Et qu'il leur a convenu sejourner plus que de coustume en ceste ville, en attendant la response desdictz Estatz, pour le grand nombre d'affaires qui se sont offerts durant ladicte conuention.

Il ne se peult pour la grande pauvreté de ses subjetz audict pays, faire augmentation des taxes desdictz deleguez.

XXXVII.

Suplient très humblement les deleguez des gens des trois Estatz dudict pays, Qu'il plaise à vostre Maiesté maintenir lesdictz Estatz en leurs anciens previlleges et libertez, Et ordonner que les comptes des fraiz communs dudict pays, dont la recepte ne se monte que quinze ou dix huict cens liures seront renduz en chacune conuention desdictz Estatz comme il estoit tousiours accoustumé, pour euiter aux peines et fraiz qu'il conuiendra faire, de les aller rendre par deuant Messieurs les Intendans des finances, comme il est porté par le reiglement nagueres sur ce faict par vostre Maiesté.

Le Roy veult que le reiglement cy deuant faict par sa Maiesté, soit suivy.

XXXVIII.

Le Delegué du Tiers Estat de la viconté de Verneuil remonstre que depuis le temps de feu de très bonne mémoire

Philippes le Bel, Pour le bien et soullaigement des marchans et habitans la ville de Verneuil, (ils) estoyent en possession de nommer et eslire chascun an vng Maire, par privillege special à eulx concedé par icelluy feu Roy, et depuys successivement par ses successeurs, Lequel Maire a tousjours exercé la justice ciuille entre lesdictz habitans et remerans dudict Verneuil, Et mesmes audict Verneuil entre les marchans forains, jusque au temps de l'Edict de Moulins faict par vostre Maiesté. Restituer ausdicts Maires l'auctorité de droict de jurisdiction civile, qu'ilz auoyent en precedent ledict Edict, pour le bien et soullaigement de voz pauvres subjectz, Et aussi que pour raison de la jurisdiction par eux exercée ainsi qu'il estoit permis par les chartres et previlleges dont ilz sont porteurs, il n'est suruenu aucunes plainctes ne dolleances, Et aussi que pour raison dudict preuillège, les habitans dudict Verneuil payent à la recepte de vostre domaine cent liures tournois par chascun an.

Le Roy entend que son ordonnance sur ce faicte soit gardée.

XXXIX.

Et afin que à l'aduenir plus diligemment et exactement la pollice des villes de cestuy pays et Duché de Normandie et ce qui concerne l'administration public desdictes villes soit utilement et sincerement administrée au grand bien et soullaigement des subjectz de cedict pays, laquelle par cy deuant aucuns des juges et officiers ordinaires dudict pays, auroyent distraicte et enervée du corps desdictes villes, Et icelle s'attribuoient en leurs sièges où ilz la decidoyent le plus souvent, tenans vne forme de procés ordinaire avec longueur de temps, sans y appeller les Gouverneurs, Eschevins et Officiers desdictes villes, n'estant icelle pollice promptement et utilement gouvernée pour l'empeschement que ont ordinairement lesdicts juges au faict de la justice civille, où ilz se doibvent continuellement occuper pour rendre justice ausdictz subjectz, ne pouvans vacquer amplement à la détermination de ladicte pollice. Sinon qu'ilz retardassent le train de ladicte justice civille, au prejudice du peuple. Il plaise à vostre Maiesté ordonner que doresnauant ladicte pollice et ce qui concerne l'administration publicque sera remis et restitué au corps desdictes villes pour y estre jugé, décidé et déterminé en la maison commune d'icelle, par devant les Gouverneurs, Conseillers Escheuins et officiers desdictes villes, Et les jugemens ainsi donnez estre executez sans prejudice des appellations, lesquelles resortiront sans moyen en vostre Court de Parlement, et deffences estre faictes ausdicts juges de plus à l'aduenir juger, ne decider lesdictes affaires de pollice, ne entreprendre aucune congnoissance ailleurs que ausdictes maisons communes de villes.

Attendent les supplians qu'il se face reiglement vniversel.

XL.

Qu'il vous plaise ordonner que toutes personnes qui auront rentes constituées, tant sur vostre domaine, aydes, tailles et quatriesmes, seront payez et assignez desdictes rentes sur les recepveurs des lieux, pour euiter aux fraiz et coustages que sont tenuz faire les acquerans desdictes rentes pour les recepuoir ès receptes generalles de vostre Maiesté.

Le Roy ne veult changer l'ordre qui a esté cy deuant donné pour l'assignation desdites rentes.

XLI.

Remonstrent d'avantaige lesdictz deleguez que de toute ancienneté, Et mesmes du temps de Messeigneurs de Langey et de Villebon, Lieutenans pour vostre Maiesté en cedict pays, ilz estoyent tousjours nommez avec Monseigneur le Duc de Buillon, Gouverneur, pour tenir la conuention des Estatz dudict pays, ce qui a esté tousjours obserué jusques à ceste presente année, que l'on a obmis y employer Monseigneur de Carrouges, Si suplient iceux Estatz qu'il plaise à vostre Maiesté faire observer ceste bonne et louable coustume, Afin que la Noblesse dudict pays ayt meilleur moyen de faire ses remonstrances à celuy qui representera votre personne.

Signé : GOSSELIN,

Syndic desdictz Estatz.

Ce a esté faict par obmission, et n'y seront obmis à l'aduenir.

Faict et arresté au Conseil tenu à Gaillon, le dix-huictiesme jour de juing mil cinq cens soixante et unze.

Signé,   CHARLES.

Et plus bas,

PINART.

Imprimé à Rouen, chez Martin le Mesgissier, tenant sa boutique au hault des degrez du Palais. — Publié d'après l'exemplaire des Archives municipales de Caen.

DOCUMENTS

CONCERNANT

LES

ÉTATS DE NORMANDIE

ÉTATS DE NOVEMBRE 1561 (1)

« Les Commissaires depputez par le Roy à tenir la convention et assemblée des Estatz du pays et duché de Normendye, tenuz en ceste ville de Rouen le xie jour de novembre derr. passé et autres jours ensuyvans, aux Esleuz et controlleurs ordonnez sur le faict des aydes et tailles en l'Ellection de Rouen, salut. Comme sur les remonstrances qui ont esté faictes aud. sieur par les gens des trois Estatz dud. païs, sur ce que, de tout temps, la taille est personnelle en icelluy, assise sur les contribuables de chacune parroisse, le fort portant le foible : en quelque païs qu'ilz se puissent

---

(1) On ne trouve aucuns renseignements sur cette assemblée ni dans les registres du Chapitre ni dans ceux de l'Hôtel-de-Ville de Rouen. Les lacunes qu'on remarque dans ces collections s'expliquent, du reste, tout naturellement par les troubles qui survinrent à cette époque.

retirer, après avoir esté une foys coctisez et imposez ausd. tailles et crues èsd. parroisses, leur taille les suict, et sont les collecteurs d'icelle parroisse contrainctz les aller trouver pour en recouvrer les deniers, qui leur est, en ce faisant, grand peyne et travail, comme les fraiz et despenses qui leur convient faire à ceste occasion, avec ce que, ne pouvans bien souvent trouver les lieux de leur demourance, lesd. collecteurs sont contrainctz de payer pour les absents ou raporter leurs dictes coctisations comme deniers inutiles, pour en faire nouvelle assiette sur les autres contribuables desd. parroisses, à leur grand charge et foulle; — aussi que autre grand nombre desd. contribuables, pour n'avoir esté coctisez et assis ausd. tailles et crues, ès lieux où ils font leur résidence, se retirent ès villes et faulx bourgs prévillegiez pour quelque temps et mesme durant celluy que l'assiette d'icelle taille et crue se faict, affin d'éviter par ce moien d'estre coctisez ès lieux de leurs dictes demourances, qui revyent pareillement à la grand surcharge des autres contribuables; — pour à quoy obvyer led. sieur, après avoir le tout bien au long entendu et faict veoir et entendre par les gens de son Conseil, a ordonné et déclaré, veult et ordonne par ses lettres-patentes, données à St-Germain-en-Laye, le xie jour d'octobre aussi derr. passé (1), à vous (*sic*) adressantes, que tous et chacuns les contribuables à la taille de son dict païs de Normendye, Charges et Générallitez d'icelluy soient doresnavant et pour l'advenir assis et imposez à lad. taille, crue et autres subdices mis et à meitre sus, ès lieux et parroisses où, led. xve jour d'octobre derr. passé, iceulx contributifz estoient demourans ou font encores sans fraulde leur résidence, nonobstant que auparavant led. jour, ilz feussent assis et imposez èsd. tailles

---

(1) Ces lettres pour le changement d'octroi général sont enregistrées aux Mémoriaux de la Cour des Aides, vol. B, 5, f° 317 v° et suivants.

en autres lieux et parroisses des Eslections dud. païs et duché de Normendie, excepté toutes fois tous ceulx qui se seront retirez ès villes franches et lieux prévillegiez, tant auparavant le jour que aprez, estant contributifs à lad. taille, lesquelz ce néantmoins payeront et contribueront ès lieux et parroisses où ilz ont accoustumé estre coctisez et assis auparavant led. xve jour d'octobre derr. passé, ce que nous vous mandons accomplir, garder et observer et faire accomplir, garder et observer inviolablement en votre dicte Ellection, en procédant par vous au département et assiette desd. taille, crues et subsides mises et à meitre en icelle durant lad. année prochaine et autres ensuyvantes advenir, ainsi que le Roy notre dict sieur l'a entendu et entend pour le bien de son service et soullagement de ses subjectz dud. païs. De ce faire vous avons donné plain pouvoir, puissance, autorité, commission et mandement espécial; mandons à tous les justiciers, officiers et subjectz d'icelluy sieur que à vous, en ce faisant, soit obey. Donné à Rouen, le vi^e jour de décembre l'an mil v^c soixante et ung; et au dessoubz est escrit : Par les Commissaires du Roy ordonnez à tenir la Convention des Estatz du pays de Normendye (1). Ainsi signé : de Bauquemare (2) ung paraphe. » (Mémoriaux de la Cour des Aides, vol. B. 5, f°s 314 et suiv.).

---

(1) Il est à croire que l'un de ces Commissaires, et le premier, était le duc de Bouillon, gouverneur de Normandie. Il était venu à Rouen le 18 octobre 1561. Ce jour-là, le Chapitre lui fit présenter le pain et le vin. *Item* xviii *s.* iii *d. pro pane et vino domino duci* du Bouillon *presentatis.* Henri-Robert de la Marck, duc de Bouillon, prince de Sedan, fils de Robert de la Marck et de Françoise de Brezé; marié à Françoise de Bourbon, fille du duc de Montpensier, plus tard gouverneur de Normandie; décédé le 2 décembre 1574.

(2) Nicolas de Bauquemare, sieur de Franqueville, greffier des États de Normandie.

ÉTATS DE NOVEMBRE 1562

EXTRAIT DES REGISTRES DE L'HÔTEL-DE-VILLE DE ROUEN.

Lettres du Roi au bailli de Rouen fixant la réunion des Etats au 25 novembre (Rouen, 7 novembre 1562).

Assemblée tenue, le 24 novembre, à l'Hôtel-Commun de la ville de Rouen, sous la présidence de Jacques de Brèvedent, lieutenant général du bailli, pour l'élection des députés (1).

Prirent part à l'élection : Me Laurent Bigot, 1er avocat du Roi au Parlement; Me Jean Du Quesnay, sieur de Varennes, procureur du Roi au bailliage; vénérable et discrète personne Me Jean Bigues, chanoine et archidiacre en la grande église de N.-D. de Rouen, et grand vicaire du révérendissime cardinal de Bourbon, pour et au nom d'icelui; Jean Le Sueur et Lanfranc Bigot, chanoines, représentant le doyen et le Chapitre; 6 conseillers modernes; 4 conseillers anciens; 4 pensionnaires; Nicole Gosselin, procureur général de la Commune; 2 quarteniers; les députés des vicomtés du bailliage; 3 personnes, dont les noms sont cités, sans compter les autres.

On nomma, pour l'Etat de l'Eglise de tous les bailliages : maître Adam Sequart, docteur en théologie, chanoine en

(1) Jacques de Brèvedent, sieur de Sahurs, licencié ès-lois, lieutenant général civil et criminel au bailliage de Rouen, en remplacement de Jean de Moges, assassiné le 15 juin 1546; anobli le dernier juin 1552; décédé le 15 août 1580.

l'église cathédrale de Rouen; pour l'Etat de Noblesse (1), noble homme le s^r de Vieupont, baron dudit lieu (2); pour le Tiers Etat de la vicomté de Rouen, honorable homme Robert Le Hanyvel (3), et Richard Papillon, conseillers de la Ville; Me Jacques l'Hermitte, pensionnaire (4), et Me Nicole Gosselin, procureur général de la Commune.

Raoulin Le Gras avait été nommé, le 24 novembre, pour la vicomté de Pont-Autou et Pont-Audemer.

Richard Pillon avait été nommé, le 22 novembre, pour la vicomté d'Auge.

La nomination de Jean Pottier, pour la vicomté de Pont-de-l'Arche, était du 21 novembre.

« Leur a esté ordonné et chargé de désadvouer ce que, en la derrenière Convention, Anthoine Le Lieur, sieur de Bresmetot (5), avoit requis et demandé, au nom de ce bailliage, estre permis à ceulx de la nouvelle religion d'avoir temples, et avoir par icelluy proposé publiquement, au nom dud. bailliage, tant verballement que par escript, ce qu'il avoit voullu prétendre remonstrer et demander contre l'ordre accoustumé estre gardé en la Convention d'iceulx Estatz, et pour cest effect mandement pour faire convenir par devant eulx led. Le Lieur, et par devant MM. de la Court de Parlement, à ce que, pour l'advenir, ne soit faicte telle entre-

---

(1) Adam Sequart, docteur en théologie, nommé doyen du Chapitre de Rouen, le 27 oct. 1561; reçu à cette dignité le 10 nov. suivant.

(2) Probablement Jean IV, baron de Vieux-Pont.

(3) Robert de Hanyvel, sieur de la Chevalerie, marié à Louise de Quintanaduenas, l'une des dames d'honneur de la reine Louise de Lorraine, douairière de France.

(4) Avocat au Parlement, nommé plus tard procureur syndic de la Ville de Rouen.

(5) Antoine Le Lieur, sieur de Brametot et de Bosc-Bénard, demeurant, en 1570, au Bosc-Bénard. Sa fille avait épousé François de Pardieu, sieur de Baligny et d'Ecotigny.

prinse, et que de la faulte ainsi commise on ne la puisse attribuer à ceulx dud. bailliage.

» Sur ce que Mons. l'advocat Bigot a mis en avant, en lad. assemblée, que, pour le bien, proufict et utilité des habitans de ce bailliage, il est oit requis que ceulx qui seroient déléguez pour assister à la Convention généralle aud. païs pour led. bailliage devoient délibérer avec 3 ou 4 personnes, depputez de chascun quartier, des articles qui seront trouvés nécessaires pour en faire poursuitte en la Convention généralle desdits Estatz :

» Il a esté arresté que 2 personnaiges de chascun quartier de ceste dicte ville seront esleuz pour, avec les déléguez de ce dict bailliage, délibérer sur plusieurs articles et en faire remonstrance en la Convention généralle desd. Estatz. »

La ville de Rouen, ferme dans le catholicisme et très animée contre les protestants (1), envoya au Roi, le 28 juin 1563, un mémoire par articles, dont voici un extrait :

« Que tous les habitans de la ville estans de la religion nouvelle ayent à rentrer à lad. ville sans armes et pour y vivre en paix et transquilité, sans y faire ou faire faire aucune exercice de leur religion, et ce dedans certain jour et sans plus tenir les champs, sur peine de leur courir sus et de les mettre en pièces.

» Et, en ce faisant, que tous les catholiques se emploieront, comme ilz ont dict, eulx, leurs enfants et famille, personnes et biens, et jusques à la derrenière goutte de leur sang et sustance, pour le service dud. sieur et dame et pour les conserver et maintenir, avec l'ayde de Dieu, en leurs grandeurs et majestez.

(1) En l'année 1562, les protestants s'étaient emparés de la ville de Rouen. Charles IX, à la tête d'une armée, la reprit d'assaut le 15 octobre.

» Autrement, et où lesd. sieur et dame vouldront que l'édit prétendu arresté, estant en pappier, sorte son plain et entier effect, et ne vouldront accorder les articles cy-dessus, pour leur dire et déclarer que lesd. catholiques de lad. ville sont prestz de leur meitre les clefz de lad. ville entre leurs mains pour en faire et disposer à leur bonne volunté, en les suppliant très humblement de permectre aux bourgeois catholiques de eulx en aller où bon leur semblera et emporter leurs biens et possessions qu'ilz ont aud. pays, ce qu'ilz ayment mieulx et entendent faire que de souffrir et endurer que lad. ville soyt encores une foys mise entre les mains et puissance de leurs ennemys et qu'ils leur coupent la gorge, comme ils s'en vantent, et oultre, et dont ilz auroient plus de regret, que les Anglois occupassent le duché de Normandie et finalement le royaume et en déchassent le Roy et la Royne, leur souverain seigneur et dame, dont de tout Dieu les veuille et nous préserver! » Faict, au bureau de l'Hostel-Commun de lad. ville, aud. xxviiie jour de juin 1563. »

I.

Extrait d'un arrêt du Parlement de Normandie, séant à Louviers, donné contre les rebelles, séditieux, et qui ont pris et porté les armes contre le Roy, violé les temples, saccagé et bruslé les monastères, religions et lieux de dévotion, et mesmes les maisons des catholiques, pillé, robé et emporté les biens y estans.

26 août 1562. — « Pour ce qu'on a cy-devant faict au Roy et aux Commissaires par luy députez pour tenir les Estatz de ce Pays de Normandie, plusieurs Requestes et Remonstrances contre la Religion catholique, par les gens de la nouvelle opinion, au grand déshonneur et scandale du pays, la Court ordonne pour l'advenir qu'aux assemblées

particulières, qui se feront par les vicontez et bailliages, nul ne soit nommé ou deputé pour comparoir en l'Assemblée géneralle des Estatz du pays s'il n'a premièrement faict profession de sa foy selon lesdictz articles (les articles arrestez par la Faculté de théologie de Paris, autorisés par le Roi, juillet 1543), dont il apportera l'acte ou extraict du Registre, pour estre veu avant qu'il puisse estre receu en ladicte Assemblée (1). »

ETATS DE NOVEMBRE 1563

EXTRAIT DES REGISTRES DE L'HÔTEL-DE-VILLE DE ROUEN.

Lettres du Roi au bailli de Rouen, fixant la réunion des Etats au 28 novembre (Chantilly, 28 octobre 1563).

Assemblée tenue, le 27 novembre, à l'Hôtel-de-Ville de Rouen pour l'élection des députés.

(1) *Mémoires de Condé*, t. III, pp. 627-628. Déjà, aux Etats de 1560, il s'était manifesté quelque tendance en faveur du protestantisme. — Extrait des registres capitulaires, 8 novembre 1560. — *Super advertentia murmurationis habite inter nonnullos Dominos tempore facte responsionis per Dominum cantorem hujus ecclesie in congregatione* des Estatz *gallice, in hoc quod omissum fuerat mentionem fieri de fide Ecclesie apud Regem commendanda, fuerunt deputati Domini* Romé, Malet et Grenier, *ex parte Capituli, ad se conferendum apud Dominum* du Bouillon, *qui preses fuerat pro Rege in dicta congregacione, causa suplicandi quatinus vellet ampliari suo processui verbali quod, ex parte Dominorum, suplicatur Domino Regi, tanquam christianissimo, humiliter: quatinus dignetur defendere totis viribus fidem et religionem nostram auxiliumque prestare manutentioni illius contra personas de fide hujusmodi male sentientes.*

Prirent part à l'élection : Me Guillaume Courant, substitut du procureur du Roi au bailliage; 4 conseillers modernes; le procureur de la Ville; Robert Raoulin, conseiller au Parlement; Adam Sequart, pour l'archevêque; Mes Jehan Lengeley et Adrien Ballue pour le Chapitre; 6 conseillers anciens; 3 pensionnaires; 2 quarteniers; les députés des vicomtés du bailliage : Raoulin Le Gras, nommé pour la vicomté de Pont-Autou et Pont-Audemer, le 19 nov.; Robert Conte, nommé pour la vicomté du Pont-de-l'Arche, le 18 nov.; François Duval, nommé pour la vicomté d'Auge, le 22 du même mois.

On nomma, pour l'Etat de l'Eglise du bailliage de Rouen, Adam Sequart, doyen et chanoine de Rouen; pour la Noblesse, noble homme Jean De la Roche, sieur de Vandrimare; pour la Ville de Rouen, noble homme Jean Du Moucel, sieur de la Brière, et Barthélemy Halley, conseillers modernes de la Ville; Jacques L'Hermitte, pensionnaire, avec Nicole Gosselin, procureur général de la Ville.

En 1563, les Etats se réunirent dans une grande salle de l'abbaye de Saint-Ouen de Rouen. Pendant leur tenue, un plancher s'écroula : plusieurs personnes furent écrasées, et quelques autres blessées (*Hist. de l'Abbaye de Saint-Ouen*, p. 220.)

Gosselin, procureur syndic, faillit y laisser la vie. Il est fait allusion à cet accident dans un arrêt de la Cour des Aides, du 26 fév. 1563 (v. s.).

« Led. deffault et exploict de prouffit d'icelluy avoient esté obtez et fais faire environ le temps de la Convention des Estatz dernierement tenus, et lors desquels led. Gosselin (procureur des manans et habitans de la Ville) avoit esté blessé et du depuis longtemps détenu en maladie, ainsi qu'il estoit notoire. » (*Plumitif de la Cour des Aides.*)

ÉTATS DE NOVEMBRE 1564

EXTRAIT DES REGISTRES DE L'HÔTEL-DE-VILLE DE ROUEN.

Lettres du Roi au bailli de Rouen fixant la réunion des Etats, à Rouen, au 7 novembre. (Roussillon, 7 août 1564.)

Assemblée tenue, le 6 novembre, à l'Hôtel-Commun de la ville de Rouen pour l'élection des députés.

Prirent part à l'élection : Jean Le Tessier et Lanfranc Bigot, représentant le doyen et le Chapitre de Rouen; 5 conseillers modernes; 3 pensionnaires; 4 quarteniers; Jean Allais, procureur des gens des trois Etats de la vicomté d'Auge, nommé le dernier octobre 1564; Jean Potyer, procureur des gens des trois Etats de la vicomté de Pont-de-l'Arche, nommé le 26 octobre (le procureur des trois Etats de la vicomté de Pont-Autou et Pont-Audemer fit défaut); 64 bourgeois de Rouen, dont les noms sont cités, sans compter les autres.

On nomma, pour l'Etat de l'Eglise, Adam Sequart, doyen du Chapitre de Rouen; pour la Noblesse, Louis de Bigards, sieur de Tourville, capitaine de la ville et des châteaux de Rouen; pour la vicomté de Rouen, Guillaume Le Seigneur, sieur des Croix, notaire et secrétaire du Roi et 1er conseiller du Bureau de ladite Ville; Pierre Le Cordier, conseiller moderne; Emery Bigot, avocat, pensionnaire, avec Nicolas Gosselin, procureur général.

Dans la procuration qui leur fut délivrée, on leur donna, « par espécial, pouvoir et puissance d'adviser et résouldre, avec les aultres delléguez du païs, sur la suppression, la continuation des Elleuz, contrerolleurs et receveurs des tailles du païs. »

« Extraict du registre du greffe des Estatz du pays de Normandie sur l'opposition formée par devant les Commissaires du Roy, tenans la Convention génerálle du païs de Normandie, assemblez en la ville de Rouen, au 7ᵉ jour de ce présent mois de novembre et aultres jours ensuyvans, pour ceulx de la Religion prétendue refformée de la ville de Rouen contre l'élection et nomination faicte en l'Hostel de ladicte Ville des personnes députez pour assister à la Convention géneralle des Estatz de ce païs pour la présente année, d'aultant qu'ilz disoient la forme n'avoir esté gardée et qu'ilz n'y ont esté convoquez ny appellez, lesquelz seigneurs Commissaires ont accordé lettre ausd. de la Religion prétendue refformée de leur opposition, ont ordonné et enjoint aux conseillers eschevins, manans et habitans de lad. ville de Rouen, garder, pour l'advenir, la forme des édictz et ordonnances du Roy pour le faict de lad. nomination et ellection, sans faire différence des personnes pour raison de lad. religion, sur peine, où il y sera contrevenu pour l'advenir, que ceulx qui auront esté nommez, ainsi qu'il est contenu par lad. ordonnance, n'auront aucune voix ne pouvoir d'assister en lad. Convention géneralle, et néantmoins demoureront, pour la présente année, lesd. eschevins qui ont esté nommez pour assister en lad. Convention. Faict à Rouen, par les Commissaires du Roy tenans la Convention des Estatz du païs de Normandie, le 8ᵉ jour de novembre 1564. Signé : de Bauquemare, ung paraphe. »

« Extraict des registres du greffe des Estatz de ce païs de Normendie, assemblez, en la ville de Rouen, au 7ᵉ jour de ce présent mois de novembre et autres jours ensuyvans, entre Jehan Le Sens, escuyer, sieur de l'Aulnay, esleu en la viconté de Pont-Audemer pour assister en lad. assemblée pour l'Estat de Noblesse de lad. viconté, comme prétendant estre le tour d'eslire le Noble en icelle viconté, d'une part, et les conseillers eschevins de la ville de Rouen, contredisans et deffendans lad. ellection, d'autre part. Led. sieur de l'Aulnay, pour luy et les autres gentilshommes de lad. viconté de Pont-Audemer, a remonstré qu'il avoit esté esleu pour assister en lad. Convention pour les nobles de lad. viconté, soustenant qu'ils doibvent estre receuz à nommer à leur tour, ainsi qu'il estoit accoustumé faire par les autres bailliages dud. païs, et ne seroit raisonnable que lesd. eschevins de lad. ville de Rouen eussent, par prééminence, droict d'eslire led. noble, sans convoquer ne appeller les nobles des autres vicontez du bailliage, ny mesmes de lad. viconté de Rouen. Et prenant droict par la procuration desd. eschevins, présence et parlant par Me Emery Bigot, conseiller pensionnaire de lad. Ville, a esté soustenu, de contraire, disant que de tout temps ilz estoient en bonne possession d'eslire le noble en lad. Maison de Ville suyvant la forme ancienne et accoustumée, en laquelle les delléguez des aultres vicontez dud. bailliage estoient deuement convocquez et appellez pour assister tant à la nomination et ellection de l'Estat de l'Esglise que de Noblesse; et ne sera trouvé que les autres vicontez aient jamais eu aucun droict de eslire ou nommer particulièrement en leurs dictes vicontez. Par ce soustenoient que led. sieur de l'Aulnay n'estoit recevable à sa dicte ellection, pour n'avoir esté deuement faicte, et que le sieur de Tourville, esleu pour l'Estat de Noblesse en lad. Maison de Ville pour led. bailliage de Rouen, debvoit demourer comme estant esleu suyvant la forme accoustumée. Sur quoy, parties oyes, nous avons ordonné que led. sieur de l'Aulnay sera débouté de sa demande, pour n'avoir esté deuement esleu en la convocation génerálle des gentilzhommes dud. bailliage, ains seullement par ceulx de la viconté de Pont-Audemer; et, pour le regard de l'élection faicte en lad. Maison de Ville, par lesd. eschevins, de la personne dud. sieur de Tourville, avons déclaré icelle non vaillable, pour n'avoir convocqué ne appellé les nobles, tant de lad. viconté de Rouen que des aultres vicontez dud. bailliage, suyvant qu'il est mandé faire par les lettres du Roy envoyez audict bailli de Rouen ou son lieutenant, pour faire faire lad. ellection. Et néantmoins ordonnons, sans avoir esgard à lad. ellection, que led. sieur de Tourville assistera ausd. Estatz pour led. bailliage pour ceste fois, sans tirer à conséquence ny préjudicier au droict que prétendent avoir les aultres vicontez dud. bailliage, d'eslire alternativement, l'une aprez l'aultre, comme il est faict aux aultres bailliages dud. païs. Ordonnons outre que doresnavant le bailli de Rouen ou son lieutenant, quand il procédera en lad. ville, ainsi que l'on a accoustumé faire, pour l'élection de l'Eglise, Noblesse et Tiers-Estat pour assister en lad. Convention, il sera par luy faict assavoir aux lieutenans des vicontez ressortissans en son bailliage de faire faire lad. convocation, en lad. viconté, des troiz Estats, pour aprez par eulx en estre esleu en lad. ville pour assister en lad. Convention suyvant qu'il est contenu aux lettres-patentes du Roy par eulx produictes, et que led. bailli ou son lieutenant recœuillera, des sergents des vicontez, les exploictz par eulx faictz pour convoquer les nobles de leurs dictes vicontez. Deffendons, au reste, aux conseillers eschevins de lad. ville de Rouen d'eslire pour l'advenir, pour assister en lad. Convention, aucuns advocatz, procureurs ne gens de pratique, en déboutant led. Emery Bigot, par eulx esleu pour assister en la présente Convention des Estatz du pays de Normendye, entendu sa qualité, de tout contraire à la volunté du Roy. Faict à Rouen par les Commissaires du Roy tenans la Convention des Estats du pays de Normandye, le 8ᵉ jour de novembre 1564. Signé : de Bauquemare, ung paraphe. »

EXTRAIT DES ARCHIVES DE LA VILLE DE CAEN
(5ᵉ vol., f⁰ 12 v⁰)

« Au jour d'huy sabmedy, 23 octobre 1564, etc.., lecture et approbation a esté faicte, à l'audience du siège présidial, des lettres du Roy, données à Roussillon, le 7ᵉ jour d'aoust dernier, contenant le termement des Estatz de ce pays de Normandye, au 7ᵉ jour de novembre prochain, en la ville de Rouen, et ordonné, suyvant la requeste du procureur du Roy et le commandement de Mgr le duc de Buillon, gouverneur et lieutenant général du Roy en Normandie, que les coppies seront envoiées aux aultres vicontés de ce bailliage, à la charge aux juges et officiers de faire convoquer, par leurs sergents, en leurs Conventions particulières, tous ceux du Clergé, de la Noblesse et du Tiers Estat et paiantz taille pour le moins ung d. (?) en chacune parroisse, en tant que lesd. payantz taille, affin de faire ellection pour adviser sur le contenu en l'extraict qui leur sera envoié, et d'en renvoier les procès verbaux à la Convention générale dud. bailliage qui se tiendra aud. Caen, le 2ᵉ jour de novembre prochain. »

EXTRAIT DU FONDS DE L'ABBAYE DE MONTIVILLIERS

« Ajournement par la Cour des Aides, Rouen, 26 juin 1565, de Nicolas de Mailly, Sanson de Maromme et Robert Le Nud, commissaires et auditeurs députés par les États du pays de Normandie pour ouïr les comptes de ceux qui avaient manié, durant les troubles, par l'ordonnance du duc d'Aumale. » Nicolas de Mailly et Sanson de Maromme sont également cités comme commissaires députés pour l'audition des étapes en l'année 1564. — Reg. de la Cour des Aides, *Expéditions*, 22 nov. 1565.

*Arrêt de la Cour des Aides au sujet des lettres-patentes
du Roi, qui supprimaient des offices d'Élus.*

2 juillet 1566. — « Sur la requeste présentée par Mᵉ Nicolle Gosselin, procureur des Estatz de ce païs de Normendie, présent, et par Le Maistre, procureur commun en la court, à ce que par icelle soit procédé à la lecture, publication et intérinement des lettres-patentes du Roy, données à Thoulouse, le xiiiᵉ jour de febvrier dernier passé, contenant Déclaration de la suppression des Esleuz au reste de l'un d'iceulx, contrerolleurs, advocatz, procureur du Roy et recepveurs alternatifz des Aydes et tailles de ce païs et Généralité de Normandie, suyvant le contenu desd. lettres, se sont présentez Joyse, procureur d'aucuns des Esleuz de ce dict pays, signez et subscriptz en une requeste présentée à lad. court par led. Joyse, et Cauchart, procureur de Mᵉ François Dufour, l'un des Esleuz d'Allençon au siège d'Argenten, Voesin, procureur de Mᵉ Raoul Adam, receveur ancien desd. Aides et tailles en l'Election de Lisieux, et Baratte, procureur des habitans de lad. ville de Lisieux, lesquels parlants, sçavoir est : les Esleuz et Adam par Mᵉ Jacques Auber (1), et lesd. habitans de Lisieux parlans par Mᵉ Guill. Le Coq, advocatz en lad. court, ont, en la présence des advocat et procureur généraulx en icelle court, remonstré, sçavoir est led. Auber, pour lesd. Esleuz : qu'ils avoient, de leur part, présenté requeste à icelle court affin d'estre receuz à

(1) Jacques Auber, sieur du Fossé, avocat à la Cour des Aides, avocat pensionnaire de la Ville, depuis treize à quatorze ans, était, en même temps, procureur du Roi au Bureau de la Romaine et Imposition Foraine à Rouen. (Reg. de la Cour des Aides, *Expéditions*, 21 nov., 11 déc. 1565.) Lui et son frère, Richard Auber, sieur des Becquets, demeurant à Rouen, furent anoblis par lettres du Roi, données à Cognac, août 1565.

contredire et opposer aud. inthérinement, disant que lesd. lettres seroient obtenues soubz le prétexte et qualité que la supression auroit esté requise par les trois Estatz de ce dict pays en la dernière Convention, ce qui ne se trouvera estre véritable, ne que led. Gosselin ait eu aucun pouvoir d'avoir poursuyvy ou faict poursuyvir l'impétration et expédition desd. lettres, mais avoient esté poursuyviz par ung nommé Jehan De Reuilly, tavernier d'Evreulx, estant à la poursuite du Conseil du Roy, envoyé pour la solicitation d'aucunes affaires particulières de la Maison-Commune de ceste ville de Rouen, induict et sollicité par aucuns particuliers prétendant, au moien de lad. suppression, ambitieusement parvenir ausd. estatz et ayans, soubz main et faveur empruntée, poursuyvy lesd. lettres contre l'advis et sans la délibération des députez par les déléguez desd. Estatz; et, pour le faire juger, disoit que à la Convention penultime desd. Estatz tenuz en ceste ville, au mois de novembre 1563, les déléguez d'iceulx Estatz assemblez, après avoir délibéré sur l'article de la suppression desd. offices, qui leur avoit esté proposé, avoient en fin conclud, arresté et résolu de refuser la suppression, de eulx contenter de l'édict et ordonnance générale faicte aux Estatz généraulx tenuz à Orléans, en 1560, comme cela apparoissoit par le Cayer desd. Estatz dont led. Gosselin estoit porteur. Et de rechef, en ceste année présente, lesd. déléguez assemblez ausd. Estatz de ce dict païs, au mois de nov. dernier, auroient refusé lad. suppression et, en eulx conformant ausd. Estatz derniers et ausd. Estatz généraulx de France, auroient, en termes appertz, déclaré qu'ilz se contentoient de l'ordonnance desd. Estatz généraulx. Et toutes fois, en la fin dud. article, le jour de la Responce desd. Estatz, led. De Reuilly, qui n'en estoit du nombre, mais est ung simple soliciteur, voyant qu'il ne pouvoit parvenir à ses fins, avoit dressé le Cayer de sa main et composition et avoit apposé en icelluy, en la fin d'un article dud. Cayer, une clause appertement contraire à l'intention desd. Estatz, et qui de soy implicquoit contradiction apperte, sur laquelle il auroit surprins lesd. lettres, qui est en ces termes : « Et néantmoins puisque lad. suppression n'est acceptée, suplient qu'il soit loisible à chacun bailliage de opter et choisir l'un desd. Esleuz qu'ilz verront bon estre, sans avoir esgard à leurs provisions et aisneesse, ains à leur preudhommie. » Or, seroit advenu que, tost aprez lesd. Estatz tenuz, led. De Reuilly avoit esté envoyé en court pour la solicitation d'aucunes affaires de la Maison-Commune de lad. ville de Rouen, de laquelle led. Gosselin est pareillement procureur; et, estant sollicité par aucuns particuliers, pour parvenir à ses fins et pour avoir double vaccacion, ou pour, aux frais dud. païs, exécuter ses affections particulières, sans avoir eu l'advis, consentement ne délibération des députez par lesd. Estatz pour porter le Cayer d'iceulx, et qui avoient la charge de faire les remonstrances nécessaires, selon l'intention desd. Estatz, et qui sont personnes notables et approuvez, et sans la présence, advis et délibéracion desquelz aucun autre ne pouvoit rien poursuyvir, avoit trouvé le moyen se faire saisir par led. Gosselin du Cayer desd. Estatz qu'il avoit porté en court et icelluy présenté, estant seul, et mesmement led. Gosselin absent, comme pour la preuve de ce son serment estoit attendu et l'attestation desd. députez d'iceulx Estatz et qu'il n'y avoit eu en cela rien de leur faict ne consentement; néantmoins, à la conclusion de lad. prétendue suppression, et, soubz telle surprise et supposition de qualité, avoit faict respondre led. Cayer et subscrire à icelluy que lad. suppression estoit acceptée en remboursant ; soubz prétexte de laquelle Response et sans autrement en consulter ny délibérer, il avoit faict dresser lesd. lettres de suppression, à la charge et subjection au peuple de rembourser les deniers desd. offices et fraiz, qui reviendroient à plus de 300,000 l. sans l'intérest du retardement des deniers desd. offices, qui leur auroit esté lymité à 8 pour 100 seullement, avec taxation de 10 escus chacun pour les fraiz de l'impétration de leurs dictes provisions. Et par ce disoient que c'estoit espèce de faulx d'avoir impétré et obtenu lesd. lettres soubz faulx prétexte et faulse qualité, veu mesmes qu'elles emportent force et effect de contract entre le Roy et son peuple en la charge dud. remboursement, qu'il ne deppendoit du pouvoir dud. De Reuilly, ne dud. Gosselin y obliger le peuple ne avoir accepté lad. charge onéreuse et en poursuyvre l'intérinement sans charge spécialle, et que led. article dud. Cayer appertement est contraire à l'intention desd. lettres en lad. clause : « Et néantmoins puisque la suppression n'est acceptée, » qui est ung refus appert et non tacit ; et quand encores il y auroit eu quelque doubte ou ambiguité, ce n'aroit esté au jugement et discrétion dud. De Reuilly d'en avoir fait impétration, mais aroit esté à ceulx qui avoient prins la résolution, ou à tout le moins de leurs commis et députez à présenter led. Cayer, qui estoit une qualité laquelle ilz n'avoient peu subdéléguer encores qu'ilz l'eussent voullu faire, et dont, comme dict est, ilz en estoient attenduz qu'il n'y a eu riens de leur faict ne présence à la présentation dud. Cayer et obtention desd. lettres, et encores sont lesd. déléguez attenduz que la suppression ne fut oncques accordée ne conclute par lesd. Estatz, ne charge donnée d'en faire poursuite ; et n'y a aucune vérisimillitude que lesd. delléguez eussent voullu accepter ne requérir lad. suppression et obéir aud. remboursement, d'autant que, à le bien prendre, le peuple rachepteroit les gaiges des officiers, lesquelz sont paiez sur le bloc des deniers du Roy, et en diminution de la somme qui doibt entrer en ses coffres. Et, pour le faire entendre, disoit que les gages des

contrerolleurs, receveurs alternatifz, quart et cinquieme
Esleuz sont prins sur les deniers de la somme totale du Roy,
et la somme de cent livres et vingt l. de gaiges de tous les
troys premiers Esleuz et les gaiges desd. procureurs et advocatz sont à prendre sur les deniers des Aydes du Roy, en
sorte que le peuple ne paye, pour les gaiges de tous lesd.
officiers prétenduz supprimer, fors, pour chascun des trois
premiers Esleuz, la somme de 33 l. 6 s. 8 d. pour leurs
anciens gaiges, pour le département de 100 s. t., pour la
creue de 100 l. pour leurs gages augmentez, qui ne viendroit
en descharge au peuple, pour les deuz Esleuz prétenduz
supprimer en chacune Ellection, fors 276 l. 13 s. pour chacune Ellection, pour laquelle somme le peuple payeroit
plus de 40,000 l. en chacune desd. Ellections, l'une à l'équipollent de l'autre, ce que led. Gosselin ne pouvoit ignorer
pour la charge qu'il a; et, le sachant, ne pouvoit mescong-
noistre que lad. prétendue suppression estoit apparemment
à la surcharge et agravation dud. peuple. Et, pour en congnoistre la vérité, disoit qu'il apparoissoit, par la délibération
faicte par lesd. habitans de Lisieux, comme Jehan Duval,
du nombre desd. déléguez ausd. Estatz derniers, avoit dé-
sadvoué lad. obtention et donné charge de la contredire, et
encores accordoient que les autres déléguez soient sur ce
ouyz et en faire par lesd. Esleuz les frais. Remonstre, que
oultre l'intérest que ont lesd. Esleuz à deffendre lad. suppression, tant pour estre vuydez hors exercice avant que
estre remboursez et pour les mettre en fraiz et coustage de
poursuyvre leur d. remboursement par devers les sieurs
Intendantz des finances, que mesmement pour l'intérest de
leurs deniers non remboursez, limité seullement 8 pour 100
contre l'usage de ce païs, ilz ont encores ung plus grand et
apparent intérest, en ce que lad. suppression seroit fondée
sur malversations qui seroient exposées avoir esté commises

par lesd. Esleuz en général, en quoy leur honneur et réputation et de leur postérité seroit lezé et offensé à perpétuité, qui seroit petite rémunération pour ceux qui ont bien versé en leurs estatz au service qu'ils avoient faict au Roy et au public. Et, s'il y en a aucuns particuliers qui aient malversé, suplient très humblement la Court en estre informé et procédé à la punition exemplaire, à ce que distinction soit faicte des ungs et des autres, et que la généralité ne soit notée pour le particulier. Disoit aussy led. Auber, au dit nom, que lesd. estatz des Esleuz sont d'antienne institution, et que, de temps ancien et passez sont 300 ans, voire et depuis que les tailles ont esté ordinaires, toutes les ordonnances et instructions, tant par advis du Grand Conseil que des Superintendentz et Intendentz des finances, ont esté adressez aux Esleuz, qui tousjours ont esté au nombre de deux laiz et ung du clergé, et au moindre nombre deux, et jusques en l'an 1461, que le Roy voullust faire ung essay de faire asseoir les tailles par autre forme et révocquer les Esleuz; mais, en l'année ensuivante 1463, lesd. Esleuz furent restabliz en leur forme ancienne à la requeste, instance et poursuite des déléguez des Estatz de ce dict pays, et par mesme moien lad. Court des Aides créée et érigée en corps de court ordinaire comme ung corps composé de ses membres, lesquelz estatz ont esté tousjours depuis continuez de roy en roy, approuvez aux Estatz généraux de Tours, confirmez par toutes les autres ordonnances subséquentes et jusques en l'an 1557, qu'ilz avoient esté augmentez de nombre, tout ainsi comme les tailles augmentent de somme, pour les difficultez qui se présentent aux départemens et pour y estre procédé légallement, ce que impossible pourroit estre faict par ung seul, veu la grande estendue desd. Ellections, comme l'Election d'Allençon, contenant 40 lieues de longueur, composée de 2 bailliages et 5 ou 6 vicontez, au nombre de 648 parroisses, qui portent six-vingtz quinze mil huict cens tant de livres de taille, sans les creues; Lisieux, composée de 2 bailliages et 4 vicontez, en porte prezque six-vingtz mil l. de taille sans les creues; Coutances, Rouen et toutes les autres semblablement, èsquelles ung seul ne pourroit satisfaire à faire les chevaulchées en ung an, joinct qu'il n'y auroit propos de faire une ordonnance particulière pour ce païs, autre que en tout le royaume, veu que c'est la province de tout le royaume la plus chargée et opprimée de taille, et que lesd. Estatz généraulx derniers ont bien pourveu pour les réductions desd. estatz au proffict du Roy et soullagement du peuple, et qu'il estoit assez apparent que ce qui se poursuivoit contre la délibération d'iceulx Estatz n'estoit que par menée et soubz prétexte de faveurs, parentez et alliances d'aulcuns avecques les officiers de l'ordinaire et aultres des eschevins des villes taillables, en vuydant les plus dignes, faire opter les indignes, comme jà il estoit notoire estre poursuivy soubz la main par aucuns de la congnoissance dud. Gosselin et mesmes d'aulcuns ses alliez, et que tout cela, qui se couvroit d'un tel prétexte, ne tendoit que à une évertion et mutation subite pour vuyder les ungz de leurs estatz et délaisser les autres à plaisir, chose qui pourroit tourner à périlleuse conséquence, et mesmement de mettre l'option à la discrétion des juges ordinaires et des bourgeois des lieux où les Ellections sont situées, combien que l'ellection se debvroit faire, tant par la probité, que expérience et capacité, laquelle capacité ne pourroit mieulx estre congnue que par la court, qui est le juge souverain; et, quant à la probité et vertu, advient souvent que les plus vertueux et ceux qui moins inclinent aux faveurs et prières tant des seigneurs, officiers, bourgeoys que communaultez, et qui plus vertueusement résistent, sont les plus odieux ausd. officiers et eschevins desd. villes taillables, et en ce cas, qui emporte approbation des ungs et réprobation des autres, seroit requis y procéder par inquisition exacte, et non pas par rapport de cousins, parentz et alliez, et qu'il est assez notoire quelles brigues et menées se sont faictes et se font par aucuns, depuis que led. Gosselin et led. De Ruilly ont retenu lesd. lettres secrètes aux ungs et notiffié aux aultres, ausquelz ilz leur en ont baillé coppie, passez sont trois moys, voire et avant l'expédition du sceau, comme il sera justifié; et à présent aprez les brigues et menées faictes, qu'il ne reste plus que l'exécution, il a présenté icelles lettres puis 10 ou 12 jours, l'inthérinement desquelles a poursuyvi seul et sans présence ne adveu desd. déléguez, en telle importunité comme la court l'a peu congnoistre, lesquelles led. Gosselin et ses intelligens n'eussent si longtemps retenues sans les représenter et ne feroient telle précipitation de poursuites, n'estoit la fin de leur intention que assez se descouvre et manifeste....

« Par M⁰ Jacques de Croismare, advocat du Roy en la court, a esté dict que, etc... A déclaré qu'il ne trouvoit occasion de requérir la publication et intérinement desd. lettres premier et avant qu'elles ayent esté délibérées aux Estatz prochains et qu'ilz ayent entendu les comoditez ou incommoditez qui en peuvent provenir. Et, par M⁰ Pierre du Mesnil, procureur général, dict qu'il n'empeschoit la lecture desd. lettres, sauf ausd. Esleus à eulx retirer par devers le Roy pour faire telles remonstrances qu'ilz verront bon, led. Gosselin disant qu'il n'estoit tenu et n'entendoit entrer en contention ou contestation à l'encontre desd. Esleuz et aultres officiers contredisans lad. publication et inthérinement desd. lettres de éedict, soy rapportant à eulx de se pourveoir, s'ilz ont quelques remonstrances à faire, par devers le Roy, ainsy qu'ilz adviseront bon estre, pour en ordonner soubz son bon plaisir; mais cependant persistoit led. Gosselin requérir lad. publication et inthérinement d'icelles lettres, ne demeurant d'accord avec les parties du contenu au présent pledeyé. Parties oyes, la court a ordonné et ordonne qu'elles auront et leur a esté accordé lettres, ensemble ausd. advocat et procureur général du Roy de leurs dictes respectives raisons, déclarations, fins et conclusions, pour sur lesquelles leur estre pourveu suyvant le bon voulloir du Roy. Lad. court avant que faire droict sur lad. requeste a renvoyé et renvoye icelles parties par devers ledit seigneur (1). » — (Reg. de la Cour des Aides, *Expéditions*.)

ÉTATS DE NOVEMBRE 1565

EXTRAIT DES REGISTRES DE L'HOTEL-DE-VILLE DE ROUEN.

Dans une assemblée tenue, le 10 octobre 1565, sous la présidence de Jacques de Brèvedent, lieutenant général du bailli, les vingt-quatre du Conseil, en prévision des États, délibèrent :

« Qu'il sera donné charge à Nicolas Filleul, sieur de Chenays (2), remonstrer à la Majesté du Roy le décez de

(1) Les 10 et 11 juillet même année, Robert de Manneville, l'un des Élus de Rouen, pour lui et les autres Élus, s'opposait, devant la même cour, contre Nicole Gosselin, à l'entérinement des lettres de suppression, et réclamait copie du Cahier des États. On peut conclure de là que l'on n'avait point encore adopté l'usage de faire imprimer le Cahier, pas plus que les réponses des Commissaires et du Roi. — (Reg. de la Cour des Aides, *Expéditions*.)

(2) D'une famille d'avocats de Rouen. Son père Jean Filleul, sieur des Chenets ; son frère puîné, Olivier, comme lui avocat au Parlement,

feu Mgr de Villebon (1), lequel, ordinairement et signantment aux derniers Estats, avoit esté depputé avec MM. les aultres Commissaires pour tenir la Convention d'iceulx Estats; et d'aultant qu'il a pleu au Roy commectre, au lieu de luy, les seigneurs de Carrouges (2), pour les bailliages de Rouen et d'Evreulx, le sieur de la Mailleraye (3), pour les bailliages de Caux et Gisors, le sieur de Matignon (4), pour les bailliages de Caen et Cotentin, led. Filleul supplira à ceste cause très humblement sa dicte Majesté avoir esgard à

nommé pensionnaire de la Ville, 11 avril 1598. Ce dernier s'était mis sur les rangs, le 25 avril 1587, pour la charge de procureur syndic de la Ville. Un Michel Filleul, autre avocat à Rouen, 20 janvier 1545.

(1) Jean d'Estouteville, sieur de Villebon, bailli et capitaine de Rouen, gentilhomme ordinaire de la Chambre du Roi, décédé au château de Rouen, le 18 avril 1565.

(2) Tannegny le Veneur, chevalier de l'ordre du Roi, capitaine de 50 hommes d'armes de ses ordonnances, lieutenant au gouvernement des bailliages de Rouen et d'Évreux, pour l'absence du duc de Bouillon; comte de Tillières, baron de Carrouges, le Homme et Hadechoulle; avait pour sœur Renée Le Veneur, qui, le 24 nov. 1570, était veuve de Jean de Mainesmares, sieur de Mainesmares et de Bellegarde, capitaine de 50 hommes d'armes des ordonnances du Roi. (Tab. de Rouen).

(3) Jean de Moy, sieur de la Mailleraye, capitaine de 50 hommes d'armes des ordonnances du Roi, nommé lieutenant général du Roi en Normandie, vice-amiral de France. — Le 5 déc. 1570, lui et Piétrepol Delphine, corse, exerçant l'état de marine, vendent à Guill. Le Seigneur, sieur des Croix, Pierre Roque, sieur des Genetais, Jacques Thorel, sieur de Gamaches, Raoul Hallé et Pierre Le Boucher, échevins de Rouen, une pièce d'artillerie de fonte, façon de grande couleuvrine, sans recul ni affût, marquée d'une rose couronnée, d'une rose impériale souscrite en arithmétique 1543, de longueur de 10 pieds et demi 1 pouce à toise depuis la culotte, portant balle de 4 pouces 1 l. Vente faite par leur procureur Robert Mysouart, sieur d'Hermanville, avocat au Parlement; prix, 400 l. (Tab. de Rouen).

(4) Jacques de Matignon, pourvu, dès 1559, de la charge de lieutenant général du Roi en basse Normandie, plus tard maréchal de France.

ce que dessus, qu'il lui plaise commectre lesd. seigneurs, avec telz autres notables personnages qu'il luy plaira, pour tenir lad. Convention pour lad. année, pour le grand bien, qui en viendra et pour éviter aux inconvéniens ausquelz seroit bien difficile remédier;

» Qu'il luy plaira davantage ordonner que ceulx qui de tout temps ont accoustumé assister pour ceste ville de Rouen en la Convention desd. Estats, comme des conseillers de lad. ville, procureur et pensionnaire d'icelle, y seront receuz, nonobstant l'empeschement donné aud. pensionnaire l'année passée, afin d'entretenir toujours lad. ville en ses franchises et libertés.

» Plus a été donné charge aud. des Chesnays d'obtenir du Roy unes lettres de jussion par lesquelles il soit mandé à mons^r le Général Bonacoursy (1) vériffier et entériner les lettres-patentes du Roy données à Bordeaulx, le derrenier jour de may, par lesquelles, et pour les causes y contenues, led. seigneur a donné et octroyé aux conseillers, manans et habitans de ceste dicte ville les plus-valleurs des greniers à sel engagez par le Roy à lad. Ville ; de faire jouir lesd. conseillers de tout le contenu en icelles, nonobstant que par mégarde lesd. lettres n'ayent esté à luy adressez. »

Lettres du Roi, adressées au bailli de Rouen, fixant la réunion des États à Rouen au 10 novembre (Nantes, 13 oct. 1565). Par ces lettres il était mandé « d'envoyer jusques au nombre de 5 personnes, assavoir ung de l'Etat de l'Eglise, un homme noble et les autres 3 de l'Etat commun,

---

(1) Pierre de Bonacorci, Général des finances en la Généralité de Rouen, 1561-1571 ; Aymon de Saint-Remy, son commis, 13 sept. 1571 ; André Liégeart, son clerc, 4 août 1564 ; Pierre Pelloquin, son greffier, 9 déc. 1561. Nicolle Pelloquin, son autre clerc, était receveur des tailles à Evreux, 21 nov. et 19 déc. 1565. (Reg. de la Cour des Aides, *Expéditions*).

qui fusssent paians et contribuables actuellement aux tailles et impôtz et qu'ilz eslissent 2 conseillers de lad. ville de Rouen, ainsi que l'on a accoustumé faire au dit bailliage pour assister en lad. assemblée pour le Tiers Estat de la viconté de Rouen... et que aucuns desd. déléguez, soit de l'Estat de l'Esglise, de Noblesse ou de l'Estat commun ne soient des officiers du Roi ni leurs lieutenants commis ou substituts, advocatz ne gens de pratique. »

Assemblée des vingt-quatre du Conseil de la ville, d'aucuns de MM. du Chapitre, de plusieurs nobles de la ville et vicomté, tenue en l'Hotel-Commun par Jacques de Brèvedent, lieutenant général du bailli, le 8 nov. 1565. Prirent part à l'élection : Jacques Cavelier, sieur d'Auberville, procureur du Roi au bailliage (1); Jean Bigues, sieur de Saint-Désir, chanoine de Rouen et grand vicaire du cardinal de Bourbon; mes René de Clinchamp et Jacques Le Tessier, chanoines, représentant le Chapitre; 4 conseillers modernes; 5 conseillers anciens; Gosselin, procureur général de la Ville; 3 pensionnaires; 2 quarteniers; les gentilshommes dont la liste suit :

Cailly. — *Présents* : Noble homme Chrétien Morel, demeurant à Natonville (Mathonville). — Noble homme Laurens Regnard, demeurant à Escalles. — Nicolas Durand, sieur de Roncherolles. — Charles de Bulli (?), sieur du Vieil-Manoir.

Saint-Victor. — *Défaillant* : Noble homme Jacques Le Clerc (pour de Clères), sieur et baron du lieu. — *Présent* : Pierre du Tot, sieur de Varneville. — *Défaillant* : Charles de Braques, sieur du Plessis.

(1) En possession de cet office jusqu'en 1577; plus tard lieutenant civil au même siège, office qu'il résigna en faveur de son fils Jean Cavelier, lieutenant criminel, lequel y fut nommé le 10 juillet 1608.

Couronne. — *Présents :* Henri Caulmont, sieur de Roiffaute (pour Ruffault). — François Desmarets, sieur des Granges.

Pont-Saint-Pierre. — *Défaillants :* Anthoine Lambert, sieur de Condé. — Martin Alorge, sieur de Sayneville. — Loys Du Bosc, sieur de Radepont. — Richard Le Pelletier, sieur de Martainville. — *Présent :* Jehan De la Roche, sieur de Vandrimare. — *Défaillant :* François Adeston, sieur de la Roquette.

Saint-Joire. — *Défaillant :* Guillaume Durand, sieur de la Rivière. — *Présent :* Charles de Croismare, sieur de Saint-Jean-du-Cardonnay. — *Défaillants :* Charles Gruel (pour Gouel), sieur de Posville. — Noble homme Thomas de Ballesac (pour Balzac), chevalier, sieur de Montegu. — Loys Surreau, sieur de Bondeville et Malaunay.

Pavilli. — *Présents :* Roger de Hugleville, sieur du lieu. — Jacques Desprez, sieur de Frettemeule. — Adrien Le Chevallier, sieur de Mallassis. — *Défaillants :* Guillaume Thorel, sieur de Saint-Martin-aux-Arbres. — Adrien Le Croq, sieur de Vanescrot. — François de Goberville.

L'élection des députés fut remise au lendemain, 2 heures, pour délibérer « sur les lettres du Roi contenant la séance des États, sur les ordonnances faites en la dernière Convention, avec ceux de l'Église, Noblesse et tout le peuple de la ville de Rouen, ensemble avec les députés des autres vicontés ».

« Assemblée des vingt-quatre du Conseil, gens d'église, plusieurs nobles de la viconté de Rouen et plusieurs habitans d'icelle, tenue en l'Hostel-Commun de lad. ville, le 9e jour de nov. 1565, par Me Jacques de Brèvedent, lieutenant général, etc., pnor délibérer et nommer les personnages tant de l'Église, Noblesse et Tiers-Estat, pour assister en la Convention généralle des Estatz de Normandye.

» Monsieur de Mallassis a remonstré que, suyvant la sentence donnée aux derniers Estatz sur la controverse de deux gentilz hommes, il avoit esté trouvé lesd. ellections non vaillables pour les causes y contenues, et fut ordonné que les Nobles de la viconté de Rouen seroient doresnavant appelez, requérant que à ceste cause ilz y soient tousjours appellez, non pas par les marchez, mais adjournez à leurs domiciles, dont luy a esté accordé lettres. »

Présents à la réunion : Jacques Cavelier, procureur du Roi au bailliage; Mes Jehan Bigues, sieur de Saint-Désir, grand vicaire du cardinal; Réné de Clinchamp et Jacques Le Tessier, chanoines de Rouen; Dom Jessé Thorel, bailli de Saint-Ouen pour l'abbaye dudit lieu; 4 conseillers modernes, 5 conseillers anciens, 4 pensionnaires; Gosselin, procureur général de la Ville; 1 quartenier; 11 gentils-hommes de la viconté de Rouen (Adrien Le Chevalier, sieur de Malassis, Jacques Desprez, sieur de Frettemeule, Roger de Hugleville, sieur du lieu, Jehan De la Roche, sieur de Vandrimare, François Du Bosc, sieur d'Emendreville, François Desmaretz, sieur des Granges, Pierre du Tot, sieur de Varneville, Laurent Regnard, sieur d'Escalles, Nicolas Durand, sieur de Roncherolles, Nicolas Le Clerc, sieur de Croisset, Me Pierre de Croismare, sieur de Limésy); 62 bourgeois dont les noms sont cités, les délégués du Tiers-Etat des vicomtés, qui étoient honorables hommes : Jehan Guernot, pour la vicomté de Pont-de-l'Arche; Raulin Le Gras, pour celle de Pont-Authou et Pont-Audemer; François Duval, pour celle d'Auge (1).

On nomma pour l'Église : Adam Sequart; pour la

(1) Tous trois avaient été nommés le 5 novembre 1565.

Noblesse, Thomas de Balzac, sieur de Montaigu ; pour l'Etat de la vicomté de Rouen, honorables hommes Jean Pavyot et Pierre Roque, sieur du Génetay, avec Me Nicolas Gosselin, procureur général d'icelle (1).

Sequart était absent. Comme il ne pouvait prendre part aux Etats, on dut procéder, par ordre du duc de Bouillon, gouverneur de la province, à une seconde élection qui eut lieu à l'Hôtel-de-Ville le 11 novembre. Jean Bigues fut nommé (2).

Sentence des Commissaires du Roi tenant la Convention générale des Etats du pays de Normandie, assemblés à Rouen le 10 nov. 1565 et jours suivants, entre Jean Le Guerrier, de Loucelles, délégué du Tiers-Etat de la vicomté de Caen, par procuration passée, le 5 du même mois, devant Olivier de Brunville, écuyer, lieutenant du bailli de Caen, et honorable homme Jean Fernagu, procureur syndic de Caen, délégué par les conseillers et échevins de cette ville, par procuration passée par devant Charles de Bourgueville, écuyer, autre lieutenant du bailli (3), le 7 mars du même mois.

Fernagu, qui avait été député aux États généraux, réclamait, au nom de la Ville, la cassation de l'élection qui avait été faite de Le Guerrier « d'autant que, si elle avoit lieu, la

---

(1) On doit remarquer le soin avec lequel la Ville de Rouen évitait, pour ses députés, la qualification de représentants du Tiers-Etat.

(2) Prirent part à cette seconde élection : le procureur du Roi au bailliage, le bailli de Saint-Ouen, 4 conseillers modernes, 3 conseillers anciens, 2 pensionnaires, 2 quarteniers, les 3 députés des vicomtés et 28 bourgeois.

(3) Charles de Bourgueville, sieur de Bras, l'auteur des *Antiquités de Neustrie*. Il fut anobli le 6 avril 1567. L'arrêt de la Cour des Aides du 23 janv. 1568 constate qu'il était né sur la par. Saint-Pierre de Caen, qu'il avait des propriétés en cette paroisse, à Saint-Jean de Caen, à Mondeville, Bras, les Ifs, Cormeilles et Hérouville.

liberté des habitans de Caen, leurs privilèges et auctoritez, police et ancienne forme, par eux en ce cas exactement observée, seroient viollez et corrompus ».

Il exposa que Le Guerrier et ses adhérents, « par la menée de quelque particulier puissant, précipitement tumultuaire, s'étaient assemblés, le 5 de ce mois, inconsultément, et à foulle des reliques d'un jour de marché et des plés de meuble lors séans, en la salle du siège présidial de Caen, où Mᵉ Olivier de Brunville, lieutenant général du bailli, s'étoit promptement trouvé en délibération de procéder à l'élection et nomination d'une personne pour estre délégué pour le Tiers-Estat ».

Il n'y avait eu semonces, ni à Caen, ni dans les villages voisins, et ç'avait été en vain que lui Fernagu, qui se trouvait là, avait prié Mᵉ de Brunville de surseoir à l'élection, ou tout au moins de la remettre à 1 h. de l'après-midi.

« Mᵉ de Brunville, mesprisant l'autorité des conseillers de la Ville, sans leur bailler place d'honneur, comme il leur appartenoit et à leurs semblables, les mectant avec le peuple, comme s'il en eust faict la scabelle de ses pieds, n'avoit aulcunement voulu différer à recevoir les voix de ceux des villages.... Cette prétendue assemblée ressentoit plus ung ramas de peuple sans discrétion que une espèce de Convention légitime, et, si ce peuple estoit en désordre et confusion, avoit aussy bien icelluy de Brunville suivy leur appétit et affection au receuil de leurs voix, sans les faire oppiner paisiblement en bon ordre, mesprisant de recevoir les voix d'aucuns personnages de qualité et bourgeois de lad. ville, s'estant là trouvez par inconvénient, et en poursuivant led. de Brunville la dévotion desd. de village, ores qu'il eust esté requis par led. Fernagu, sindic, de savoir d'eulx s'ils advoient pouvoir spécial des paroissiens dont ils estoient pour procéder à lad. ellection et nommer icellui Guerrier. »

Celui-ci soutenait que l'élection faite de sa personne l'avait été dûment, en présence des délégués des autres vicomtés, et que Fernagu n'était recevable dans son opposition, parce qu'il était procureur des habitants de la Ville qui, ne payant taille, ne devaient assister à la Convention, suivant le vouloir du Roi.

Ouïs les délégués du Tiers-Etat des autres vicomtés du bailliage de Caen, qui déclarèrent avoir été présents à l'élection de Le Guerrier, il fut ordonné, par les Commissaires du Roi tenant la Convention des États, que celui-ci demeurerait pour assister en lad. Convention suivant sa procuration, sauf les droits de la Ville de Caen, sur lesquels leur seroit donné reiglement et fait droit par Mgr le duc de Bouillon et le sieur de Novince (1), lorsqu'ils seroient à Caen. »

(1) Henri II, par édit de janv. 1551, avait ordonné que, en chacune des 17 recettes générales, il y aurait un Trésorier de France « auquel serait attribuée la super-intendance des finances, tant ordinaires que extraordinaires, faisant l'état de Général ensemblement comme faisoient les Généraux de Bretagne et Bourgogne. » Louis Preudhomme, alors Général de Normandie, demeura pourvu de l'office de Trésorier général à Caen. Il remit son office au sieur de Fauchault, qui l'exerça jusqu'à son décès. Après lui, Guillaume Novince l'exerça par commission. Par autre édit de 1557, le Roi sépara les offices de Généraux des finances de ceux de Trésoriers de France et ordonna qu'en chacune des recettes générales il y aurait un Trésorier de France et un Général des finances. Suivant cet édit, Novince fut pourvu de l'office de Trésorier de France à Caen, et Nicolas Bénard de celui de Général. Mais, faute de paiement par ce dernier de la finance due au Roi, son office fut décrété et adjugé à Jean Duval. Après la mort de celui-ci, le Roi se décida à unir les 2 offices en faveur de Novince, 16 janv. 1561. *Mémoriaux de la Cour des Aides*, vol., B. 5, f° 319. Guill. Novince, sieur d'Aubigny, fut anobli par lettres de janvier 1568.

Cette sentence fut donnée à Rouen, le 12 novembre 1565. Elle porte la signature de Bauquemare (1).

Par ordonnance du duc de Bouillon, gouverneur de Normandie et de Novince (28 novembre 1565), il fut décidé « qu'à l'avenir les convocations et assemblées qui se feroient pour les Etats de Normandie se tiendroient en l'Hôtel-Commun de Caen, en présence des gouverneur et échevins ; qu'on y appelleroit les gens des trois Etats de la viconté et ceux qui y auroient intérêt, par semonces qui seroient faictes particulierement, tant par les sergents ordinaires de la Ville que des villages d'icelle vicomté, lesquels seroient tenus d'apporter leurs recors et relations aud. Hôtel-Commun de la Ville par devant led. bailli ou son lieutenant, sans en ce recevoir les voix des officiers du Roy, gens de pratique, ni eslire contrôleur ou commissaire des estappes (2) ».

ÉTATS DE NOVEMBRE 1566

EXTRAIT DES REGISTRES DE L'HOTEL-DE-VILLE DE ROUEN.

Lettres du Roi au bailli de Rouen (18 sept. 1566) fixant la réunion des Etats à Rouen au 13 novembre. Le Roi mandait « de nommer un personnage de l'Etat de l'Eglise, un homme noble et des conseillers de la Ville, comme l'on avoit accoustumé ».

Assemblée générale de la ville et communauté de Rouen, gens d'église, nobles et autres déléguez du bailliage de

(1) Arch. de la Ville de Rouen ; pièce en parchemin.
(2) *Matrologe de la Ville de Caen*, I, fo 226.

Rouen, en la grande salle de l'Hôtel-Commun, le 12 novembre 1566, sous la présidence de Jacques de Brèvedent, lieutenant général.

Prirent part à l'élection : Laurent Bigot, 1er avocat du Roi en Parlement; Jacques Cavelier, procureur du Roi en bailliage; Adam Sequart, docteur en théologie, grand vicaire de l'archevêque; Jean Busquet et Martin, chanoines, pour le Chapitre de Rouen (1); Dom Jessé Thorel, bailli de Saint-Ouen, pour l'abbaye de Saint-Ouen; 6 conseillers modernes, 4 conseillers anciens, 4 pensionnaires; Nicolas Gosselin, procureur général de la Ville; 3 quarteniers; 10 nobles de la vicomté de Rouen (Antoine Martel, sieur de la Vaupalière, Loys Du Bosc, sieur de Radepont, Ch. de Croismare, sieur de Saint-Jean-du-Cardonnay, Henri de Caumont, sieur de Ruffault, Richard Le Pelletier, sieur de Martainville, Jacques Després, sieur de Frettemeule, François Desmarets, sieur des Granges, Nicolas Durand, sieur de Roncherolles, Ch. de Braques, sieur du Plessis, Guill. Thorel, sieur de Saint-Martin-aux-Arbres); 38 bourgeois dont les noms sont cités; les procureurs des Etats des 3 vicomtés : Jaspar Hesbert, pour la vicomté de Pont-de-l'Arche; Hervé Le Fèvre, pour celle de Pont-Autou et Pont-Audemer (2); Richard Pillon, pour celle d'Auge (3).

On nomma pour l'Eglise, Me Fremin Doury (4), curé

---

(1) Le 13 nov., ils rendent compte au Chapitre de l'élection faite à l'Hôtel-de-Ville et reçoivent les remerciements de leurs confrères.

(2) L'un et l'autre avaient été nommés le 3 novembre.

(3) Nommé le 5 novembre.

(4) Curé de Saint-Cande-le-Jeune depuis 1548, décédé le 14 mars 1578, délégué du clergé du diocèse de Rouen, pour le département des décimes, 1562; syndic du clergé, 4 février 1568; député du clergé du diocèse de Rouen, 1570, 1574, 1575.

de Saint-Cande-le-jeune à Rouen ; pour la Noblesse, Claude de Vippart, baron du Bec-Thomas ; pour l'Etat de la vicomté de Rouen, Nicolas Romé, sieur de Fresquiennes, notaire et secrétaire du Roi, Jean De la Roche, sieur de Vandrimare (1), conseillers modernes de lad. Ville, avec Me Nicolas Gosselin, procureur général.

Le 14 nov., on nomma Gilles de Saint-Pierre, sieur des Authieux et d'Achy, en remplacement du baron du Bec-Thomas, qui s'était fait excuser.

17 nov. 1566. « A esté proposé par le sieur de Fresquiennes, conseiller de lad. Ville, que le jour d'hier, en la Convention des Estatz de Normandye, sur ce qu'ilz estoient assemblez pour tràicter des affaires dud. pays, le sieur de Tracy, délégué pour la Noblesse du bailliage de Caen, avoit proposé contre le sieur de Vandrimare que autres foys il avoit assisté ausd. Estatz pour la Noblesse du bailliage de Rouen, et maintenant assistoit pour le Tiers-Estat de lad. vicomté, requérant que d'icy en avant il fust frustré d'assister pour la Noblesse ; sur quoy luy ayant esté respondu par led. sieur de Vandrimare, avoit esté dict par icelluy sieur de Fresquiennes que, s'il voulloit contredire ou callomnier la nomination dud. Vandrimare, ce devoit estre Mons. le gouverneur, au moyen de quoy led. sieur de Tracy, avec grande collère, s'estoit ellevé, disant qu'il n'estoit callomniateur, et qu'il luy bailleroit cinq coups de dague, haussant le poing sur son visage, et si avoit entendu qu'il l'avoit démenty, requérant à ceste cause led. sieur de Fresquiennes, tenant le lieu pour lors de conseiller de Ville, qu'il luy en fust faict raison.

» Arresté que l'on se transportera demain par devant

(1) Plus tard, sergent-major de Rouen, catholique exalté qui fut compromis dans la sédition de Rouen, avril 1571. Floquet, *Hist. du Parlement*, III, 96.

Messieurs les Commissaires du Roy de la part de la Ville (1), pour leur remonstrer que l'on a une plaincte à faire, au nom du corps de lad. Ville, à l'encontre du sieur de Tracy pour une injure par luy faicte à la personne des sieurs de Fresquiennes et Vandrimare, d'aultant qu'ilz assistoient suivant les lettres du Roy en la Convention desd. Estatz pour lad. Ville, et partant leur qualité n'estoit aucunement diminuée, afin qu'il plaise ausd. sieurs Commissaires d'en faire raison et justice ou autrement les renvoyer par devers le Roy. »

6 décembre 1566. « Sur la requeste présentée par le prieur et consul de ceste dite ville, il a esté arresté, pour le premier article, touchant les exactions que commettent les pillotes de Quillebeuf, qu'il sera extraict l'article présenté aux Estatz, et en sera faict poursuitte à l'encontre d'eulx. »

On voit par là qu'un des articles du Cahier fut rédigé contre les pilotes de Quillebeuf, que les Etats incriminèrent encore dans leur Cahier de nov. 1569. Il n'est guère douteux qu'un autre article dût viser la délibération suivante de l'Hôtel-de-Ville du 29 août 1566.

« Sera davantage fait remonstrance au Roy par les députez (de la Ville) que dès l'an 1543, à la requeste et supplicacion des Estatz du païs de Normandie, fut accordé la suppression de la Chambre des Comptes, à la charge de rembourser les officiers d'icelle, et ordonné que le remboursement seroit départy en quatre, c'est assavoir : sur l'Eglise une quarte partie, sur la Noblesse une autre, sur les villes

---

(1) Il est à croire que l'un de ces Commissaires était le duc de Bouillon, gouverneur de Normandie. Une délibération du Chapitre constate, en effet, la présence à Rouen de la duchesse de Bouillon, le 14 nov. 1566. Ce jour-là, sur la demande de cette dame, les Chanoines lui permirent de faire dire une messe de *Requiem* en musique pour l'âme de son père, le grand sénéchal, en la chapelle de la Sainte-Vierge.

franches une autre, et la quatrième et derrenière partie sur les gens du Tiers Estat dud. païs, au moyen de quoy, par le département de la quote-part desd. villes franches de ce faict, la ville de Rouen avoit esté quotisée à 37,000 l. t., pour le paiement de laquelle somme fut envoyé aux parroissiens et trésoriers de chacune parroisse de lad. ville la part et contribution que chacune desd. parroisses debvoit porter pour en faire assiette sur iceulx parroissiens, lesquelz trésoriers et parroissiens, sans avoir voulu faire assiette sur eulx, avoient faict offre à la Ville de faire prest des sommes esquelles ilz avoient esté taxez, à la charge de leur rendre dedans ung an lors ensuivant, autrement que lesd. deniers courroient en rente à huict pour cent; et, voyant que lors il n'y avoit moyen de recouvrer promptement deniers pour y satisfaire, dont lad. Ville estoit grandement pressée, avoient les conseillers d'icelle Ville, qui pour lors estoient, accepté l'offre desd. trésoriers et paroissiens, espérant obtenir par aprez envers le Roy quelque moyen de récompense pour payer iceulx 37,000 l. t., en quoy ilz s'estoient obligez, comme dict est; et pour ce que de présent plusieurs des trésoriers et parroissiens, ou nom d'icelles parroisses, poursuivent chascun jour en justice lad. Ville à payer les arrérages desd. rentes, lesquelz se monteroient pour le jour d'uy à plus de 45 ou 50,000 l. t., ce qui ne seroit raisonnable, par ce que c'estoit ausd. parroissiens à départir sur eulx lesd. sommes, ainsy comme l'Eglise, la Noblesse et le Tiers-Estat avoient fait, chascun en son regard, et aussy que, s'il s'en ensuivoit quelque condamnation sur lad. Ville, il conviendroit les rejecter sur iceulx parroissiens respectivement, ou bien vendre et aliéner tout le bien et revenu de lad. Ville.... A ceste cause sera supplié au Roy qu'il luy plaise déclarer que, au refus desd. paroissiens de soy désister de leurs dictes poursuittes, ilz seront dès à présent contraincts de faire assiette particullière sur tous eulx des sommes èsquelles ilz avoient esté quotisez par le deppartement qui leur avoit esté envoyé, sans qu'ilz puissent faire poursuite desd. arrérages, et en descharger les deniers communs de lad. Ville. »

II.

Oraison prononcée par Monsieur le Premier Président de Rouen aux Estats de Normandie tenus en la ville de Rouen, le 15 novembre 1566, par Monsieur le duc de Bouillon, gouverneur de Normandie (1), assistans Monsieur de Carrouges, lieutenant du Roy, le sieur de Dracqueville, maistre des Requestes ordinaire de son hostel, et le sieur d'Aubigny, Général de Normandie (2).

« Les antians disoient, Messieurs, qu'il n'y avoit charité en terre plus grande que celle que chacun de nous a ou doibt avoir à sa patrie, d'autant qu'elle nous nourrit et

---

(1) Nicolas Leconte, sieur de Draqueville, conseiller du Roi, maître des Requêtes ordinaire de son hôtel, avait été commis par le duc de Bouillon, lieutenant général en Normandie, pour juger et décider du fait des étapes, taillon et augmentation de la gendarmerie, privativement à tous juges. Il se trouva par là en conflit avec la Cour des Aides, 19 janv. 1560 (v s.). Nommé président au parlement de Normandie sur la résignation de M. de Croixmare, il prit possession de cet office le 13 nov. 1570, et le résigna, un an après, en faveur de Pierre Le Jumel, conseiller du Roi en son grand Conseil et grand rapporteur de France, qui y fut reçu le 14 nov. 1571. Nicolas Leconte fut ambassadeur de France en Suisse. Son fils avait été nommé maître des Requêtes sur sa résignation : il dut pour cela renoncer à son office de conseiller au parlement de Normandie. Au moment de se rendre à Paris, il remercia, le 13 nov. 1570, ses anciens collègues de cette cour. Pendant son séjour à Rouen, le frère du Roi logea chez M. de Draqueville, maître des Requêtes, dernier juin 1572.

(2) Guillaume Novince, sieur d'Aubigny, précité.

amplifie d'artifices, disciplines et dignitez et rapporte le tout à l'honneur, prouffit et ornement de ses cytoiens. Elle ayme, et veult aussy estre aymée. Elle défend les siens : elle ne veult estre négligée. Elle demande les mesmes offices des cytoyens qu'elle baille à un chacun, pour lesquelz offices rendre [il faut faire] comme Democèdes, médecin crotonyen, lequel, combien qu'il fût heureusement avec Darius, roy des Perses, ce néantmoings cela ne luy osta le désir de retourner en Grèce, comme il feit pour servir sa patrie. Aussy ayant esté par l'espace de vingt-deux ans faisant service au public heureusement prez la personne du prince, par sa mesme volonté : « Je suys retourné [dit-il] pour faire service à la patrye et travailler à luy rendre les semblables offices que j'en avois receubz, et, si je n'avois de quoy *beneficium beneficio rependere*, pour le moings luy offrir une volonté perpétuelle, observance envers elle de dilligence pour conseil, (de) constance et fermeté pour repoulser le péril. »

Ce qui m'a semblé ne pouvoir estre en meilleur endroict et plus propre occasion que la présente, parce que je trouve que l'un des plus grands biens et faveurs que le Roy face en ceste province de Normandie est l'entrètenement de ceste louable coustume de tenir, par chascun an, les Estats, qui n'est aultre chose sinon que le Roy, par sa bonté, communique, par les Commissaires députez par sa Majesté, avec ses subjectz, de son Estat et de ses plus grands affaires, selon les occasions occurrentes, pour en estre par eux secouru, et par mesme moyen permect à ses dits subjectz faire leurs plaintes et doléances, tant génerallles, qui concernent l'universel, que privées, qui regardent le particulier, pour en obtenir remède et provisions nécessaires.

Le prince peult-il faire plus grande grâce, plus grand bénéfice à son subject que *mutuas operas prœstare ?* C'est la vraye cause et origine de l'institution des Estatz, laquelle pourroit estre mal entendue et mal considérée par aucuns, lesquels, délessans ou ingnorans le bien qui en provient et s'arrestans seullement à raconter que le Roy ne demanderoit rien, si on ne tenoit les Estatz, oseroient bien dire que les Estatz ne seroient nécessaires, et mesme qu'il ne seroit besoing que ceux de l'Estat de l'Église et de la Noblesse y assistassent, comme n'y ayans inthérest, voulant faire un Estat populaire. Ceux-là, sy aucuns estoient, erreroient doublement en leurs discours, premièrement en ce que le Roy ne demanderoit rien sans tenir les Estatz, comme s'il ne demandoit aucune chose en plusieurs provinces de son royaulme, ès quelles il ne départyt ceste faveur de pouvoir tenir les Estatz, qui est chose trop absurde pour mériter responce. Mais, au contraire, on pourroit bien dire que, sans les Estatz et les remonstrances qui s'y font par les députez en iceux, on ne se ressentiroit de la libéralité du prince, comme on a fait par le passé, et mesme l'année dernière, par le rabais de la somme de 100,000 l. En second lieu, combien que des tailles et autres crues que le prince demande pour sa subvention soit faicte assiette directement sur ceulx du Tiers Estat, néantmoings ceulx de l'Église et de la Noblesse en payent indirectement leur part, ce qui se peult congnoistre par un exemple familier.

Combien il y a-t-il de laboureurs tenans à ferme les héritages et pocessions des ecclésiastiques en gentilz hommes qui payent LX et IIII^{xx} l. de tailles, lesquels sans lesdites fermes ne payeroient cent s. ? Ceste charge ne vient-elle pas en diminution de leurs fermages? Voilà donc leur inthérest particulier d'assister aux Estatz. Et, pour le général, si l'Estat de l'Église ou celuy de la Noblesse est grévé, est-ce pas en ce lieu où il en doibt faire plainte et doléance pour en estre fait remonstrance à sa Majesté? Et d'ailleurs, sy le Tiers Estat se plaint, qui luy donnera entrée, faveur et accez envers le prince, sinon par le moyen de ceux de la Noblesse, qui sont appellez assiduellement prez la personne du prince, à commencer du plus grand jusques au plus petit? J'ay dit du plus grand, pour le respect de la personne de monsieur le duc de Bouillon, gouverneur de ceste province, auquel, pour infinies offices et plaisirs qu'il a faictz au pays, nous debvons tous beaucoup en général et en particulier, et dont chacun se doit ressentir. S'il faut faire remonstrances sur les plainctes et dolléances de ceux du Tiers Estat, qui a accoustumé porter la parolle sinon l'Ecclésiastique de ces trois Estatz, bien liez et unis ensemble en bonne concorde comme trois membres du mesme corps?

Nostre roy pourroit bien dire ce que Antigonus, roy des Macédoniens, dict aux ambassadeurs, ayant veu l'embrassement que luy avoit faict son fils Demetrius : *Hæc concordia regni nostri tutissimum præsidium.* Le principal soing, la plus grande sollicitude et dilligence de nostre prince monarque est d'avoir devant les yeux et mettre à exécution ceste loy des Douze Tables : *Salus populi suprema lex esto*, de conserver généralement ses subjectz dehors et dedans : dehors, de l'invasion estrangère, de laquelle à présent, par la providence divine et bonté de nostre roy, nous sommes exempts; dedans, pour les maintenir en paysible tranquillité, assurance, union, amytié et concorde, qui est le propre d'un roy, comme au contraire, le propre d'un tirant, *civibus inter ipsos pericula procreare* etc., et au moien d'icelle union, retenir ses subjectz en l'obéissance naturelle que le subject doibt à son prince, laquelle obéissance est mise à effect par les subjectz en deux manières, l'une, au moien de l'entière observance des loix et édictz faictz par sa Majesté, qui sont les légitimes volontez des roys. La mesme cause de faire des loix a esté de créer les roys, *Justiciæ enim opinio primum reges fecit*, de laquelle opinion menée, ceste pauvre vielle femme macédonienne, voyant passer par la rue Démétrius, son roy, luy tira la robbe, le suppliant instamment et par plusieurs fois la voulloir escouter. Le Roy luy respondit qu'il n'avoit loisir pour l'heure. Lors se prit à crier hault et cler : « Ne veillez donc point estre roy. Qui ne veult faire justice ne doibt estre roy. » Cette parolle le toucha sy vivement au cœur, et y pensa si bien, que, mettant toutes choses en arrière, il se mit à faire et exercer justice à sez subjectz et satisfaire à la plainte de la pauvre vielle femme (1). Voilà donc le premier moien d'obéissance pour nous maintenir en paix et amiable societté, que le Roy reigne avec les effectz de la loy et l'exercice de la justice, de laquelle dépend et est maintenue son authorité, et que les subjectz réciproquement observent sa légitime volonté par la publication et confirmation de ses loix et éedictz. L'autre moien, quand chacun se contente de sa fortune et biens, s'abstient du bien d'autruy et de luy faire injure, en somme, quand chacun, faisant son debvoir, se submect à l'obbéissance de son prince. Le debvoir de messieurs les ecclésiastiques et gens d'église est en usant bien de la puissance qui leur est donnée et congnoissant la vertu ; l'efficace et fruict de leur vocation, s'ilz congnoissent qu'ilz ne sont que administrateurs de leur revenu, duquel ilz rendront compte. Si, ne se contentans de l'usage d'icelluy, ilz ne donnent le reste aux pauvres, s'ilz retiennent seullement le nom et proffict, ilz ne ramèneront pas le peuple à l'amour et obéissance qu'il leur doibt ; au contraire, l'amour et l'estime se retournera en hayne et mespris, comme on en

(1) « *Philippum, Macedonie regem, cum anus accessissct, ut causam ipsius cognosceret, respondit sibi nequaquam esse otium. Cumque anus inclamasset : « Proinde nec rex quidem esse velis »*, *rex admiratus aniculæ liberam vocem, non illi solum præbuit aures, verum et aliis quoque.* » Plutarque cité *in Apopht. Conrad. Lycosthenis.*

voit le commencement et le progrez, qui semble provenir, en la pluspart, du deffault de trois choses que le philosophe réquéroit à l'homme pour avoir réputation et parfaite gloire : S'il est aymé du peuple, s'il a foy en luy, si, avec admiration, il est estimé digne de l'honneur et du lieu qui luy est baillé.

Ce qu'il leur est difficile d'acquérir par autre réformation que celle dont parle Esaye, que l'esprit de Dieu ordonna sur l'église des enffans de Israël, en disant : « Je retourneray ma main sur toy et refonldray au nect ton escume et osteray tout ton plomb et restitueray tes juges, » c'est-à-dire les évesques et pasteurs, comme ils estoient auparavant, et les conseillers comme ils estoient premièrement, c'est à savoir ceulx qui sont députez pour assister à l'évesque, pour luy ayder et soulager en la prédication de la parole de Dieu, en l'administration des sainciz sacrementz, en la correction des meurs et distribution des aumosnes. « Aprez cela on t'apellera cité de justice et ville fidelle (1), » ce qui leur sera difficile d'acquérir, s'ils ne raportent la manière et l'exercice de leur charge à la sincérité et à la vigilance de ces bons et anciens personnages de la primitive esglise. S'ilz n'adjoustent cest emplastre, on peult dire un fer de cautère, il est fort à craindre *ne vineam aliis tradat agricola*. Le debvoir de la Noblesse est, d'aultant qu'elle est plus forte et puissante, qu'elle soit plus humaine et gratieuse envers les autres et plus obéissante à Sa Majesté, d'applicquer l'usage de son espée contre l'ennemy estranger et non contre les pauvres subjectz du Roy, ains à la conservation d'iceulz. Aristote appelloit *publicam*

---

(1) *Et convertam manam manum meam ad te, et excoquam ad purum scoriam tuam et anferam omne stannum tuum. Et restituam judices tuos ut fuerunt prius et consiliarios tuos sicut antiquitus. Post hæc vocaberis civitas justi, urbs fidelis.* Isaïe, cap. I, v. 25 et 26.

hanc nobilitatem quæ patriæ et præclaris civibus contingebat. La splendeur de la patrie ne provient des édifices sumptueux ny des richesses, mais de la vertu des citoyens. Le vice, encore qu'il soit en ung subject où il y a noblesse de sang, est tousjours infame. Mais la vertu est honorée pour l'amour de soy-mesme et pour estre joincte à la noblesse. La noblesse ne conciste en ce que disoit ung Lacédémonien, qui estoit de la ville d'Athènes, un jour de plaids : ayant entendu qu'on avoit condamné ung bourgeois d'icelle ville d'Athènes pour estre convaincu d'oysiveté, force coustumière d'une infinité de vices et iniquitez, pria qu'on luy montrast celuy qui avoit esté condempné « pour vivre noblement et en gentilhomme » (1). Si telle eust esté la noblesse des antiens, ilz n'eussent tant désiré, pour tesmoignage de renommée d'icelle, en porter certaines marques et enseignes, comme les Lacédemoniens, qui portoient des cygalles d'or à leurs chappeaux et bonnetz, les Rommains, des anneaux à leurs souliers, les Scythes, *phialas in balteis;* les Gallates et Belges affigeoient aux porteaux de leurs maisons les testes de leurs ennemis avec les despouilles teintes de sang, pour un perpétuel tesmoignage de leurs vaillances et prouesses à leurs enfants et les maintenir en la vertueuse trace de leurs pères. Mais Licurgue, législateur des Lacédémoniens, en reprochant, leur disoit : « Vostre antienne noblesse et antienne race de Hercules ne vous servira de rien, si, avec toutes dilligences et travail, vous n'accomplissez par effect les œuvres de magnanimité, preud'hommie, vertu et équité, et n'exercez durant vostre vie tous actes d'honnesteté pour raison desquels vostre Hercules a esté entre les hommes déclaré généreux et immortel. (2) » En quoy on peult remarquer icy ceste belle et mé-

(1) Plutarque, *Vies des hommes illustres,* trad. d'Amyot, éd. de Vascoran, 1563, fo 38, C.
(2) *Ne nobis, o cives, nobilitas et ductum ab Hercule genus proderit,*

morable sentence recueillye d'une responce de Alphonse, roy d'Arragon, sage et magnanime, lequel estant grandement loué et magnifié de l'un des siens de ce qu'il estoit roy, fils de roy, frère de roy et neveu de roy, luy respondit que ceste louange n'estoit sienne, mais estoit de ses majeurs, lesquelz, par leur justice, princesse et royne de toutes autres vertus, modestie et facilité, avoient acquis et obtenu telz royaulmes et iceulx délessez en charge à leurs successeurs ; mais que c'estoit plus d'honneur les recevoir par vertu que par testament (1). Aussy le Roy a telle espérance et confidence à messieurs de la Noblesse de ceste province qu'ils ne seront comme ceulx qui *nihil aliud habent præter colorem famosarum imaginum*, mais qu'ilz se rendront pareilz, en volonté et obéissance, prouesses et vertu envers Sa Majesté, que leurs ancestres du triumphe desquelz il leur est loisible se glorifier, puisque à eux l'héritage de ceste gloire et imitation de faictz généreux appartient. — Le debvoir du magistrat est, ayant en conseil la loy, la conscience, l'équité et la foy, rendre à chacun, la commune utilité gardée, ce qui leur appartient par ordonnances politiques, contenir les subjectz du Roy en toute société, préserver le pauvre et débille de l'oppression et injure du riche et puissant et le riche de la calomnie du pauvre, se rendre inexorable contre les pervers et scélérats, roydes et forts pour l'équité et vérité, observer la définition des jugements équitables baillée par les antiens, de laquelle parle Cicero *pro Cluentio : Ut in judiciis et sine invidia culpa plectatur, et sine culpa invidia ponatur* (2). La vie et meurs

---

nisi omni studio et opera illa ipsa gesserimus per quæ ille mortalium omnium clarissimus ac generosissimus extitit ac per omnem vitam quæ honesta sunt et discamus et exerceamus. Cité dans le Recueil d'Apophtegmes de Conradus Lycosthenes.

(1) Anton. Panormitanus, *De rebus gestis Alphonsi*, lib. 2.
(2) *Oratio pro A. Cluentio, II.*

des magistratz et le tesmoignage de leurs actions doibt servir d'échantillon, d'espreuve et d'exemple envers les autres, mesmes envers le peuple, qui juge peu par vérité, beaucoup par opinion. C'estoit ce que disoit la loy des Roumains avec la raison d'icelle : *Ordo vitio careto, cœteris specimen esto ; plus enim exemplo quam peccato nocent.* Il est bien difficile (on pourroit dire impossible) autrement, que ceux qui sont préposés aux honneurs, dignitez, charges et administrations ne corrumpent pas les meurs d'une république qu'ils penssent corriger. Le Roy, lequel particullièrement ne peult distribuer la justice à ses subjectz, a telle expectation des magistratz de ceste province, que justement et équitablement ils deschargeront sa conscience, et qu'ilz ne seront du nombre des juges d'Israël que reprenoit Esaye (1), les appellant « desloyaux, compagnons des larrons, aymans présens, suivant les rétributions et ne faisant droict à l'orphelin et à la veuve ». — Le devoir du commun peuple est de se contenter de la façon de vivre avec son labeur, duquel le fruict et le gaing est plus innocent que nul autre ; et, combien que les antyens ayent remarqué le vulgaire et commun peuple de variété, d'inconstance et de fréquente mutation de jugement et d'oppinions, touttes fois le Roy n'attend rien moins que cela du peuple de ceste province, duquel il espère une ferme et constante obéissance en toutes ses actions. Ce faisant, chacun rendra son devoir, et alors le prince commandera, le subject suppliera très humblement et prestera toute obéissance à son prince. Platon, au 7e de sa *République*, disoit que c'estoit chose absurde de dire que Nature n'avoit ordonné que les uns commandent et les autres obéissent. L'un ni l'autre ne voudra sortir de son rang et faire l'office de l'autre, comme,

(1) *Principes tui infideles, socii furum. Omnes diligunt munera, sequuntur retributiones. Pupillo non judicant. Et causa viduæ non ingreditur ad illos.* Isaïe. ch. I, v. 23.

au contraire, quand le subject veut commander au lieu d'obéir, c'est vouloir pratiquer la fable du serpent duquel la queue vint un jour à quereller contre la teste, disant qu'elle vouloit à son tour aller devant, non pas toujours demeurer derrière, ce que luy estant octroyé par la teste, elle s'en trouva très mal elle-mesme, ne sachant pas comment ni par où il falloit cheminer, et il fut encores cause que la teste fut toute déchirée, estant contrainte de suivre contre nature une partie qui n'avoit ny veue ny ouïe pour se pouvoir conduire. On a peu voir, quand pour raison des discords le subject a voulu aller devant et commander au lieu d'obéir, combien chacun a esté privé de sa liberté, dont, sages de nostre propre péril, sommes admonestez *ne vitiosa securitate periculum subeamus;* et debvons, par l'observation des éedictz déclaratifs de l'intention de Sa Majesté, conserver ceste paix, union, concorde et amytié (compagnes individues des autres vertus et principalement de justice), et, au moien d'icelle union, nostre liberté (la paix n'est autre chose que une liberté tranquille) ; comme, au contraire, mesprisant ses éedictz (qui n'est autre chose que rebeller, desdaigner ou mespriser le Roy et son prince naturel), nous délesserons le jugement des Patareiens, et suivrons la fortune des Xanctiens, lesquelz, pour avoir mesprisé la volonté légitime de leur seigneur, ont faict de leur pays ung sepulchre de désespoir ; et les Patareiens, pour l'avoir suivye et observée, n'ont perdu ung seul poinct de leur liberté (1). Ores que bien souvent, pour quelque temps, les roys dissimullent les transgresions et desobéissances de leurs subjectz, toutes fois, comme escript Homère, la ressouvenance leur en demeure fidellement

---

(1) C'est évidemment la traduction d'Amyot : « Les Xanthiens, pour avoir mesprisé ma grâce, ont fait de leur païs un sepulchre de desespoir : et les Patareïens, pour s'estre mis en ma sauvegarde, n'ont perdu pas un seul poinct de leur liberté. » Édit. de Vascosan, 1563, p. 686

jusques à ce que une juste punition s'en soit ensuivye. Le Roy, notre prince et souverain seigneur, quelque bonne volonté qu'il ait, ne peult de luy-mesmes conserver ses subjectz dehors sans l'entretènement de sa gendarmerie et de ses magistrats, soubz le nom desquelz magistratz, comme le contient le second livre des loix des XII Tables, sont comprins tous ceux qui gouvernent, qui commandent, qui ont charge, administration, correction et discipline, soit en guerre, ou en paix, sans la puissance desquelz nulle cité, nul gent ne peult subsister, *nec hominum universum genus, nec rerum natura omnis, nec ipse mundus* (1). La comparaison famillière de Cicéron estoit en son *Livre des loix* que la cité ne peult estre non plus saine sans le magistrat que la navire sans le gouverneur. La puissance du magistrat est d'ordonner et prescripre ce qui est bon, droict et proffitable et conjoint avec les loix, et le debvoir des subjectz d'obéir. Comme la loy est par dessus le magistrat, aussy le magistrat est par dessus le peuple. Le magistrat est la loy parlante, et la loy le magistrat muet (2). Ce seroit peu de chose avoir des loix, des éedictz, de la discipline, de la police en une monarchie, s'il n'avoit des personnes pour les distribuer, modérer et faire observer, non pas seullement affin que les subjectz obéissent et obtempèrent aux magistratz, mais qu'ilz les honorent et ayment. Or, le Roy, notre prince, ne peult entretenir les uns ny les autres sans l'aide de ses subjectz, sans le payement des tailles, aydes, subsides, n'ayant en son royaulme autre revenu, mine d'or ou d'argent. De vous remonstrer particulièrement ses debtes, vous l'avez si amplement entendu depuis cinq ans, et vous est si notoirement congnu qu'il n'est besoing d'autre déclaration. Le Roy ne doubte point de vostre bonne volonté, [et] que, sy la

(1) *De legibus*, lib. III, 204.
(2) *Magistratum legem esse loquentem, legem autem mutum magistratum. (Ibid.)*

puissance et facultez pouvoient respondre à icelle, qu'il seroit
bien tost acquité de ses debtes. Toutesfois vous vous évertuerez
encore de plus, quand vous considérerez combien il s'est re-
tranché tant de sa despence ordinaire que extraordinaire, soit
pour le regard de sa gendarmerie, pensions, que pour ses magistratz, lesquels journellement il suprime par mort, pour les
réduire à plus petit nombre et par conséquent moindre despence. Il se peult voir en ceste province où le nombre de
LXV sénateurs, est à present réduict à XXXII, *nostro magno
malo*. Néantmoings il ne peut parvenir au but qu'il désire de
se voir quite; ains journellement avec les jours et les ans luy
croissent et nouvelles charges et despences. Il ne veult travailler son peuple pour s'acquitter à une fois. Il veut faire avec
le temps et par années ce qu'il pourroit faire, s'il vouloit,
et mesmes s'il vouloit user de l'astuce et subtillité dont coustumièrement usoient les autres empereurs, quant la nécessité
de deniers les pressoit. Nous lisons de Denys Syracusain,
lequel estant pressé de deniers, commanda certain tribut à ses
subjectz, lesquels respondirent qu'ilz l'avoient déjà tant de
fois payé. Il pensa lors n'estre bon adjouster la force pour les
faire payer; mais, quelque temps après, il manda à tous ses
magistrats et ceux qui avoient commandement *ut anathe-
mata*, c'est à dire les dons d'or et d'argent destinez au dieu
Æsculapius fussent portez hors du temple et venduz publiquement au marché, comme choses prophanes. Tous les
bourgeois et citoiens Syracusains les achaptèrent de bonne
foy, volunté dont Dyonisius receut grande quantité d'or et
d'argent. Par après feit faire ung édict que quiconque avoit
achapté *anathema ad Æsculapium pertinens* le reportast
au temple, sur payne de mort. Si le Roy ne le demande par
astuce, moins le veult-il faire par force, comme cest empereur
rommain Anthoine Caracalla, lequel, estant aigrement repris
de sa mère de ce qu'il extorquoit et exigeoit par force argent

de ses subjectz et les dissipoit injustement, luy respondit, en regardant son espée nue qu'il tenoit en sa main : « Ayez bon « courage ; ma mère : tant que ceste espée durera, l'argent ne « nous défaillira. » Le Roy, notre prince, doux et begnin, et qui sçait réfréner ceste puissance et authorité absolue par une équité et clémence, qui ne veult, comme l'empereur Trajan et bon pasteur, escorcher, mais tondre ses ouailles, c'est à dire qu'il veult tirer ung raisonnable tribut de ses subjectz et non totallement en sucer leur substance, vous requiert par les Commissaires depputez par Sa Majesté, aprez avoir entendu les justes causes de sa demande, que veuillez icelle libérallement octroier, non pour dissiper, mais pour satisfaire aux charges nécessaires pour l'entretènement de sa Couronne, de son Estat, de Messrs ses frères et sœur, payement des pensions des princes, des gouverneurs confédérez, gendarmerie et magistratz, le tout pour la conservation de la paix et union de ses subjectz dedans et dehors et payement de ses debtes; je dis ses debtes, non toutes fois siennes, né par luy faictes, mais héréditaires, et qui luy sont succédez avec la Couronne. Qui est celuy qui veult dénier que la meilleure partie du domaine du Roy, de ses aydes, subsides et gabelles, ne soit engaigé pour le payement des vieilles debtes, et que, sans le payement de la taille, il n'auroit aucun revenu ny moien d'entretenir son Estat et moins de conserver ses subjectz? Est-ce pas une grande clémence, bénignité et bonté plus que humaine, à notre prince, se voyant ainsy obligé et pressé de debtes, se contenter d'une semblable somme par vous libérallement octroyée auparavant que les dettes fussent contractez, qui est la part de IIII millions et de la crue de VI c^M, revenant pour la part de ceste province à XII C LXX^M VII C IIII^{xx} II l. XIIII s. t., somme par vous accordée en temps de troubles, en temps de peste et contagion, en temps de charté? Avoit-il pas occasion de demander deniers extraordineires pour s'acquiter en ceste année, que nous pouvons dire, grâce à Dieu, heureuse, je dis heureuse, pour l'abondance et fertilité des biens, pour la bonne disposition de l'air et pour la paix et l'union du peuple. Ces trois considérations, avec vostre bonne volonté, nous induisent à croire que vous satisferez libérallement et en toute obéissance à sa demande. Que si vous avez bien faict par le passé, avec moindre occasion, au contentement de S. M., non seulement vous payerez volontairement, maiz avec louange. Vous remercierez la bonté du Roy qui s'est contenté d'une demande ordinaire ceste année pour vous rafreschir et restaurer les calamitez passées. En ce faisant et rendant chacun son debvoir et observant ses édictz, vous demeurerez longtemps en la jouissance de l'union, paix et félicité, en laquelle, par la providence divine, vous estes de présent. Cicéron, escrivant *ad Atticum*, disait que la paix, encore qu'elle feust injuste (ce qu'on ne peult dire), est trop plus utile que la plus juste guerre civile, comme il est récité et confirmé ès vies de Nicias, Lysander et Sylla, gentilzhommes grecs et rommains. Où discorde règne et partialité, le plus meschant tient l'authorité. S'il y a quelques remonstrances à faire, plaintes ou doléances, tant génералles que particulières, pour le bien, proffict et utilité de la province et habitans d'icelle, aprez les avoir entendues, Monsieur le gouverneur, et après luy, Messieurs les autres Commissaires députez par S. M. y feront tout debvoir et moy particullièrement tout service. »

ÉTATS DE NOVEMBRE 1567

I.

EXTRAIT DES REGISTRES DE L'HÔTEL-DE-VILLE DE ROUEN

Lettres du Roi, 6 octobre, adressées au bailli et fixant la réunion des Etats, à Rouen, au 15 novembre.

14 novembre, assemblée générale de la Ville tenue sous la présidence de Me Jean de Brèvedent, lieutenant général du bailli (1), en la salle du conseil ordinaire, « pour l'empeschement qui estoit en la grande salle, à cause des armes. »

Étaient présents : Laurent Bigot, premier avocat du Roi en Parlement; Jacques Cavelier, procureur du Roi au bailliage; 5 conseillers modernes; Jehan Bigues, grand vicaire de l'archevêque; Adam Sequart, chanoine pour le Chapitre de Rouen; 8 conseillers anciens; 3 quarteniers, 73 bourgeois, dont les noms sont rapportés; les députés des vicomtés du bailliage, à savoir : Jehan Fosse, pour celle de Pont-de-l'Arche (2) ; Pierre Hupin, pour celle de Pont-Autou, et Pout-Audemer (3); François Duval, pour celle d'Auge (4).

On nomma pour l'Église maître Marian de Martimbos,

---

(1) Jean de Brèvedent nommé lieutenant général du bailliage de Rouen en remplacement de Jacques de Brèvedent, son père, démissionnaire, 14 mars 1567.

(2) Avait été nommé le 6 novembre.

(3) Avait été nommé le 11 novembre.

(4) Avait été nommé le 10 novembre.—On n'indique pas, à l'élection de l'Hôtel-de-Ville, de membres de l'État de la Noblesse.

chanoine de Rouen; pour la Noblesse, N^as^ Maze; pour la ville et vicomté de Rouen, N^as^ Dufour, s^r^ de Longuerue, et Jehan Donnest, conseillers de la Ville, avec maître N^as^ Gosselin, procureur général de la Ville et des Etats.

II.

Oraison prononcée par Monsieur le Premier Président de Rouen aux Estatz de Normandie tenuz en la ville de Rouen, le XVe novembre l'an 1567, par Monsieur de Carrouges, lieutenant du Roy, en la présence du s^r^ de Dracqueville, maistre des Requestes ordinaire de son hostel, et du s^r^ d'Aubigny, Général de Normandie, commissaires députez par led. sieur.

« Messieurs, considérons la nature et disposition de l'homme. Combien que Dieu l'avoit réservé pour le créer le dernier, le faire à sa semblance et ymage et le mettre au meilleur du monde, au jardin de plaisance et délices, et que, avant luy, tout estoit faict pour luy, et luy depuis pour dominer à tout, toutesfois, estant né politique et créature de compaignie, ne pouvoit, comme celuy entre toutes les autres créatures le plus pauvrement doué, séparément vivre comme les autres que la Nature avoit suffisamment pourveuz de toutes commoditez requises pour leur nourriture, vestemens et deffense. Incontinent que la beste est née, elle marche, elle chemine, se meut et court légèrement. Mais quand l'homme est né au monde, il ne peult cheminer ny se mouvoir, encores moins courir, combien qu'il aict piedz et mains. Ce que l'on faict au petit enfant n'est sinon un présage de ce qu'il doit souffrir au progrès de sa vie, c'est assavoir que, ainsy que l'on ne se contente de mestre le malfaicteur en prison, ains on l'enferre par les mains, et luy mect on les ceps aux piedz, ainsy, quand l'homme entre en ceste vie, incontinent on luy lie les pieds et les mains au berceau, de manière que l'enfant est lié et emmailloté avant qu'il aict esté embrassé et allaicté de sa mère. Incontinent que la beste est née sur terre, elle marche, elle chemine. Encores qu'elle ne sache le père qui l'a engendrée, au moins elle congnoit la mère qui l'a enfantée, ce qui est apparent en ce : si la mère a du laict, pour petite que soit la beste, elle sçait chercher les tettes de sa mère pour tetter, et, si elle n'en a poinct, comme les oyseaux, s'en va aprez, ou se cache soubz ses esles, sçait chercher les champs pour paistre, gratter les fumiers pour manger, s'acheminer aux fontaines et ruisseaux afin d'estancher sa soif, non qu'elle ayt appris, mais pour ce que, incontinent qu'elle est née, elle congnoit ce qui lui est nécessaire et bon pour substanter sa vie. Ce qui advient auttrement à l'homme. Estant créé nud et sans armes, le jour de sa naissance, il ne congnoit le père qui l'a engendré, la mère qui l'a enfanté, ni la nourrice qui le nourrit. Il ne peult veoir avec les yeux ny oyr avec les aureilles, ny distinguer avec le goust ; ne sçait quelle chose c'est de toucher ny d'odorer ; ne peult manger, boire, se vestir, demander ny se plaindre, de sorte que, encores qu'il ait la seigneurie sur toutes les autres bestes, il est si inhabille, lors de sa naissance, que, non seulement ne peult chercher, mais, luy offrant ce qui luy est nécessaire, ne le peult congnoistre. Au moien de quoy fut jadis nécessaire qu'il se fit concours d'hommes pour se donner la main l'un à l'autre, affin que, par le commun effort, l'on rémédiait, et subvint à la particulière imbécillité, pour estre le fardeau des nécessitez des hommes si pesant que un seul ne suffiroit à le remuer. Et combien que, à raison de ce, les hommes vescussent ensemble communément, toutes fois ilz ne se voulloient assubjectir les uns aux autres, et pour ceste cause naissoient entre eux plusieurs noises, débatz, différens.

Pour ausquelz rémédier, Pline, au 7e livre de l'*Histoire naturelle*, récite que une royne appelée Cerès fut la première qui enseigna au peuple à vivre selon la loy, comme aussy elle enseigna à semer les champs, mouldre aux moullins, paistrir et cuire aux fours, pour raison desquelles choses fut appelée déesse. Depuis iceluy temps, jamais n'avons veu ny leu d'aucun royaume ny d'aucune autre nation, tant barbare ou estrange qu'elle feust, qu'ilz n'eussent loix par lesquelles les bons fussent favorisez, et qu'il n'y eust institutions de très griefves peines pour punir les mauvais. Et à ce propos Démocrite disoit qu'il y avoit deux Dieux qui gouvernoient tout le monde universel, savoir, Loyer et Peine. De quoy nous pouvons recueillir qu'il n'y a autre chose plus nécessaire comme est la vraye et droicte justice, parce qu'elle seulle donne le loyer aux bons et ne lesse sans chastiment les mauvais. Sainct Augustin, au premier livre de la *Cité de Dieu*, dict ces paroles : « Osté la justice, que sera-ce des « royaulmes, sinon larcins, oppressions, tirannies (1) ? » Certainement il y a grande raison. S'il n'y avoict fouectz et gallères pour les vacabondz et blasphémateurs, cousteau pour l'homicide, gibet pour les larrons et séditieux, on pourroit dire qu'il n'y auroit tant de bestial ès montagnes comme de meschands ès villes de ce royaulme. La mesme corruption et puanteur qui est en ung corps sans âme est en une respublique sans justice. Toutesfois il seroit de plus grande seureté que les bons aymassent la raison et qu'ilz ne craignîssent la loy. Cela est dict pour ceulx qui délessent les mauvaises œuvres pour crainte de cheoir en peines introduictes pour les mauvais. Combien que les hommes approuvent ce qu'ilz font, Dieu damne et réprouve ce qu'ilz désirent. Senèque,

---

(1) *Remota itaque justicia, quid sunt regna nisi magna latrocinia?* De Civitate Dei, lib. IV, cap. iv.

en une de ses épîtres escriptes a Lucille, son amy, disoit qu'entre les hommes sages et vertueux n'est permis dire : « La loy mande, dispose et permect », ains faut dire : « Ces » commandemens conforment à raison », parce que le couronne du bon est la raison, et le bourreau des mauvais, la loy. Si c'est bonne chose vivre soubz juste loy, il est encore meilleur estre maintenu soubz juste prince. Encores que les roys se puissent appeler seigneurs des hommes, des bestes, des poissons, des oyseaux, des mines, des montaignes, des champs, et finalement de la mer et de la terre, non toutesfois de la justice, de laquelle Dieu est le vray seigneur, qui est la mesme justice. Aussi le prince, mourant et délessant les seigneuries à son fils, ne luy délesse la justice, de laquelle il n'a hérité de ses prédécesseurs par forme de patrimoine, mais recommande à ses enfans la justice, et qu'ilz soient ministres d'icelle pour les faire justement régner et dominer. Le concours donc des hommes, qui fut jadis nécessaire pour la subvention des uns aux autres, ne pouvoit être maintenu et conservé sans une loy, sans une justice, sans ung juste roy. *Neque ulla re longius absumus à natura ferarum in quibus inesse fortitudinem dicimus.* Mais quand on est parvenu à ceste mutuelle contribution d'offices, chacun, pour la cotte-part de sa suffisance, a esté tenu de fraier au profit commun. Ceux qui se trouvoient de personne et nature plus robuste et forte s'employoient à l'agriculture, au labeur et à toute manière de pourchas, pour quérir le vivre et pour eux et pour les autres. Cicéron en ses *Offices*, parlant d'eux, disoit (1) : *Mea quidem sententia haud scio an ulla vita beatior esse possit ; neque solum officio, quod hominum generi universo cultura agrorum est salutaris, sed delectatione...*

---

(1) Cette citation est empruntée, non au traité des Offices, mais au traité *De senectute*, XVI.

et saturitate copiaque omnium rerum quæ ad victum hominum, ad cultum etiam Deorum pertinent. L'agriculture seule, dit Xénophon (1), est la science plus certaine, nécessaire et commode pour la vie de l'homme, l'appelant la mère et nourrice de tous les autres arts, attendu que, si elle est bien gouvernée, le reste se portera bien, et, si elle est négligée, tout demeurera (2). Et d'autant que, en toutes ses parties, qui sont infinies, il y a grande perfection, aucuns n'ont doubté l'appeller en soy divine et parfaicte ; et, à la vérité parlant, les laboureurs de ce temps-là, vivans en toute simplicité, n'estoient, comme une bonne partie de ceux de présent, désobéissans, frauduleux, audacieux et obstinément plaideurs. Aussy les anciens recongnoissans leur simplicité, leur bonne foy, leur innocence, souloient dire : *Ignosci opportere et homini qui se fateatur esse rusticum, cum ruri assiduus semper vixerit.* Comme ilz ne travailloient les autres, aussy ilz n'estoient molestez : *Habent rationem cum terra quæ numquam recusat imperium, nec umquam sine usura reddit quod accepit ; sed allas minore, perumque majore cum fœnore* (3).

» Ceux donc qui s'employoient au labeur contribuoient au proffict commun pour la cotte-part de leur suffisance, travailloient pour la nourriture et vivre pour eux et pour les autres, spécialement pour la subvention du prince. Les autres, en qui les parties de l'âme eurent plus de vigueur, mesmement l'entendement et la raison, qui siet et préside en la plus haulte partie de l'homme, ayant surintendance sur tout

(1) Xénophon, *De Administratione domestica liber* : « *Præclare et ille dixit, agriculturam aliarum artium matrem et nutricem esse pertribuit. Nam quum agricultura succedit, etiam artes ceteræ omnes vigent.* » Édition de Jean Lewenklaius. Bâle, 1569, p. 657.

(2) Cicéron, *De senectute*, XV.

(3) *Ibidem*.

le reste, prindrent tasche de ce qui estoit plus d'importance, c'est à savoir du bien vivre des hommes et de leur béatitude, laquelle principallement gisoit aux opérations vertueuses, faictes et continuez selon l'ordre et prescription de raison. Et entre ceux-là, il y en a aucuns, dont nous parlerons seulement pour estre briefz, auxquelz Dieu éternel, de sa spécialle et souveraine grâce, a donné authorité de la puissance et dignité royalle pour commander icy-bas sur toutes les créatures humaines et les soumettre à leur obéissance, qu'il a esleuz et establiz ses lieutenans sur la terre en l'exercice et administration de justice, équité et clémence. Encores que les roys (entre lesquelz le nostre tient le premier lieu) s'engendrent, naissent, vivent et meurent comme tous les autres hommes, toutesfois commandent à tous les autres hommes. Quand le Créateur détermina faire les roys et princes en ce siècle, il ne les créa pour manger, boire, dormir, parler et s'esjouir plus que les autres, mais il les créa pour commandement, afin que, tout ainsy qu'ilz commandent plus que tous, aussy ilz feussent excellens sur tous, et que par leur droicturiere sévérité fût conduicte la franchise, tranquillité et assurance de nostre repos, non par œuvres qui scandalisent, mais par parolles douces qui animent et par œuvres qui édifient, estant le cœur humain trop plus persuadé de l'œuvre que de parole qu'il oye. Et, combien qu'il soit dict en ung commun proverbe, qu'il est impossible que la verge soit droicte, dont l'ombre est torse, toutesfois nous pouvons bien dire et à bon droict confesser ce proverbe n'avoir lieu en la personne de nostre roy, qui est la verge de justice. Sa verge est droicte, et sa justice n'est hors son plomb, ny sa vie, encores que la majesté éternelle qui donna aux rois la majesté temporelle, comme elle les a faictz plus grandz en pouvoir et domination, si ne les a exemptez plus que les autres de faiblesses humaines. Mais de ses subjectz, qui sont l'ombre de sa verge, il y en a partye desquelz l'ombre est torse pour les désobéissances faictes à sa majesté, pour les mespris de son sceptre, de sa puissance, de sa justice. Se peult-on ressentir de plus grandes pestilences en une monarchie, que de voir les subjectz eslevez contre leur roy et souverain seigneur, *quos neque pudor a turpitudine neque metus a periculo, neque ratio a furore revocare potuit ?* Ceux-là sont ne plus ne moins que la personne qui a tousjours les mains et les bras eslevez par dessus sa teste, sont comme les bourdons qui, sans travailler, mangent le miel de ceux qui travaillent. On pourroit bien dire : Terre heureuse ! si en la France nul n'estoit vivant du travail et labeur d'autruy. Alors tout seroit contenu en repos et en assurance. Mais, au contraire, aujourd'huy oseroit-on bien dire que celuy seul qui est enfermé en la sépulture soit en sûreté des abois de la fortune. Il est malaisé que un tel et si grand royaume puisse estre, non plus que les autres, sans quelque corruption. Toutesfois elle est de présent si grande qu'il n'y a partie du corps qui ne soit blessée. Cela est assez notoire, et suffira de l'avoir dict pour vous admonester à craindre, aymer et honorer nostre roy et sa justice, afin qu'il ne puisse seullement seigneurier, comme le malheureux roy de Perse Darius, les pierres et couvertures des maisons et citez, mais, comme ce grand roy Alexandre, seigneurier les cœurs et affections de ses subjectz.

» Je laisse à penser combien il y a aujourd'huy, en France, de villes, bourgades et chasteaux dont le Roy est seullement seigneur des pierres et couvertures, les voluntez de ses subjetz luy estant rebelles. Las ! quel bien c'est au roy d'estre aymé de son royaume, et combien il est bon au royaume de craindre son roy ! Le roy qui n'est aymé, ne peult vivre en repos, et le royaume qui ne craint son roy ne peult recevoir sinon tourment. Si le Roy, notre souverain seigneur, pour sa mutuelle contribution, preste, de sa part, tout ce qu'il est besoing et nécessaire pour bien imprimer ez espritz de ses subjectz les loix de bien-vivre et de bien-faire et pour les réduire en paix, union et concorde, *et vicissim officii sui vectigal persolvens se præstat bonum et vigilantem principem*, aussy que, pour la cotte-part de vostre suffisance, vous travailliez à fraier à ce profict commun, qui n'est pour le présent autre chose que la deffense, tuition et entretènement de nostre Roy, et, par mesme moien, de tous ses subjectz. Recongnoissez que la nécessité du prince n'est autre chose que invention des subsides et tributz de son royaulme. Recongnoissez que le cœur magnanime, se voyant indigent et en souffrete, se hazarde à faire plus qu'il ne voudroit sans rien excepter, et, comme il est escript en ung passage, parlant de l'Institution du prince, *Involvi ære alieno, ad rerum omnium desperationem addici*. Le prince, qui tient son peuple exempt d'oppression et tyrannie, est justement seigneur de tous les biens de ses subjectz, lesquelz les doivent tenir comme fortune leur ayant esté mise en depost, et non comme héritiers d'icelle, pour en subvenir au Roy, à celle fin qu'il nous puisse gouverner par sa vertu et par deniers, chastier et réprimer les estrangers, les rebelles et désobéissans à sa Majesté. Chacun voit à l'œil l'estat auquel est réduict le royaume. Sy vous ne vous montrez par effect affectionnez à embrasser les affaires et luy payer ce qu'il vous demande, qui est l'ordinaire, et pourra demander selon l'urgente nécessité, il est à craindre que ne sentions le péril, quand il n'y aura plus de remède au mal. Quant à vos remontrances ordinaires, je vous puis dire, avec vostre licence, que vous portez les maux et ne les congnoissez; vous marchez dessus, et ne les voiez. Il est à croire que la principale cause provient du vulgaire, lequel aujourd'huy est tant variable, léger et inconstant en ce qu'il demande, que, chacune heure, voudroit changer et muer de nouvelle façon de faire. Depuis quelque temps il a demandé la suppression des Eslus : le Roy l'a accordée. Il a demandé que les gentilshommes, gens d'église, citoyens des villes franches payassent taille de leurs rotures qu'ils tenoient en leurs mains : le Roy l'a aussi accordé. En dernier lieu il a demandé que aucuns annoblis, officiers et autres mal cottisez, feussent rechargez, ce que pareillement vous a esté accordé. Pour tout cela confesserez-vous estre plus soulagez ? Il advient souvent que les choses mal commencées et mal digérées ne succèdent heureusement. Nostre prince est si débonnaire, si droicturier, si clément ! Quand il entendra remonstrances raisonnables, non couvertes et simulées d'un bien public, et qu'ilz seront poursuivies et continuées par personnes suffisantes et capables, *et quibus periculosa et callida consilia quietis et cogitatis splendidiora et majora non videantur*, il ne fault doubter que vous recevrez soulagement et contentement de Sa Majesté, laquelle a tousjours l'estomach et le cœur ouverts pour remédier et subvenir aux pauvres subjectz de son royaume. »

ÉTATS DE NOVEMBRE 1568

I

EXTRAIT DES REGISTRES DE L'HOTEL-DE-VILLE DE ROUEN.

Lettres du Roi (Paris, 5 oct.) adressées au bailli, fixant la réunion des États à Rouen, au 15 novembre.

14 nov., assemblée générale de la Ville et communauté de Rouen pour l'élection des députés.

Étaient présents : Laurent Bigot, 1ᵉʳ avocat du Roi; 5 conseillers modernes; Christophe Eulde, grand vicaire et official pour l'archevêque, et Nagerel, chanoine, pour le Chapitre de Rouen; 5 conseillers anciens ; Gosselin, procureur de la Ville ; Lermitte, pensionnaire; 4 quarteniers ; 27 bourgeois, dont les noms sont rapportés, sans compter plusieurs autres; les députés des trois États des vicomtés, à savoir : Jehan Guernet, pour la vicomté de Pont-de-l'Arche; Jacques Lambert, pour celle de Pont-Autou et Pont-Audemer; Richard Pillon, pour celle d'Auge (1).

On nomma, pour l'Église, Christophe Eulde; pour la Noblesse, Antoine de Vieupont, sieur du Saussay; pour la vicomté de Rouen, honorable homme Alonce Le Seigneur et Jacques Baudry, conseillers modernes, avec Mᵉ Nicolas Gosselin, procureur des États de Normandie.

Une difficulté avait été soulevée dans cette assemblée au sujet des préséances.

« Sur la difficulté mise en avant de la séance de MM. les grands vicaires et députez du Chapitre de Notre-Dame de Rouen, sçavoir s'ilz doyvent estre assis au bureau des conseillers de ladicte Ville, il a esté arresté qu'il sera remonstré et faict entendre ausdits sieurs gens d'église que leur place aux assemblées génerralles qui se tiennent en la grande salle dudit Hostel-de-Ville est au petit banc du bureau, et, là où ilz n'y peuvent tous estre, c'est au dessus des conseillers anciens ; et, en la salle du Conseil ordinaire de ladicte Ville, lesdicts gens d'église sont tous au hault du banc des anciens conseillers; et touteffoys il a esté arresté que Monsieur le lieutenant doibt demander les opinions à MM. les conseillers du bureau, premier et avant que à ceulx de l'église, ce que leur ayant esté remonstré ont accordé : assavoir Mons. Eulde, offi-

(1) Tous les trois avaient été nommés le 8 novembre.

cial de ceste ville, grand vicaire de Mons. l'archevesque, et Mons. l'archediacre Nagerel, l'un des deputez pour le Chappitre prendre le lieu du petit banc; et, au regard de Mons. Le Brun, s'est retiré de ladicte assemblée. »

Oraison prononcée par Monsieur le Premier Président de Rouen aux Estatz de Normandie tenuz, en la ville de Rouen, le 15e de novembre 1568, par Monsieur de Carrouges, lieutenant du Roy, le sieur de Dracqueville et autres Commissaires députez par sa Majesté.

« Messieurs, les expériences qui adviennent tous les jours, conférez avec les variables tours de fortune, mesmes aux guerres civiles, révoltemens de peuples et destructions de villes, avoient incité la Majesté du Roy, nostre souverain seigneur et prinçe, à se rendre et monstrer clément et modéré envers ses subjectz, donnant la main, par sa naturelle et pitoiable inclination, à leurs calamitez, ayant plus de compassion lorsqu'il a aperceu à l'œil l'angoisse de leur affliction, rejectant de luy l'exemple d'Antonin, empereur des Rommains, nourri en continuel appétit d'espandre sang humain, lequel, transporté d'une furieuse convoitise de gouverner, et, naturellement impatient et brutal, se rua sur le désespoir à tout perdre ou tout gaigner; au contraire, ayant la vertu de piété et clémence emprainte et gravée en son cœur, comme chose à lui appartenant, à l'imitation de ceux qui désirent conserver longuement et heureusement ung royaume sans danger, il avoit mieux aymé imprimer au cœur de ses subjectz, non pas une crainte d'une légitime sévérité et juste vindicte, mais ung amour plus que réciproque de sa bonté. Les antians Rommains estimoient digne de grande louange la force et fermeté de Millo, pour remuer et mouvoir de son lieu ung taureau debout, fixe et arresté, mais trop plus ils

approuvoient celle de Pithermus, *bulbucus,* qui pouvoit retenir le toreau furieux du meilleu de sa violente et impétueuse course, duquel haut-faict et entreprise Millo dit en s'exclamant : « *Jupiter, unde nobis alter Hercules ?* (1) » La force et vertu de notre prince est digne de grande louange d'avoir soustenu et préservé ses subjects de glisser, lorsqu'ils couloient vers le lieu penchant, et trop plus grande, de les avoir réprimez, contenuz et arrestez jà commencez à choir, entreprise non moins périlleuse que magnanime, dont à bonne cause nous debvons plus exclamer le faict et louange de nostre prince que Millo et les Rommains celuy de Pithermus. Le Roy n'avoit imicté le faict de Publins Mutius Scevola, tribun rommain, lequel fit bruler vif neuf de ses collègues aspirant, *duce Spurio Cassio,* à la domination, et ce au mesme temple où ils avoient traicté la faction, estant assez hardi de donner la peine à neuf tribuns ses collègues, lesquels neuf ensemble eurent la crainte de l'imposer à luy seul. Nostre prince avoit imité l'exemple d'Isaac, patriarche, la puissance duquel estant redoutée et crainte par Abimélech, roy des Palestins, et par luy recherchée son amityé, Isaac oubliant l'injure et offense à luy faicte par Abimélech, fit paix et appointement avec luy, aymant mieux consentir à la paix et amityé demandée que, supérieur de force et vertu, venger et punir l'offense à luy faicte. A ce propos, Tite, empereur, une fois interrogué de deux choses, asavoir donner loyer aux bons et chastier les mauvais, laquelle des deux estoit plus naturelle au prince, il respondit : « D'aultant
» que le bras droict estoit naturel à l'homme plus que le
» gauche, d'autant estoit naturel au prince le loyer plus que
» le chastiment. Et tout ainsi que nous aydons plus du
» bras droict que du gauche, aussy le prince doibt plus tra-

(1) Voir Elien, *Hist. Div.,* XII, 22.

» vailler de guerdonner que de chastier, parce que le chas-
» timent doibt estre de la main estrange, et le loyer de sa
» propre main. » Et, continuant ceste trace, Plutarque, en
l'oraison consolatoire qu'il escript à Apollonius, parlant des
loix que Prométhée donna aux Egyptiens, entre autres, il en
récite trois dont la teneur d'icelles estoit : « Nous ordonnons
» et commandons que les princes ne mettent les mains sur
» autry pour aucuns ennuis qui leur ayent esté faictz, parce
» que les mains des bons princes ne se doivent employer à
» venger les injures. » Entre les loix de Bias il y en avoit
une semblable : « Nous ordonnons et voulons que celuy qui
» aura esté reprins de cruauté notable ne soit jamais prins
» pour gouverneur ne esleu par aucun peuple. » Le Roy,
nostre prince, ayant esté recharché de pacification par ses
subjectz qui luy estoient rebelles, comme bon prince pitoiable
et humain, voulant les vaincre de clémence et espargner le
sang de sa noblesse et de ses bons subjectz, ayant pitié de son
pauvre peuple qui estoit mangé de deux armées, à l'imitation
du bon Isaac, patriarche, oubliant l'injure et offense, avoit
mieux aymé consentir et accorder une patience demandée
que venger et punir l'offense à luy faicte, et aussi, parce que
la victoire, doubteuse, hors du pouvoir des hommes, en la
seule main de Dieu, qui est le Dieu des batailles et autheur
des victoires, ne se pouvoit lors acquérir que par une longueur extrême, qui eust, par le moien des estrangers, remply
ce roiaume de feu, de sang, de ruine, de pauvreté et de violence. Mais l'accoustumance des hommes à n'obéir au Roy
et à sa justice, à tenir peu son authorité, à troubler, altérer
et usurper l'estat des supérieurs et du magistrat, que propre-
ment nous appellons rébellion, à faire toutes choses par la
vive force, à gouster les douceurs d'une faulse liberté ou
plutost licence et abandon de toutes choses, n'a permis ne
souffert longue jouissance du fruict de ceste patience à ceux

qui *ausi sunt redivivos bellorum cineres suscitare.* Cela démonstre que le mal a ses dégrez, et la fureur comme la vertu. Ces commencemens ne sont que étincelles et acheminemens aux plus pestilens effectz; et, comme disoit ung sage rommain, les plus exécrables forfaictz peu à peu se rendent familiers par l'usage et accoustumance, qui donne maintenant occasion de leur pouvoir objecter le reproche des ambassadeurs de Romme aux Carthaginiens contre les Rommains : *Turpissimam rupti fœderis labem presumpto accumulavere perjurio; nulla fides, nulla religio, nullus existimationis pudor, nullus judicii metus;* et, comme il est escript à ung autre passaige parlant des afflictions des Rommains: *Pudet recordationis. Quid enim dicam improbitatem magis an miseriam, imo verius vel improbam miseriam vel miseram improbitatem?* Toutes fois ce mal a occasionné ung bien de long temps requis et désiré, c'est assavoir un édict et déclaration de nostre prince pour remectre la Religion catholique, apostolique et rommaine à sa première splendeur, pour, par sa droicturière sévérité, justice et équité, faire vivre tous ses subjectz soubz une mesme foy, soubz une mesme loy, soubz un mesme Roy, comme semblable édict fut faict par ce grand empereur Constantin pour l'assemblée du concile de Nicene, escrivant aux evesques en ces termes : « Estant instruit par expérience et enseigné par la prospé-
» rité des choses publicques combien est grande la grâce et
» faveur de la divine puissance, j'ay jugé et résolu que ce
» devoit estre mon but et ma fin : *ut beatis suis ecclesie ca-*
» *tholice populis fides una, sincera charitas, consentiensque*
» *in Deum pietas servetur* », et ordonna que Arius souffriroit semblable ignominie dont Porphyrius, ennemy de la divine piété, avoit esté remarqué, duquel il estoit sectateur, et que luy et ses suffragans seroient appelez Porphyriens, les menées duquel ils avoient imité, et, s'il se trouvoit quelque

escript d'Arius qu'il fût brullé, à celle fin que, non seulement la doctrine fût abrogée, *verum ne monimentum quidem aliquod ejus relinqueretur*. Mais pour iceluy édict effectuer avec toute son intégrité, selon la volunté et intention de S. M., il est besoing rompre et deffaire la puissance des ennemis d'icelle, confondre leurs armes en leurs armées, comme Dieu en a prospéré le commencement. Toutes fois l'acheminement ne se peult faire sans assembler grandes forces et en plusieurs endroictz, lesquelles ne peuvent estre mises sus et entretenues sans grandes finances, comme estant les principaux boullevars et nerfs de la guerre. Nul n'ignore, comme chose notoire à un chacun, que, en ce roiaume, les finances du Roy sont si petites que nous pouvons dire avec ce bon Scipion, rommain : *Ærarium fisci egenam stipem privata collatione poscit*, c'est-à-dire que, sans l'ayde et secours particulier d'un chacun des bons et fidelles subjectz du Roy, S. M. ne pourroit supporter les frais et entretenir les forces nécessaires. Ce bon Scipion, voyant la ville de Romme et toute l'Italie déplorée, et que les sénateurs par délibération, avoient résolu de lesser l'Italie, par le désespoir et crainte de Hannibal, aprez avoir rompu leur délibération, tenant l'espée à la main et voyant que les deniers défailloient, qu'il n'y avoit plus à l'armée soldat qui ne fust jeune, serf *scelere* ou débiteur et en petit nombre, *quo tempore senatus in curia omnis novitius videbatur*, ordonna, avec le conseil de Claudius Marcellus et Valerius Lævinus, lors consulz de Romme, ung édict que tout l'or et l'argent marqué et monnoyé des sénateurs et des bons citoiens de Romme seroit conféré au publicq, et ne leur demeureroit rien, tant pour eux que leurs femmes et enfans, *preter annulos bulasque*, c'est assavoir les bagues et joiaux des petits enfans, au moien de laquelle contribution il ordonna quatre armées, l'une en Macédoine, contre Philippe, roy, l'autre en Espagne contre Hasdrubal, frère de Hannibal, l'autre en Sardine contre les Sardes, la quatrième en Italie contre Annibal; et combien [que] en l'une et l'autre il y eust désespoir, toutes fois *desperando pugnarunt et pugnando vicerunt* (1). Comme le semblable fut faict *in bello Siriaco* où fut faicte *lex Opia,* parce qu'elle fut proférée *ab Oppio, tribuno plebis*, que nulle femme n'auroit plus de demy-once d'or. Encores que le Roy auroit grande occasion, pour la nécessité présente et pour les grans frais qu'il lui convient supporter, vous demander plus grande somme que les années passées, toutes fois, pour tousjours soulager son peuple de l'injure des troubles passés, calamité et pauvreté, il se contente de semblable somme de l'année passée, c'est assavoir : de xii^c xlii^x iiii^c lxxv l. iii s. faisant, partie de la somme de quatre millions de livres avec la crue de vi^c m. l. et le payement des Esleuz, visbaillis et autres charges accoustumées, ce que ne luy pouvons reffuser maintenant qu'il est temps de combattre, ainsy que les antians appellent, pour les aultels et fouyers, pour maintenir et défendre la saincte Religion, l'authorité du Roy, la liberté et le repos de noz maisons et familles, la sûreté de nos vies; et par ce seul moien le Roy restaurera et entretiendra la piété de ses ancestres et desploira la justice sur ceux qui entreprendront de la lui troubler et rompre la tranquilité de ses subjectz, avec l'espérance que nous avons que Dieu, qui est la mesme vérité, la mesme justice et la mesme raison, luy donnera les forces et l'assurance pour combattre et débeller ses ennemys. »

(1) *Tite Live*, XXVI, 36.

Cour des Aides. — Expéditions.

(12 février 1568)

« Sur la requeste présentée par Me Jeh. Vyenne, huissier au Parlement de Rouen, tendant par icelle à ce que par la court fussent tenues pour signifiées certaines lettres-patentes du Roy, données à Chaulne (1), le 20e jour d'aoust 1567, qu'il disoit luy avoir esté baillées par Joachim Raoul et Martin Laîné, deux des paroissiens de Barbery (2), pour eulx et les autres parroissiens de lad. parroisse, contenant lesd. lettres inhibitions et défenses à lad. court de congnoistre ny entreprendre congnoissance, soit par opposition, appellation ou autrement, des causes et matières deppendentes et qui concernent le faict et exécution des lettres de commission expédiées pour le régallement des tailles ès Eslections des bailliages de Caen, Costentin et Allençon, Veu par la court lesd. lettres-patentes, ensemble lad. requeste et responce à icelle tant du procureur général d'icelle, que du procureur des Estatz de ce païs et duché de Normandie, ausquels, par ordonnance de lad. court, le tout auroit esté communiqué, dict a esté et ordonné par icelle que led. Vyenne aura et lui a esté accordé lettre de la présentation d'icelles lettres par luy faicte à lad. court. »

(23 nov. 1568)

« Sur la requeste présentée par Me Michel Pinel, remonstrant que, à raison de l'éedict faict par le Roy, il y a environ 3 ans, sur le faict de la suppression des Eluz de ce païs de Normendie, il avoit esté supprimé, combien qu'il eust bien et

---

(1) Chaulnes-Picardie, arrondissement de Péronne.
(2) Barbery, commune de l'arrondissement de Falaise.

deuement exercé led. estat d'Elu par l'espace de 25 ans au gré et contentement du peuple de lad. Election et sans aucun reproche, si toutes fois, par menées indeues, Mᵉ Guill. Le Roux, second Elu, auroit esté opté, combien qu'il feust et soit encores de la Religion nouvelle prétendue refformée, lequel est absent de lad. ville, à raison de quoy les delléguez de lad. Ellection de Caudebec auroient présenté requeste aux Estatz dernièrement tenuz en ceste ville de Rouen à ce que led. Pinel, ancien et 1ᵉʳ Elu d'icelle Election avant lad. suppression, fust permis à exercer led. estat, lesquelz auroient renvoyé lad. requeste par devers le Général de la Charge, lequel, aprez avoir veu lad. requeste et en inthérihant icelle, avoit commis led. Pinel tant pour procéder au faict et département des tailles de lad. année prochaine, que pour le faict et administration de la justice, tant qu'il plaira au Roy, n'ayant voulu toutes fois led. Pinel soy immiscer à l'exercice dud. estat sans l'authorité et commission de lad. court, pour raison de quoy il requéroit à icelle estre permis à l'exercice de lad. jurisdiction pour lad. Ellection et commission à ceste fin luy estre octroiée, en attendant que par le Roy autrement y ait esté pourveu. Veu par la court lad. requeste, ensemble autre requeste présentée, de la part desd. déléguez, année présente, à la congrégation desd. Estatz pour lad. Ellection de Caudebec, la court a permis et permet aud. Pinel exercer la jurisdiction de l'Ellection de Caudebec. »

(20 octobre 1568)

« Sur la requeste présentée par Mᵉ Nicolle Gosselin, procureur des Estatz en ce païs de Normendie, adjourné en vertu du mandement de la court, présent, et par Le Maistre, son procureur, à l'encontre de Mᵉ Jeh. Lat, par cy-devant trésorier général de la marine (1), impétrant dud. mandement, prisonnier en la geolle du bailliage de Rouen, présent, admené à sa cause suivant l'ordonnance de lad. court (2), et par Voisin, son procureur, disant led. Gosselin que par led. Lat avoit esté présenté requeste à la court, narrative que deffunct M° Jacques Faulcon, en son vivant receveur alternatif des aides et tailles de Lisieux, avoit esté supprimé suivant la réquisition des Estatz du pays, lequel Faulcon auroit transporté audit Lat le remboursement de son dit office pour la somme de 11,300 l. t., à quoy se montoit led. remboursement, suivant la vériffication qui en avoit esté faicte en la Chambre des Comptes de Paris et les Intendantz des finances, et iceluy remboursement assis sur le peuple, receu par les receveurs particuliers et par eulx mis ès mains de Estienne Duval, sieur de Mondreville, receveur des deniers communs dud. païs, entre les mains duquel led. Gosselin, en la susdite qualité, auroit faict arrest pour la somme de 2,000 cent tant de livres deue par led. Faulcon pour les estappes de l'année 1557, ayant led. Lat par sa requeste demandé estre ordonné que les deniers estans encores entre les mains dud. Duval seroient déposés en main bourgeoise pour estre distribuez à qui et ainsy qu'il appartiendroit. Sur quoy avoit esté par lad. court ordonné que led. Gosselin seroit oy; et sur ce avoit esté adjourné instance dud. Lat; et d'autant que par le Roy il y a eu commissaires députez pour oyr, veoir et examiner les comptes rendus desd. deniers par lesd. receveurs particuliers, et qu'il est de présent question du compte dud. deffunct Faulcon, lequel led. Lat, par lad. requeste, offre de rendre pour luy et en paier le reliqua, si aucun se treuve, soustenoit led. Gosselin, pour n'avoir autre intérest à la

(1) Guillaume Lat avait été aussi receveur général pour le Roi, à Rouen, et receveur général de l'abbaye de Mortemer.
(2) Ordonnance de la Cour des Aides du 20 octobre.

chose, qu'il devoit estre renvoyé par devers les commissaires par devers lesquels led. Lat pourra faire telles requestes qu'il verra bon estre... Ainsi ordonné. »

Extrait du compte de Guillaume Le Fieu, receveur général de la Généralité de Rouen.

Somme des emprunts faits par le Roi en 1568, 110,750 l.

Cotisations faites pour cet objet sur les manans et habitans des villes et gros bourgs, afin de payer et licencier les gens de guerre des derniers troubles, juin 1568. L'Election de Rouen porte 60,000 l.; celle de Caudebec, 1,300; celle de Montivilliers, 3,250 l.; celle d'Arques, 7,480 l.; Gisors, 3,240 l.; Evreux, 9,750 l.; Bernay, 2,000 l.; Lisieux, 10,250 l.; Alençon, 7,120 l.; Verneuil et Châteauneuf, 1,800 l.; comté du Perche, 2,800 l.

Recette à cause des sommes de deniers baillées à recouvrer par le Général.... à cause des jugemens et sentences données sur les faultes, abus et malversations commises par ceux qui ont levé plusieurs deniers, bleds, vins et autres vivres pour l'assiette des étappes. Etienne Duval, sieur de Mondreville, commis à la recette des deniers des étapes, reçut, en 1563, 23 l. 61 s. 4 d. pour fournir et païer, aux manans d'Offranville, les frais par eux faits à la fourniture des vivres et munitions baillées par étappes aux compagnies et régiment de M. le comte de Brissac, 1,024 l.

Recette faite en vertu d'un estat du 7 sept. 1568, baillé par Messire Jacques de Bauquemare, 1er président au Parlement, et Me Franç. Gaudart, sieur de Fontaine, maître ordinaire en la Chambre des Comptes à Paris, commissaires ordonnés par le Roi pour informer sur le faict des déprédations prétendues avoir esté faictes par aucuns cappitaines de navires retournez de voyage depuis 2 ou 3 trois mois en ça, et arrivez ès havres de la ville de Grace, Fescamp, Dieppe et autres havres du pays de Normandie.

Subside et imposition de 5 s. t. pour muid de vin et autres vaisseaux à l'équipolent, entrant ès villes closes du païs et duché de Normandie, que le Roi, par ses lettres-patentes données à Saint-Maur-des-Fossés, le 1er mai 1567, a voulu être continués pour 6 années, commençant le 1er oct. aud. an, adjugés par le Conseil privé du Roi à M° Jeh. Lat, moyennant 42,400 l. pour chacune desd. années.

Tailles de l'année 1568 en la Généralité de Rouen

Elections : de Rouen, 63,989 l. 11 s. 8 d.; — de Caudebec, 39,932 l. 67 s. 6 d.; — de Montivilliers, hors Harfleur et le Havre de Grâce, 34,331 l. 14 s. 11 d.; — d'Arques, hors la ville de Dieppe, 61,276 l. 7 s. 4 d.; — d'Evreux, hors la ville et faubourgs de Louviers, 79,756 l. 19 s. 7 d.; — de Bernay, 26,307 l. 3 s. 5 d.; — de Lisieux, 88,485 l. 2 s. 9 d.; — d'Alençon, pour les vicomtés d'Alençon, Argentan et Domfront, 78,299 l. 13 s.; — pour les vicomtés de Verneuil et de Châteauneuf, 28,237 l. 3 s. 11 d.; — pour le comté du Perche et châtellenie de Nogent-le-Rotrou, 32,323 l. 14 s. 11 d. — Crues de 600,000 l. : pour la Généralité, 92,466 l. 18 s. — Taillon pour la Généralité, 53,189 l. 67 s.

ÉTATS DE NOVEMBRE 1569

I

EXTRAIT DES REGISTRES DE L'HOTEL-DE-VILLE DE ROUEN.

Lettres du Roi, datées du Plessis-lès-Tours, 6 octobre, adressées au bailli, fixant la réunion des Etats, à Rouen, au 15 novembre.

Assemblée générale en la grande salle de l'Hôtel-Commun de la ville de Rouen, sous la présidence de Jean de Brèvedent, lieutenant-général du bailli. Étaient présents : Maynet, avocat du Roi au bailliage; Cavelier, sieur d'Auberville, procureur du Roi au même siège; 6 conseillers modernes; maître Denis Guérard, promoteur, pour l'archevêque; Busquet et Cossart, chanoines, pour le Chapitre de Rouen; 7 conseillers anciens; 3 pensionnaires; Jacques Lermitte, procureur de la Ville; 2 quarteniers; les délégués des trois Etats des vicomtés de Pont-de-l'Arche, Pont-Audemer et Auge (1); 74 bourgeois dont les noms sont rapportés, sans compter les autres (2).

On nomma, pour l'Église, Denis Guérard, curé de Louvetot, promoteur; pour la Noblesse, Antoine de Vieupont, baron du lieu; pour la Ville, Guillaume Le Seigneur, sieur

---

(1) Jacques Lermitte, avocat en la cour et pensionnaire de la Ville de Rouen, avait été nommé, le 25 juin 1569, procureur syndic de la Ville, en remplacement de Nicolas Gosselin, décédé.

(2) Leurs noms ne sont pas indiqués au registre de la ville de Rouen.

des Croix, et Jacques Thorel, sieur de Gamaches, conseillers modernes (1).

II

Remonstrance prononcée par M. le 1ᵉʳ Président aux Estatz de Normandie tenuz à Rouen par led. sieur Président, le 15ᵉ novembre 1569, en l'assistance du sieur de Dracqueville, maistre des Requestes ordinaire de l'Hostel du Roy; du sieur de Grantrue, Trésorier de France; du sieur de Bonacorcy, Général des finances, et du Général Novince.

« Nul ne peut ignorer, Messieurs, que les royaumes, l'establissement d'iceux, la continuation de leur majesté et force, libéralité et splendeur, de leur excellence, concistent principallement en trois poinctz : en la sage providence des roys; — en la loyauté et foy des ministres d'iceux; — en l'obéissance amiable du peuple. Providence des roys : d'autant que Dieu a constitué les monarchies entre les hommes pour nous laisser toujours devant les yeux la mémoire qu'il est unique et seul modérateur en toutes choses, et que le monarque par luy constitué, comme est le Roy, notre souverain prince et

(1) A l'assemblée de l'Hôtel-de-Ville, il y avait eu de nouvelles difficultés, pour la préséance, entre les chanoines et les conseillers de la Ville, comme on le voit par la délibération capitulaire du 14 nov. 1563 : « MM. Busquet et Cossart ont référé qu'ilz s'estoient, le jour d'hier, transportez à l'Hostel-de-Ville, ouquel, aprez avoir esté long temps disputé pour la séance de ceulx de l'église et faict lecture d'un arrest sur ce donné aud. Hostel-de-Ville, laquelle faicte, lesd. sieurs Busquet et Cossart avoient protesté se pourvoir par voye de droict de ce qu'on leur vouldroit oster leur lieu et séance, et quant au reste avoient esté députez des personnes pour assister aux Estatz, sçavoir est : de la part du Clergé, Mᵉ Denis Guérard, promoteur de cest archevesché, et, de la part de la Noblesse, le baron de Vieupont, oy lequel refert, Mons. Le Tessier a esté prié d'adviser les moyens de pourvoir audit affaire. »

seigneur, est celuy qui seul, en son endroict, doibt estre craint et révéré du peuple, aymé et servy des princes et magistratz. Voilà pourquoy entre les mouches à miel Nature a mis cest ordre, que toutes portent honneur et révérence et reçoivent punition de leurs faultes de celle d'entre elles que l'on nomme roy. Aux roys est donné sceptre, glaive et puissance de s'asseoir au trosne, afin de congnoistre et donner jugement des choses faictes et passées et préveoir les futures et à venir. A ceste cause, le poète grec feint sommeiller les roys et conducteurs des armées afin que les Dieux leur suggèrent, en sommeillant, la raison et manière de se bien gouverner en leurs affaires, dont le principal poinct est le conseil, non pour estre plus grands, ou pour leur propre proffict ou gloire, mais pour maintenir ce monde en son ordre, pour réfréner l'audace des vicieux et estre les pasteurs du peuple, qui gémist soubz le joug et furie de ceux qui le tirannisent, la clameur duquel va jusques aux oreilles du Tout-Puissant. La providence du roy et monarque deppend de deux parties ausquelles consiste l'effect de justice. Icelles estans mises au choix et eslitte des hommes, il est aisé juger laquelle est la plus saine et digne d'être choisie. Comme la paix est beaucoup plus souhaitable que la furie martiale, aussy la décision des différens et altercas, qui se faict par la voye de droict et selon les constitutions des saiges, est plus à priser que celle qui se faict par la voye de faict. Ceste voie douce et amiable a esté choisie par trois fois par le Roy, notre souverain prince, par ses édictz de Pacification, jugeant S. M. que ceux qui luy avoient esté désobéissans et rebelles, et pour raison desquelz il avoit eu plus d'esgard à son naturel et roialle clémence que à leur faute commise et passée, luy seroient d'autant plus loyaux et fidelles, comme ilz avoient, par leur faute, expérimenté que Dieu estoit juste et qu'il vengeoit l'infidélité et parjure de ceux qui rompoient leur foy et violoient les pactes solennellement promis à leur prince. Toutes fois le Roy n'a peu réconcilier telz subjectz par telle facilité et clémence ny les fléchir par justes loix, et a congneu que la cicatrice, qui n'est bien purgée, quoy qu'elle se reserre et soit guérie, si laisse-elle un calus qu'à jamais la figure en est évidente, et a expérimenté que le trop de patience a bien souvent rendu les roys contemptibles et a causé deccroissement et diminution de leur authorité et puissance, et que la sédition a cela de malheureux qu'ayant une fois saisy le cœur des hommes, d'un bon commencement, elle les traîne à une meschante continuation et les conduict à tel aveuglement qu'ilz n'advisent à qui ilz se prennent et à quelle fin peut la chose réussir, tellement que le Roy a esté contrainct, où la nécessité ne se peult prévaloir que de la force et où les loix se taisent et ne peuvent tenir rang, avoir recours à l'autre partie, pour laquelle la raison, la justice et la loy ont donné aux princes les armes, tant pour quereller leur droict, que pour chastier leur vassaux rebelles et les grands qui s'oublient et s'égarent de leurs vertueuses façons, qui sortent du devoir où leur grandeur et rang illustre les a appellez, qui abusent et des roys et des loix. En ce gist la providence des roys, que, guetant les mesmes acguetz de fortune que les autres, se doibvent tenir sur leurs gardes pour la conservation de leur Estat, paix et repos de leurs terres et liberté de leurs subjectz. Pour parvenir à ce, le Roy avoit faict dresser deux armées. De l'une, en Touraine et Poictou et autres lieux circonvoisins, a constitué chef Mgr le duc d'Anjou, frère et lieutenant de S. M. en tout son royaume, terres, pays et seigneuries de son obéissance, des vertus duquel, prouesses, générosité et victoires je ne vous feray particullièrement récit pour le présent, pour estre la chose récente et à vous tous trop congnue, et pour n'avoir le temps de les discourir. De l'autre, ès limites de France, vers

la Lorraine, avoit esté constitué chef illustre prince Charles de Lorraine, pair de France et duc d'Aumalle, pour empescher l'entrée des Allemans en France, lesquels seroient en tout temps dignes de mémoire recommandable, s'ils eussent faict semblable responce aux subjectz du Roy qui les ont esté chercher et attirer en ce royaume pour les accompagner et s'enrichir des dépouilles et richesses de la France, leur persuadant que le ciel les favoriseroit à telles entreprinses, que fit un des principaux danois, homme accort et saige, pour retenir le peuple danois de la contencion sédicieuse de Vindocinde, saxon (1) : « De quoy sert à Vindocinde de chercher
» ung compagnon de sa calamité, veu qu'il n'a de quoy luy
» donner remède ? Je veois bien que, si nous assaillons la
» France, la proye est grande et riche, et la gloire de grande
» importance. Mais ceste proye est l'amorce donnée aux pois-
» sons pour les tromper. Car lorsque nous cuyderons nous
» reposer pour jouir des choses conquises, nous serons sur-
» pris, et faudra vomir tout ce que nous aurons dévoré et
» servir de proye à ceux mesmes sur lesquels nous serons
» apastez. Or, d'assaillir celuy qui jamais ne nous feit tort,
» ce seroit irriter le courroux des Dieux et violer la loi de Na-
» ture. » Ce propos grave et juste fut sy agréable et sy bien receu du peuple danois, jà demy gaigné et persuadé par Vindocinde, que Vindocinde fut contrainct s'en retourner sans rien faire, au moins qui luy fût décreté par les communs suffrages du peuple. Mais, au contraire, le duc des Deux-Pontz (2), le comte Mancefeld (3) et autres leurs adhérans,

(1) Witikind qui soutint, d'une manière glorieuse, la lutte contre Charlemagne.
(2) Wolfang Guillaume de Bavière, comte palatin, duc des Deux-Ponts. Il mourut le 11 juin 1569, avant d'avoir pu se joindre au prince de Condé.
(3) Volrad de Mansfeld.

oublians que, de tout temps, les roys de France ont embrassé charitablement les Estatz d'Allemaigne, se rendans protecteurs et le vray soustien de leur liberté et salut, au lieu de deslier et desjoindre la félicité de leurs affaires d'avec le malheur des subjectz du Roy, rebelles et déplorez (1), se sont laissez guider, à yeux clos, dans le mesme péril, donnans, de gaieté de cœur, et sans aucune occasion, secours et faveur aux subjectz rebelles à leur Roy légitime, magistrat ordonné de Dieu, contre leur publique profession, et ce, sur l'espérance seule de s'enrichir des dépouilles de ce royaume. Encores qu'il eût semblé que, au commencement de leur entrée, le cours de nostre fortune ait eu ne sçay quel envieillissement, toutes fois il faut juger que, combien que la fortune, aveugle et sans raison le plus souvent, soit au commencement prospère aux meschans, c'est lors que les destins et effortz humains essaient à voilles et rames à les pousser aux gouffres et abismes de leurs misères. Car le vice, outre la repentance qu'il apporte quant et soy, ne va jamais sans traîner le supplice pour ceux qui s'astreignent à l'exécuter. Il n'y a doubte qu'il a esté dict par la France qu'à l'entrée des Allemans, on leur eût peu donner bataille, qui eust voullu; mais ce n'est la première fois qu'on n'a voullu ny deu combattre les ennemis à leur première fureur, ny dans le royaume, encores que, par discours humain, l'on jugeast leurs forces trop plus foibles que celles du Roy, pour ne mettre à hazart et à discrétion de fortune le salut de la patrie, qui, en grande partie, consiste et deppend de l'évènement et yssue d'une bataille donnée dans un roiaume, comme l'expérience nous l'a naguères démonstré. Toute guerre qui advient entre les humains, pour quelque cause ou occasion que ce

(1) Ils avaient pour principal chef Gaspar de Coligny, sieur de Chatillon, amiral de France et de Bretagne, qui fut condamné et pendu en effigie en place de Grève, par arrêt du parlement du 13 septembre 1569.

soit, faut qu'elle soit nécessaire ou volontaire; conséquemment il faut diverse raison et considération à entreprendre l'une et soustenir l'autre. Je ne parleray point de la volontaire, pour n'estre celle du Roy de ceste qualité, ains nécessaire, auquel touche et appartient, pour la soustenir en son pays, avoir usé de longueur et dissimulation, et en frustrant l'intention et impétuosité de ses ennemis, les avoir laissez avec le temps refroidir leur ardeur et anéantir leur puissance, pour, ou les combattre en lieu qui leur fût désavantageux, ou leur donner tant d'ennuy, tant les faire consommer que [force] leur fût rabaisser et diminuer de leur espérance, et à la fin rompre et deffaire leur armée d'elle-mesme. Et faut croire et tellement espérer de la clémence et bonté divine que, la deffence du Roy estant si juste comme elle est, pour la conservation de l'honneur de Dieu et de sa gloire et manutention de l'Estat de France, qu'ilz sortiroient plutost de terre des hommes armez, et les pierres seroient animez, comme l'on feint de la conqueste de la *Toison d'or*, avant que les ennemis et perturbateurs de la tranquilité publicque feussent parvenuz à l'effect de leurs pernicieux desseings. L'expérience du premier tesmoignage nous est représentée en la tuition et deffence de la ville de Poictiers, ville vaste et ample, commandée de toutes partz, mal munie et mal fortiffiée, et en la prinse de laquelle les ennemys avoient colloqué toute leur espérance, jusques à se promettre qu'ilz ne partiroient jamais de devant lad. Ville qu'ilz ne l'eussent prinse et obtenu la paix du Roy, ou donné une bataille, ou qu'ilz n'y mourussent, et que plutost ils mangeroient l'herbe et les chardons tout autour de la Ville. L'un ne l'autre n'est advenu, ayant la divine bonté confondu et dissipé leurs propos, délibérations et desseings, et disposé au contraire, en donnant la force et vigueur à ces illustres princes et autres seigneurs qui les accompagnoient dedans lad. Ville, de résister vertueusement et avec toute magnanimité aux entreprises des ennemys (1), n'espargnans riens ny oublians qui peut servir ou au renfort d'icelle ville ou au support des soldatz ; ausquelz se peut remarquer la vraye vertu de persévérance, qui est le poinct vallable pour emporter le prix de gloire en toute action humaine, duquel aucun n'aura le prix de la course que celuy qui aura résisté jusques à la fin. Si, en ce faict, les ennemys ont congneu comme le fort asseuré se joue des desseings humains, encores ont-ils plus expérimenté que leur désastre, bon gré, malgré, les conduist aux labyrinthes de leurs calamitez, pour la mémorable et heureuse victoire qu'il a pleu à Dieu donner au Roy, notre souverain prince, le 3ᵉ octobre, par la sage et vertueuse conduite de Monsieur le duc d'Anjou, chef de l'armée. Nous le pouvons à bonne cause dire. Parce qu'il est force, par discours humains, que en une bataille il y en aict de tuez et occiz, d'une part et d'autre, et communément les plus gens de bien, les plus hardis et chevaleureux, encores qu'on remportast la plus heureuse victoire de ce monde, toutesfois, il est arrivé que, en ceste victoire, ilz sont demeurez, des ennemys, sur la place plus de 12 à 13,000 hommes (2), et des nostres, que de blessez et moins de tuez, n'en sont désirez que 2 à 300 pour le plus; tellement que le Roy ne peut dire ce que nous lisons, dans Plutarque, de Pyrrhus, roy d'Epire, lequel ayant vaincu les Rommains en bataille par deux fois, *desideratis quam pluribus ducibus et amicis*, prononça ces paroles : « Si nous » gaignons encore une bataille contre les Rommains pour

(1) Le comte de Lude, gouverneur de la place; Henri de Lorraine, duc de Guise, et son frère, Charles de Lorraine, alors marquis, depuis duc de Mayenne. L'amiral de Coligny, qui commandait l'armée des assiégeants, décampa le 7 sept. 1569.

(2) Bataille de Montcontour. — Le nombre des hommes mis hors de combat paraît fort exagéré dans ce discours de Bauquemare.

» le pris nous sommes ruynez de tout poinct, » déclarant par là que la victoire, achaptée si cher par le sang de tant de princes, seigneurs et capitaines, n'estoit victoire, ains calamité. Pour parvenir à ceste tant heureuse victoire qu'estoit-ce autre chose en la bouche de ce bon chevalier, quand il disoit : « Monseigneur, vous estes heureux. Car vous estes à
» la bataille. Allons hardiment, et ne faillons à la donner et
» mettre ce jour d'huy les ennemis à la raison, » sinon semblable parole proférée par la prophétesse Débora, à Barac, au 3ᵉ chap. des *Juges* : « *Surge hæc est enim* (1) *dies in qua tradidit Dominus Sisaram in manus tuas* », et au 4ᵉ chap. :
« *Sequimimi me ; tradidit enim Deus inimicos nostros
» Moabitas in manus nostras ?* » (2) sinon semblable parole du sacrificateur aux Israélites : « Ecoute, Israel. Puisque
» vous vous approchez aujourd'hui pour batailler contre vos
» ennemis, que votre cœur ne soit point affadi, et ne crai-
» gnez et ne soyez estonnez ny espouvantez devant eux. Car
» le Seigneur Dieu chemine avec vous contre vos ennemis
» pour vous préserver. » (3) ? Comme véritablement nous devons tous ingénûment confesser, que Dieu, conducteur et autheur des victoires, a bien préservé, en ceste bataille, Monseigneur le duc, chef de l'armée, ayant esté poussé par terre et, par mesme moïen, tous les princes, seigneurs et capitaines qui luy assistoient au combat, et pouvons à ceste heure réciter ce qui fut dit au peuple esleu de Dieu, ce qui est escript au *Deutéronome*, 7ᵉ chap. : « Congnoy mainte-
» nant que le Seigneur ton Dieu est Dieu, fidelle, gardant

---

(1) Il y a erreur dans la citation. Elle se rapporte au v. 14 du chap. IV.

(2) Autre erreur. La citation se rapporte au v. 28 du chap. III.

(3) *Audi, Israël : Vos hodie contra inimicos vestros pugnam committitis, non pertimescat cor vestrum*, etc. Deutéronome, chap. XX, v. 3 et 4.

» aliance en mille générations à ceux qui l'ayment et gardent
» ses commandements, rendant le loyer à ceux qui le haïssent
» devant leur face pour les faire périr. » (1) Les princes et seigneurs qui ont accompagné Mgr. le duc à la bataille sont du nombre de ceux dont j'ay parlé au second poinct, lequel consiste en la foy et loyauté des ministres de ce royaume. Ceux-là, rendant la récompense qu'ilz doivent à leur pays natal (lequel, après Dieu, leur est cher sur toutes choses), se sont présentés en compaignie pour servir d'ornement et sauvegarde contre les rebelles ennemys de ce royaume qui se sont armés pour le deffaire en nous ruinant. Ceux-là ont voulu rendre à la patrie, en la deffendant, cette vie laquelle ils tiennent d'elle, et [ont tesmoigné] que sans elle ceste vie leur seroit plus griefve à supporter que la mort, tant fût-elle fascheuse, au cœur desquelz Nature (comme guide de toutes choses) a donné, planté et enraciné ce désir, si bon et juste, de deffendre l'Estat et Couronne de France, le lieu de leur naissance, et de repoulser la violence des ennemys par la pareille ou plus grande. Et, à la vérité parler, où sera le prince, le seigneur, le capitaine, le bourgeois loyal, fidèle et, je diray, désespéré, sans crainte de mort ou péril quelconque, sinon, comme dit le proverbe commun, pour combattre pour Autels et Dieux privez de son pays, sinon en deffendant l'honneur de Dieu, le salut et liberté de soy, sa femme et enfans? Autrement, il faudroit qu'ils eussent égal sentiment que les pierres et plantes, veu que les bestes brutes s'opposent à la mort pour deffendre leurs petits et les creux et cavernes qui leur servent de retraite. — Par la congnoissance de ses loiaux et fidèles ministres, nous voulons pour le présent parler de ceux, desquels S. M. ayant esleu la fidélité, probité et industrie, il les a laissez au gouvernement des provinces pour

(1) Versets 9 et 10.

résister aux nouveaux desseings des rebelles, et, ainsy, qu'il vous est trop notoire et manifeste, de quelle dilligence, sollicitude, vigilance et dextérité a usé celuy que S. M. a délessé lieutenant d'icelle en cette province, lequel a vertueusement travaillé, non seulement à descouvrir les machinations, conjurations et proditions tendantes à la ruine de la France et spéciallement à la totale éversion de ceste province ; mais aussy à résister à ceux qui, de nouveau, s'estoient eslevez en armée, jusques à les avoir deschassez hors de la province, laquelle, avec petites forces, il a tenue en telle tranquilité, que nous pouvons dire n'avoir senty les effectz de la guerre, sinon par oy-dire, plus tost que en avoir receu et gousté l'amertume. Par la congnoissance donc de ses loiaux et fidèles ministres de ce royaume, l'on peut facillement juger ceux lesquels, plus furieux et soucieux de leur grandeur, ont tenté et tentent jour et nuict la ruine de ce roiaume et diminution de sa grandeur ; ceux lesquels, de tant plus ilz ont esté autres fois obéissans à leur prince, plus s'opiniastrent à se démettre de son obéissance, ayant goûté la poison de la malheureuse liberté que les mutins se proposent. — Je ne veux obmettre le tiers poinct, lequel conciste en l'obéissance amiable du peuple. Démosthène deffinit le peuple estre une troupe muable et inconstante, laquelle, comme l'un de flotante en la mer esmue et enflée, est agitée de fortuites et diverses tempestes. A ceste cause, le prince, bien expérimenté à telles alarmes, comme le patron bien advisé, doibt avoir le soing de son navire, c'est à dire qu'il doibt prohiber et défendre, et les sages désirer et consentir, que les hommes mutins et quereleux ne troublent ou mutinent les peuples pacifiques. Car quand un peuple s'esleve, incontinent la convoitise se réveille, l'avarice croist, la justice chet, la force et violence domine, la rapine règne, les mauvais s'authorisent de vivre au préjudice l'un de l'autre. Le temps de ces troubles nous a fait congnoistre l'expérience de ceste aveuglée malice, lesquels ont donné occasion que le peuple de France, lequel, durant le temps de nos ancestres, révéroit unanimement et craignoit son prince et le magistrat, et recevoit bégnignement de luy punition, maintenant il est divisé en deux sortes : les ungs (faisans toutes fois la moindre part) ne recongnoissans le Roy comme leur souverain prince, les loix, la justice et ministres d'icelle, ains violans tout droit de Nature et positif, portent les armes contre S. M., pillent et saccagent villes, biens, terres et possessions de ses subjectz, viollent, ruinent et démolissent les églises et monastères. Brief, il ne faut aller chercher les furies et rage des Anglois contre leurs roys, ny les séditieuses factions des Italiens contre leurs potentatz, puisque l'argument de ce monstre furieux de sédition se remarque de l'exemple né et nourry aux entrailles de la France. Encores que partie de ceux-là ayent évité jusques à présent la prompte punition de Dieu, c'est afin que la meschanceté, estant parvenue jusques au faîte de son malheur, ressente la peine de ses fautes, gardant le ciel les salaires à un chacun selon le démérite de ses œuvres. Les autres, au contraire (et dont le nombre est trop plus grand) en recongnoissant le Roy comme le souverain magistrat et prince ordonné de Dieu, sa justice et ministres d'icelle, luy rendent toute fidélité et amiable obéissance. Ce sont ceux ausquels S. M. adresse sa demande pour luy estre voluntairement octroyée ; et, combien qu'il seroit contrainct pour la nécessité de ses affaires, lesquelz vous sont assez congneus, charger son peuple plus que l'année passée, pour avoir moïen de fournir aux grandes et immenses despences qui luy convient faire et mesmes à l'entretènement de deux armées encores de présent, l'une où S. M. est en personne, en Saintonge, et l'autre en Champaigne et limites de Bourgogne, et pour autres grans frais ordinaires et extraordinaires qu'il

est contraint supporter, toutes fois il se contente de semblable
demande que l'année passée, c'est assavoir : la part et portion
de quatre millions de livres pour le principal de la taille et
600,000 l. pour la crue de 3 sols pour livre, et pour l'augmentation de la solde de la gendarmerie, revenant le tout à
1,279,211 l. 10 s. 8 d., comme plus particullièrement vous
entendrés par la teneur des lettres-patentes dont lecture vous
sera faicte. Je ne doubte point que ce bon peuple, soit le
marchant, l'artisan ou le laboureur, ne puisse dire et respondre que son sang a esté si bien succé qu'il est impossible
qu'il ne succombe soubz le faix ; qu'il ne lui reste que la
figure de sa force ; que le misérable laboureur ne peut cultiver
la terre en repos, estant ores mangé de subsides, tailles,
empruntz, et, le pirs de tout, rançonné par le soldat qui court
le pays ; bref, qu'on leur oste le sens et le moïen de demeurer
en eux-mesmes. Mais à tout cela il y a une seule responce :
que ceste guerre est nécessaire pour avoir repos. Qui seroit
celuy si aveuglé qui ne veoye bien que la nécessité du temps
(non la convoitise du prince) nous a réduictz à tel estat? Il
faut donc considérer qu'elle ne se peut manier par contemplation, ny conduire par oppinion de richesse, et que le
vray trésor y est nécessaire, comme estant les vrays nerfs.
L'on a veu, l'on a senty et expérimenté quelz effectz, par le
passé, faute d'argent a produictz tant ès camps du Roy que
ès garnisons de ce royaume. Il est maintenant besoing,
comme je ne doubte, faire de nécessité vertu, si ne voulez
permettre et souffrir que la France soit en proie au pillage,
et que ce soit l'habitation et demeure des estrangers, je diray
de ceste cruelle et barbare nation d'Allemans, et que une
partie des Françoys soient errans et vagabons par le royaume,
privez de leurs biens, terres et possessions. Dieu a donné
au Roy grand commencement de victoire sur ses ennemis,
tant subjectz que Allemans, et maintenant, pour le resaisis-

sement de ses villes, places et chasteaux, leur faict vomir ce qu'ilz ont dévoré et servir de proie à ceux mesmes sur lesquelz ils s'estoient apastez. Toutes fois, le Roy n'a encor attainct la perfection de l'œuvre. L'on dit que la Victoire est une vierge farouche et difficile à traicter. Ores elle nous baille un bras, tantost une autre partie de soy, sans que nous ayons jouy encores de son corps tout entier. Phillipe, roy des Macédoniens, ayant entendu que par un mesme jour il avoit gaigné la bataille sur ses ennemis, et que Alexandre, son fils, estoit nay, craignant que la Fortune, qui luy avoit assemblé en un mesme temps si grande félicité (*ne mutata gravioribus malis hanc felicitatem repensaret*), il pria Fortune luy envoyer promptement quelque petite molestie plus tost que, en différant, une plus grande(1). Nous ne ferons semblable prière à la bonté divine que Phillippe à Fortune, ains la supplirons d'une entière jouissance de la Victoire, laquelle par ce moïen on peut se promettre, et mesme que l'on a congnoissance certaine, quelle a esté, en ce faict, la sage providence du Roy, quelle a esté la loyauté et foy des ministres de ce royaume, et que S. M. a reçeu et se promect recevoir de son bon peuple une amiable obéissance et l'accomplissement de sa volunté et demande, qui est juste et raisonnable. En ce faysant, nous espérons, avec le temps, recevoir le fruict de la science roialle, qui est d'apprendre à ses subjectz à vivre soubz un Dieu, un Roy et une Loy, en telle obéissance et concorde que les uns ne blessent les autres de faict ne de parole. Et, de votre part, si vous avez des requestes et doléances à faire pour le bien du pays, que avec maturité

(1) *Cum Philippo Macedoni nuntium esset allatum, uno die multas res feliciter ac prospere gestas esse... porrectis in cœlum manibus exclamavit : Et, o Fortuna, inquit, pro tot tantisque bonis levi quopiam malo me affice.* » Conradi Lycosthenis Apophthegmata, au chap. *De fortunæ inconstantia.*

vous les délibériez, et que vous preniez temps pour en attendre la responce, et non avec telle précipitation qu'on a accoustumé de demander responce sur vos articles en une heure. »

III

PIÈCES DIVERSES

Arrêt de la Cour des Aides sur la requête de Jacques Le Bigot, Elu en l'Election de Falaise, dont l'office avait été supprimé et ensuite rétabli par lettres-patentes.

« Veu par la court les lettres-patentes du Roy, données à Paris, le 18ᵉ jour de mars dernier passé, obtenues par Mᵉ Jacques Le Bigot, par cy-devant Elu en l'Election de Fallaise, par lesquelles, et pour les causes et considérations y contenuz, led. sieur auroit voulu, dict et ordonné que, en faisant apparoir par led. Le Bigot, sommairement et de plain, et sans aucune forme de procez, du contenu èsd. lettres, de l'advis donné aud. sieur par les Commissaires par luy députez l'année présente à tenir la Convention des Estatz de ce pays et duché de Normandie, par lequel, entre autres choses, suivant le renvoy à eulx faict par arrest du Conseil dud. sieur, du 27ᵉ d'aoust 1569, pour luy donner leur advis sur la commodité ou incommodité de la suppression ou restablissement des Eluz en plus grand nombre que d'un en chacune des Elections de ce dict païs, il leur sembloit, pour les causes et considérations y contenues, que, horsmis les Elections d'Avranches et Mortaing, qui sont petites, il estoit nécessaire en toutes les autres de la Généralité de Caen y avoir deux Eluz, dont, oultre l'Elu opté, l'autre debvoit estre prins du nombre des supprimez, pourveu qu'ilz feussent catholiques, et encores à rembourser des deniers par eulx payés pour la composition de leurs offices, affin que le pays fût deschargé de leur dict remboursement; que lad. Election de Fallaise soit au dedans de la Généralité de Caen et de celles èsquelles, par icellui advis, doibt avoir deux Eluz; que led. Le Bigot soit du nombre des Eluz qui ont esté supprimez et non encores remboursés; que, en vertu dud. advis, nul desd. supprimez n'ayt esté restably et n'y ayt encores de présent aultre Elu que l'opté; ensemble que led. Le Bigot ayt tousjours vescu et persévéré en la saincte foy et Religion catholique, apostolique et romaine; il fût, par nous, remys et restably en son dict office d'Elu en lad. Ellection de Fallaise, lequel à ceste fin led. sieur, en tant que besoing estoit ou seroit, avoit de nouvel créé, par ses dictes lettres, pour icelluy exercer et en joyr et user plainement et paisiblement, et des honneurs, gaiges, prouffictz et émolumentz au dict estat appartenant, et ce nonobstant l'édict du 13e jour de février 1565, et les lettres de Déclaration, depuys ensuyvies, sur le faict de la suppression des Eluz et autres officiers des Elections de ce dict pays de Normandie, fors ung qui seroit opté en chacune des dictes Elections, ausquelz éedict, lettres de Déclaration, à la réservation faicte par led. sieur au restablissement général des Eluz de ce royaulme, et quelzconques autres éedictz, ordonnances, restrinctions, mandementz, deffenses et lettres à ce contraires, led. sieur avoit desrogé par ses dictes lettres, et sur ce ouï, en préalable, son procureur général en lad. court; la requeste présentée à icelle par led. Le Bigot, aux fins de l'inthérinement desd. lettres-patentes, le 6e de ce présent moys; response à icelle dud. procureur général, soubzcripte à lad. requeste; certifficaccion des gens des Comptes du Roy, du 17e jour de juin 1566, comme la somme de 2,400 l. payée par led. Le Bigot, pour la taxe et composition de son dict office d'Elu, estoit entrée au fonds des finances du feu roy Henry, dernier décédé, sans fraude ne desguisement, et que pareillement led. Le Bigot avoit payé la somme de 10 l. t. pour la confirmation dud. office ; certiffication des Intendans des finances du Roy, du 14ᵉ dud. moys de juin, que led. Le Bigot auroit payé ès mains de Nicolas de Verdun, trésorier des parties casuelles, par sa quictance du 27 janvier 1568, la somme de 2,400 l. t. pour sa provision ou dit office d'Elu, laquelle somme estoit entrée au fonds des finances du Roy, et oultre qu'il avoit payé la somme de 70 l. t. pour la confirmation dud. office, semblablement entrée au fonds desd. finances, desquelles deux sommes led. Le Bigot debvoit estre remboursé, ensemble de la somme de 25 l. t. pour les fraiz et loyaulx coustz de sa dicte provision, et de semblable somme de 25 l. t. pour son voiage d'estre venu faire vériffier le payement de lad. finance, montant le tout à la somme de 2,520 l. t., et mesmes que, en attendant led. remboursement, il debvoit estre continué aud. Le Bigot le payement de ses gaiges acoustumez et, en ensuivant l'Edict, certifficat de Mᵉ Jehan Hervyeu, solliciteur des affaires communs de Normandye, du 27ᵉ dud. moys de juin, que par led. Le Bigot luy avoit esté baillée une coppie en papier de l'attestation ou certifficacion desd. Intendants, pour la présenter aux déléguez des Estatz à la prochaine Convention ensuivante, affin de faire colloquer led. Le Bigot en l'ordre de ce remboursement qui luy debvoit estre faict suivant l'éedict du Roy; requeste présentée aud. sieur et à son Conseil privé par led. Le Bigot, le 15ᵉ de février 1570, an présent, au bas de laquelle est escripte ordonnance par laquelle il seroit enjoint aux depputez desd. Estatz rembourser led. Le Bigot de lad. somme de 2,520 l. t. dedans ung moys, à compter du jour de la signification de lad. ordonnance, autrement et à faulte de ce faire, led. temps passé, led. Le Bigot estoit [dès à présent comme] dès lors remys et restably à la possession et joyssance de son dict estat d'Elu, comme auparavant lad. suppression et non obstant icelle; roolle de l'assiette faicte en lad. Ellection de Fallaise de la somme de 47,965 l. pour la porcion des habitans de lad. Ellection de la taille envoyée par le Roy pour l'année commençant en janvier 1554, contenant 237 parroisses; extraict du registre des Estatz de Normandie, du 18 nov. 1569, contenant l'advis donné au Roy par les Commissaires députez à tenir la Convention desd. Estatz sur la commodité ou incommodité de la suppression ou restablissement desd. Elus en plus grand nombre que d'un en chacune desd. Elections, led. extraict signé : de Bauquemare, greffier desd. Estatz; certiffîcat de Me Estienne Duval, sieur de Mondreville, receveur général desd. Estatz en Normandie, du pénultième de janvier derrenierement passé, comme il n'avoit aucun estat pour rembourser led. Le Bigot et ne luy avoit fait aucun remboursement de son dict estat; certifficacion de Me Pierre Buhaire, presbtre, vicaire de l'église paroissial de Sainte-Trinité de Fallaise, du 5e de février derrenier passé, sur le faict de bonne vie, meurs et conversation catholique, apostolique et romaine dud. Le Bigot; autre certifficacion dud. Du Val, receveur général des deniers desd. Estatz, du pénultième de mars, aussi derrenier passé, que led. Le Bigot, cy-devant Elu aud. lieu de Fallaise, en la Générallité de Caen, naguères supprimé par le Roy de son dict estat, n'avoit esté par luy remboursé, obstant qu'il n'en avoit esté baillé ne adressé aucun estat ou ordonnance aud. receveur général pour son dict remboursement, et tout considéré, la Court, avant que procéder sur le restablissement dud. Le Bigot en l'estat d'Elu, par cy-devant supprimé suivant le contenu èsd. lettres-patentes, a ordonné et ordonne que, suivant la conclusion dud. procureur général du Roy, il sera informé des bonne vie, meurs et conversation catholique, apostolique et romaine dud. Le Bigot; et, pour ce faire, ont esté et sont commys et depputez Mᵉ Pierre De la Place et Guill. Jubert, conseillers généraulx en lad. Court, pour, lad. informacion faicte et communiquée aud. procureur général, et sa responce veue sur icelle, ordonner, en l'outre-plus, ce qu'il appartiendra par raison.

» Signé : DE LA PLACE, AUSTIN.

» Faict, en la Court des Aydes, à Rouen, le 7ᵉ jour d'avril 1570.

» Pour le rapport, deux écus. »

ÉTATS DE NOVEMBRE 1570

I

EXTRAIT DES REGISTRES DE L'HOTEL-DE-VILLE DE ROUEN.

Lettres du Roi fixant la réunion des Etats, à Rouen, au 15 novembre.

14 novembre. — Assemblée générale, en la grande salle de l'Hôtel-Commun, sous la présidence de Jean de Brèvedent, lieutenant général du bailli, pour procéder à la nomination des délégués de l'Eglise, de la Noblesse et conseillers de Ville.

Etaient présents : maître Emery Bigot, premier avocat du Roi en Parlement; Jacques Cavelier, procureur du Roi au bailliage; 6 conseillers modernes ; MM. Lambert, chanoine et pénitencier, et Adrien Ballue, autre chanoine, pour le

Chapitre de Rouen; 6 conseillers anciens; 4 pensionnaires; maître Jacques Lermitte, procureur de la Ville; 3 quarteniers; le sieur de Mallassis; les députés des trois Etats de 3 vicomtés du bailliage, à savoir : Clément Durant, pour celle de Pont-de-l'Arche (1); Jean Meslin, pour celle de Pont-Audemer (2); Richard Pillon, pour celle d'Auge (3); 35 bourgeois, dont les noms sont rapportés, sans compter les autres.

On nomma, pour l'Eglise, le chanoine Ballue; pour la Noblesse, le sieur de Mallassis; pour la Ville et Vicomté de Rouen, Pierre Roque, sieur du Genêtay, et Jean Le Prevost, conseillers de la Ville, avec maître Jean Gosselin, procureur des Etats.

22 décembre 1569. — « En l'assemblée générale des 24 du Conseil, par le sieur du Genestay, conseiller de la Ville, a esté remonstré que la Court avoit envoyé quérir lesd. conseillers pour leur dire que le bruit estoit qu'on vouloit ériger ung eschiquier à Allançon et distraire le bailliage avec celluy d'Evreux, hors le ressort de la Court de Parlement de Rouen, qui seroit ung grant inthérest pour la Ville et de grande conséquence.

» On fera la poursuilte au nom de la Ville, et les deniers en seront advancez par icelle, desquelz on poursuivra avoir récompense sur les Estatz du pays. » Pour savoir où en est l'affaire, on députera maître Jean Gosselin, greffier de la Ville.

16 août 1571. — « Pour délibérer sur ce qui est à faire sur les lettres-patentes du Roy, données, à Fontainebleau, le 5ᵉ jour de ce présent mois, par lesquelles S. M. évocque

---

(1) Nommé le 6 novembre 1570.
(2) Nommé le 4 novembre.
(3) Nommé le 8 du même mois.

tous les procès du duché d'Allençon, pendant et indécis en la court de Parlement, et iceulx renvoie par devant les gens tenans ou qui tiendront l'Eschiquier dud. Allançon. »

On remontrera au Parlement que la Ville, pour le voyage, a dépensé 2,000 l., « combien qu'il eust esté promis les faire porter sur les Estatz du pays. Avisé que, s'il plaît à MM. de la Court envoyer, de leur part, aux despens de lad. Court, ils seront assistez de l'un de MM. du Bureau, pour estre présent aux remonstrances qui en seront faictes par lad. Court, tant pour led. duché d'Allançon, que pour les commissaires extraordinaires, afin que les libertez du païs et Chartre Normande d'icellui ayent cours comme ilz ont eu de tout temps et ancienneté. »

II

Remonstrance prononcée par M. le Premier Président aux Estatz de Normandie, tenuz à Rouen, le 16ᵉ novembre 1570, par M. de Carrouges, lieutenant du Roy, en la présence du sieur de Dracqueville, président; des sieurs de Grantrue et de La Bessé, Trésoriers de Normandie, et des sieurs de Bonacorcy et Novince, Généraux des finances audit pays.

« Combien, Messieurs, que le Roy, par ses lettres-patentes, vous déclare assez suffisamment sa volunté pour le regard de la demande qu'il vous faict pour la présente année, toutes fois, par icelles et par son commandement verbal, il nous enjoint vous esclarcir plus amplement son intention par une briefve remonstrance. Le prophète Ezéchiel, parlant des sainctes ordonnances et loix de Dieu, récite que Dieu commande aux rois d'eux contenter de leurs possessions, et leur défend de mettre la main à l'héritage de leurs subjectz, leur rendans justice, en les conservant en leur entier (1), comme réciproquement l'Apostre, parlant aux Rommains des roys, gouverneurs et magistratz, leur dit qu'il faut estre subjectz, non pas seulement pour l'ire, c'est assavoir pour la punition qui ensuivra la rébellion ou le mépris, mais aussi pour ce qu'ilz y sont obligez devant Dieu, en leur conscience. Pour ceste cause leur dict : « Vous leur paierez » les tributz, car ils sont les ministres de Dieu, travaillant » perséveramment pour votre bien et pour le repos publicq. » Il faut leur rendre à tous ce qui leur est deu : à qui tribut, » le tribut; à qui péage, le péage; à qui crainte, la crainte; à » qui honneur, l'honneur (2) ». Ce ne sont les loix d'Aristote, de Socrate ou Xénophon, ains du grant modérateur et directeur de toutes choses naturelles et supernaturelles, dont l'on ne peut se dispenser. Ces deux poincts, respectivement observez, ce sont les moiens pour obtenir l'effect et le fruit de la paix, qu'il a pleu au Roy, notre souverain et légitime prince, par la permission et bonté de Dieu, donner aux armes et à ses subjectz, voiant la ruine mutuelle d'eux prochaine et de son royaume, naguères redoutable plus que tous les autres, florissant par dessus les autres en religion, armes, lettres, justice et richesse, maintenant mangé, pillé, bruslé et ruiné par les estrangers et ses concitoyens, dont les vestiges, misères, calamitez et pauvretez de plusieurs et diverses personnes de ce roiaume rendent assez fidèle tesmoignage, lesquelles, pour estre délivrées de l'urgente affliction en laquelle ils estoient opprimées, tant par les estrangiers que leurs concitoiens, comme le Poitou, l'Anjou, le Xaintonge, l'Agénoys, l'Angoulmois, le Limosin, le Périgord, le Quercy,

---

(1) « *Sufficiat vobis, principes Israel : Iniquitatem et rapinas intermittite et judicium et justitiam facite, separate confinia vestra a populo meo.* » Ezéchiel, chap. XLV, v. 9.

(2) Chap. XIII, v. 5, 6, 7.

le Rouergue, le Languedoc, le Dauphiné, l'Auvergne, la Bourgongne, et plusieurs autres, ont par plusieurs fois demandé, requis et supplié la bonté du Roy, les vouloir délivrer des peines et tribulations où elles estoient inhumainement détenues et asservies, les vouloir descharger de ce fardeau si pesant et insupportable, aisé toutes fois et facile à supporter à ceux qui n'ont veu à l'œil la cruelle et déplorable calamité de leurs concitoyens, durant laquelle deffiance de plusieurs a faict oublier toute probité, toute honnesteté, foy et vérité, durant laquelle tout droict a esté abandonné à toute iniquité, méchanceté et désordre. A ceux qui ne ont eu la perte de leurs biens, parens et amys, à ceux qui n'en ont eu l'expérience que par ung oy-dire, estans en leurs maisons seures et bien couvertes, pour ceste cause l'on récite ung notable statut de Bias, gouverneur des Prienians (1), que « nul ne seroit esleu gouverneur entre eux, s'il n'avoit, » pour le moins, esté nourry dix ans en la guerre. » Car celuy seul congnoist en quel poids on doibt avoir le doux fruit d'une paix, et la sçait entretenir, qui a, par expérience, éprouvé et goûté les périlz et ennuyeux travaux de la guerre. Le Roy, nostre prince, n'a rien obmis ne oublié pour pouvoir obtenir l'effect de ce que plus il désiroit, comme l'expérience des trois batailles l'a démonstré, où Monsieur, frère et lieutenant général de S. M., s'est exposé jusques au dernier péril et danger de sa propre vie, en la dernière desquelles luy et les autres princes, seigneurs et capitaines qui l'acompaignoient, ont veu à l'œil et congnu par effect en quel péril, en quel naufrage, en quelle extrémité de danger a esté, pour un espace de temps, constitué et réduict l'Estat de la Couronne et royaume de France. Ce sont choses trop récentes et trop manifestes pour en faire plus long discours,

(1) Bias, de Priène, ville de Carie, un des sept sages de la Grèce.

et les regretz sont assez grands de la perte infinie de tant de vaillants, hardiz et chevaleureux seigneurs et capitaines, mors, tuez et occis en ces dernières guerres, qui faisoient partie des piliers, colonnes et soubztènemens de ce royaume de France. Je ne sçay si l'on pourroit dire qu'il eût été plus profitable et utile d'avoir suivy, au commencement, le conseil de ce bon empereur Antonin, le pitoiable et débonnaire, lequel célébroit souvent, pour en estre imitateur, ceste sentence de Scipion, tant estimé entre les capitaines rommains pour avoir vaincu les Carthaginois et le superbe Annibal, par laquelle il disoit qu'il aymoit mieux garder un citoien que de perdre et défaire mil ennemys. Pour ceste cause est blasmée la Républicque des Lacédémoniens, qui ne tendoit qu'à la gloire des armes. Nous lisons de Fabricius, rommain, lequel ayant, par long temps, conduict pour les Rommains fort grandes guerres contre les Ligures, le jour de son triomphe, dict au Sénat telles paroles : « Pères
» conscriptz, sachez que les Ligures ne furent vaincus par
» la force de Romme, ains pour ce que la Fortune leur fut
» contraire ; et, comme il n'y a chose en quoy la Fortune se
» monstre plus muable que ès affaires de la guerre, il m'est
» advis, jaçoit que les Ligures soient destruictz et vaincus
» maintenant, toutes fois vous les devez prendre en amour et
» prendre pour confédérez. Car le sain conseil n'est de se
» commettre souvent en la Fortune en ce qui se peut faire
» par concorde ». En quoy le capitaine Fabrice, comme dict l'histoire, ne fut moins estimé sage en ce qu'il dict, que vaillant et hardy en ce qu'il feit. Et, comme il n'y a rien soubz le ciel qui soit constant et asseuré, et sont mesmement les hommes subjectz à plusieurs mutations, ainsy le prince doibt penser et considérer qu'il commande aux hommes, qui sont pleins de diverses affections, lesquelles, souvent, ils colorent de belle apparence de raison ; et, par ce qu'il est

ordonné, non pour les destruire et ruisner, ains pour les conserver et garder, il faict sagement, si quelque fois il appaise et tempère son juste courroux, suivant l'advis de Hemon en Sophocle (1) : « Les arbres qui obéissent aux fleuves » desbordés sont et demeurent en branches entiers, mais » périssent ceux qui résistent et n'ont assez forte racyne. » Tant y a que nous devons tant espérer de la bonté du Roy, nostre souverain prince, que nous nous devons persuader et croire qu'il n'a donné la paix aux armes de ses subjectz sans grandes et justes causes, à ce mouvans Sa Majesté, pour le bien et conservation de son Estat, repos et tranquilité de ses subjectz, par le moien de laquelle il faict travailler, que chacun puisse s'esjouir et ressentir de ce qui est escript en Esaye : « Paix sera l'œuvre de justice, et le fruit de justice » sera le repos et seurté jusques à tousjours, et mon peuple » habitera en habitation paisible et ès tabernacles de seureté » et repos très asseuré » (2). J'ay commencé mon propos par le commandement de Dieu aux roys, duquel notre prince est imitateur, se contentant de ses possessions et droictz accoustumez, et ainsy le bon prince se doibt garder, comme d'un feu bruslant, d'outre-passer les bornes de la prééminence et souverain pouvoir qui luy a esté envoyé d'en haut. Nous trouvons dedans les histoires que antiennement, avant Hugues Cappet, les roys de France tonoient en leurs mains tous les fiefz, comme maintenant en Turquie, où le Grand Seigneur les distribue aux gens de guerre, à la charge d'entretenir d'hommes, armes et chevaux correspondans au revenu, puis les révoque à soy et quand luy plaist; et n'y a nul, en tous les pays de son obéissance, qui possède ville, chasteaux et villages à la façon des Perses, ou habite maisons

(1) Personnage de l'Antigone de Sophocle.
(2) *Et erit opus justiciæ pax, et cultus justiciæ silentium, et securitas usque in sempiternum,* Isaïe, chap. XXXII, v. 17.

fortes, ou qui osast bastir à plus d'un estage. En Angleterre, la noblesse ne tient édifices clos de fosses et n'a juridiction quelconque, haute, moienne ny basse. Les dignitez mesmes, comme duchez, marquisats, contez, ne sont que tiltres qui se baillent au plaisir du Roy, sans que ceux qui les reçoivent possèdent riens ès lieux dont ilz portent le nom, ains leur est payée pension annuelle sur les finances royalles. Mais en la France chacun est libre en la possession de sa terre, soit noble avec jurisdiction et vassaux, ou roturière, soit forte, soit foible. Le Roy, pour la conservation de son Estat et bien des subjects, n'a aliéné leurs possessions; mais pour fournir aux frais des guerres, il a vendu son propre domayne, ses aydes et subsides, et dernièrement il a esté contrainct vendre cent mil livres de rentes sur ses tailles, qui est ce qui luy reste de plus clair, et le tout a esté vendu à ses subjects qui sont très bien payez par chacun an, tant s'en faut qu'il ait mis la main à leurs héritages pour les vendre. Sy, pour vuyder les estrangiers qui opprimoient son pauvre peuple, il a esté contrainct de faire empruntz à la charge de les rendre, c'est la mesme nécessité qui en est cause; c'est pour délivrer ses pauvres subjectz d'une telle affliction; ce n'est pour en faire plainte ny conséquence, et mesme que l'on a jà commencé à rembourser ceux qui avoient les premiers presté, comme je vous puis asseurer que le tout sera rendu, pour en avoir veu l'estat. Si aujourd'huy le Roy vous demande quatre sols pour livre, outre la paye ordinaire des quatre millions, ce n'est pour augmenter ses deniers, mais pour descharger les provinces de son royaume, affligez et réduictes en extrême pauvreté, dont j'ay parlé au commencement. Or, maintenant, les affaires estant acheminées à quelque ouverture de pacification, S. M. veut travailler pour faire rendre la justice à ses subjectz, en les conservant en leur entier, comme, de sa part, il demande et désire qu'elle

soit honorée, crainte et révérée par ses subjectz, et qu'ilz ne soient seulement appelez subjectz pour l'Ire. Le Roy porte en une main la Justice, en l'autre un Sceptre. Par la Justice, comme la plus droicte et puissante force, est haucée la grandeur de son Sceptre et l'obéissance. Partant elle est appelée la science royalle et la vertu des Roys, laquelle, si elle pouvoit estre regardée des yeux corporels, elle ne seroit si peu prisée et honorée des hommes, comme elle est. Car ilz craindroient qu'elle ne veit leurs meschancetés et leurs actions pernicieuses et réprouvées, pour icelles les poursuivir d'une rude vengeance; et, encore qu'elle soit sans corps, elle vit toutes fois en l'espoir des hommes vertueux, et se présente partout pour honorer ceux qui l'ayment et embrassent, comme, au contraire, pour frapper d'infamie et d'autres peines ses ennemys, qui ne tendent que à renverser la société humaine. Les oppinions, les voluntez, les actions des hommes sont aujourd'huy si discordantes, et lesquels souvent jugent des affaires selon que les passions les poussent sans les mesurer du plus juste poids, qu'il est bien difficile, et quasi impossible, qu'ils peussent paisiblement converser ensemble sans le moien d'une bonne police pour les accorder, comme en une harmonie. Nous appellons ce moien, lequel est donné de Dieu, le premier lien de la nature, la Justice, laquelle, comme le lien de toute la cité, retient les cytoiens dissemblables d'espèce et voluntez en unyon et amytié, par la deue proportion qu'elle garde ès choses et ès personnes, le fruict de laquelle n'est autre chose qu'une paisible tranquilité et un repos très asseuré. Les hommes ne peuvent parvenir à ce but que par l'observation de certains préceptes, que récite mesmes Platon en son *Tymée* : « Qu'il y a trois parties de
» l'âme humaine différentes de substance, de lieux et d'ac-
» tions : la Raison au cerveau, qui est le plus hault lieu du
» corps, à laquelle on attribue la principauté; l'Ire au cœur,

» comme au milieu, pour servir de garde et ayde, gisant en
» icelle force et collère; la Concupiscence au foye, procurant
» notre nourrissement universel. » Il accommode à ces trois
parties de l'âme trois sortes de gens nécessaires à l'establissement et manutention d'une république ou monarchie.
Les Roys, les gouverneurs, les magistrats à la Raison; la
Noblesse avec les armes à l'Ire; le peuple, les marchands et
laboureurs à la Concupiscence. Chacune desdictes parties
est conduicte par sa vertu : Raison par sapience; Ire par
fortitude; Concupiscence par tempérance. Quand ces trois
parties de l'âme, en chacun de nous, et ces trois sortes de
gens, ès monarchies et républiques, font leurs devoirs et
offices, selon les trois vertus, sans entreprendre l'une sur
l'autre, alors nous pouvons affirmer l'homme estre bien conduit et le royaume et la province justement policés ; injustement, quand il y a transgression d'offices et devoirs. Or,
Messieurs, nul ne peut ignorer combien ces guerres civilles
ont occasionné de transgressions d'offices et debvoirs, combien d'irrévérences à Dieu, combien de désobéissances et
d'entreprises sur l'authorité du Roy, combien de mespris et
contemnement contre l'honneur et crainte du magistrat,
combien de corruption de mœurs, changement de loix, vengeances horribles, mescongnoissance de consanguinité et
parentage, oubliance d'amytié, extorcions violentes, pilleries,
changemens et ruine de police. Chacun a voulu se forger
ung droict, tel qu'il a imaginé selon sa conception. Combien
par telle diversité et confusion de pensées (desquelles plusieurs estoient agitez) la vie des hommes, non seullement
publicque, mais aussy privée, a esté réduicte en extrême
danger et péril, chacun l'a veu à l'œil, senty et touché, sans
le remettre devant les yeux, pour ne renouveler la playe.
Non sans cause Démosthène disoit que toute la vie des
hommes estoit gouvernée par Nature et par les Loix : par

Nature, qui est confuse et inégale et despend de l'esprit particulier d'un chacun. Mais les Loix sont communes et ordonnées également à tous, et regardent ce qui est honneste, équitable et utille ; et, comme dit Aristote, dans son livre du *Monde*, envoyé à Alexandre : « La Loy est un entendement » reluysant et non infecté d'aucunes taches d'affection ». Quand Dieu fera ceste grâce aux hommes, que la Justice soit remise à sa splendeur, à sa première force et à son intégrité, que la vie des hommes soit gouvernée par les Loix, non par l'esprit particulier d'aucuns, qu'il n'y aura plus de transgressions d'offices et devoirs, alors chacun sera contenu en son devoir ; et, si la Noblesse, qui a les armes, veut oultrager le peuple, la Justice les gardera et les chastiera, laquelle a l'authorité, moiennant le congé du Roy, de mectre force contre les rebelles et désobéissans ; et sera tellement respectée qu'il n'y aura si grand qui ne soit contrainct d'obéir, et les condamnez, de quelque qualité qu'ilz soient, souffriront l'exécution. Pareillement, si le populaire, qui est en plus grand nombre, se vouloit rebeller et, par une confusion, usurper trop d'authorité, la Noblesse, joincte avec la Justice, est si puissante et le peuple si débille aux armes, qu'il peut estre aisément remis en son devoir. Pour ceste cause, Licurgue, lorsqu'il establit le conseil des Sénateurs, l'appela une forte barre tenant les deux extrémitez en égale balance et donnant pied-ferme à l'Estat de la république. Et ne se pouvoit ny pourroit donner meilleur moien, estant celuy-là le seul remède (*Unum superest*). L'on peut dire que le changement de tant d'éditz, de loix et inversions d'arrests, est une certaine marque de république ou monarchie mal asseurée, principallement quand il touche à une cause publicque et, comme l'on dit, aux affaires d'Estat. Pour ceste cause, Pausanias, roy lacédémonien, enquis pour quoy n'estoit permis, en Sparte, changer aucune

loy, respondit : « Parce que les loix debvoient estre mais-
» tresses et dames des hommes, et non les hommes maistres
» des loix (1) ». Mais cela n'a lieu ès affaires qui se traictent,
par la considération des inconvéniens, d'autant que quelques
foys le saige gouverneur, ainsy que le patron de navire, doibt
changer son oppinion et le cours de ses desseings, afin de
combatre contre la tempeste et ne jecter la république au péril
du naufrage. Le sommaire donc de l'intention et volunté du
Roy, Messieurs, se résoult en deux poinctz : l'un en l'observation de son édit de Pacification et concorde, en luy
prestant l'obéissance naturelle qui luy est deue par ses subjectz, avec l'honneur, crainte et révérence du magistrat.
Toutes personnes de sens, jugement et expérience, congnoissent assez combien est divine la sentence disant les
petites choses croistre par concorde, et les grandes deschoir
par discorde (2). Par concorde, le bien d'autruy est fait
vostre par communication ; en discorde, le vostre mesmes
n'est vostre, d'autant que l'usage vous en est osté, auquel
gît le fruit du bien. Cela est avéré par les maisons privées,
citez, provinces, monarchies et empires. Aultrement, nous
pouvons dire de ce royaulme, lequel nous savons estre accreu
et avoir esté rendu invincible par la concorde et prouesse des
ancestres, qu'il s'affloeblit et peu à peu diminue avec grand
blasme et reproche, et quasy comme ung corps languissant
d'une maladie incurable, qui empire de jour en autre, sans
espoir de quelque allégeance, dont l'esprit, participant de ses
douleurs, se laisse miner à son mal. L'autre poinct est de
vous remectre devant les yeux les grandes debtes et les

(1) « *Cuidam roganti quamobrem apud Spartanos nefas esset ullam priscarum novare legum? Quoniam, inquit, legibus convenit authoritas in homines, non hominibus in leges.* » Plutarque, *in Lacon.*

(2) *Concordia parvæ res crescunt; discordia maximæ dilabuntur.* Saluste, *Bello jugurtino.*

grandes sommes de deniers ès quelles est obligée S. M. pour le payement des estrangiers, Suisses et Reîtres, qu'il a appellez à son ayde, ausquelz, sans l'ayde et moien de ses bons subjectz, il ne pourroit aucunement satisfaire, ny mesmes aux charges ordinaires qui luy convient supporter. Il attend de vous tel secours que un bon prince doibt attendre de ses bons et loyaux subjectz. Aussy, de sa part, vous trouverez S. M. prompte et voluntaire à la satisfaction de vos justes demandes et requestes. Le Roy nous a chargés, par une lettre cloze, de vous remonstrer, touchant la suppression des Esleuz, et si ce ne seroit pas le meilleur expédient qu'on pourroit prendre, de remectre en chacune desd. Eslections l'un des Esleuz supprimez pour, conjoinctement avec led. Esleu opté, ou en son absence par maladie ou aultrement, pour le soulagement de ses subjectz, vaquer aux affaires qui se présentent aux Eslections, et, en ce faisant, que vous demeurerez deschargez du remboursement desd. Esleuz supprimez. »

III

PIÈCES DIVERSES

Extrait des registres secrets du Parlement, où l'on sollicite l'intervention des Etats contre les vice-baillis, les évocations, la création de l'Echiquier d'Alençon.

15 nov. 1570. — « A eulx (les gens du Roy) remonstré qu'il se faict journellement des voleries par tout pays, et mesme au pays de Normandie, et que les vibailliz n'y font aucun debvoir, et qu'il seroit expédient qu'ils mandassent le procureur des Estatz et luy en parlassent afin d'en faire ses requestes en la convocation des Estatz.

» M. le Premier président a récité la cause de l'assemblée, qui est pour délibérer *quid agendum* sur les lettres-patentes d'évocations, obtenues par l'ambassadeur d'Espagne, touchant quelques déprédations.... pour en attribuer la congnoissance à la 4ᵉ chambre des Enquestes, à Paris....

» M. le président Vialar a récité comme il estoit venu ung homme qui avoit poursuivy lad. évocation fort importunément, et que lad. évocation est générale pour toutes les déprédations et évocque le tout contre les libertez du pays; et ayant led. personnage entendu cela, avoit dict qu'il y en avoit de la compagnye qui y avoient intérest; et les gens du Roy, interpellez par la compagnye d'en aller faire remonstrances, ilz n'avoient peu s'en accorder; et, sur ce que la court avoit advisé envoyer quérir le procureur des Estatz et le procureur de la Ville, et ordonné à M. Rassent le leur faire entendre, ce qu'il avoit faict, sur quoy ilz s'estoient trouvez fort froidz. Or, à présent, la convocation des Estatz se va faire, où il semble qu'il seroit bon d'y en parler, parce qu'il n'y a deniers pour les frays qu'il conviendra faire pour aller faire lesd. remonstrances.

» M. Rassent a déclaré par le menu comme, ayant faict faire les coppies desd. lettres d'évocation et pièces, il les avoit baillées aud. procureur des Estatz, lequel et Lermitte avoient respondu qu'il en falloit parler aux Estatz.

» A esté advisé mander Gosselin, procureur des Estatz, et Lermitte, procureur de la Ville, ce qui a esté faict, et y a esté envoyé l'huissier Cordier.

» Faictz entrer le procureur des Estatz et le procureur de la Ville, ausquelz a été récité lad. évocation des déprédations faictes et à faire, obtenues par l'ambassadeur d'Espagne, et à luy déclaré les inconvéniens, travail et vexation qui en peuvent advenir aux subjectz du Roy en ce pays, qu'il est chargé de défendre et faire instance aux Estatz, si bien qu'il y soit pourveu, et que la court est après pour en faire remonstrances, mais elle ne le sçauroit faire à ses dépens.

» A quoy la court luy ordonne et enjoinct adviser et faire pourveoir.

» Plus leur a esté parlé des voleries et meurtres (1) qui se font en ce pays et le peu de debvoir qui se faict par les vibaillys, dont toutes fois led. procureur des Estatz n'a pas cy-devant faict instance, et que les vibailliz viennent bien icy pour avoir chacun 1,200 l., et si ne font rien et s'excusent qu'ilz sont subjectz aux mareschaulx de France, combien que les Estatz payent leurs gages, sur quoy leur a esté ordonné pourveoir et en faire spéciale poursuite.

» Lermitte a dict que, luy ayant M. Rassent baillé la coppie de l'évocation pour l'absence du procureur des Estatz, qu'il en a communiqué en l'assemblée de la Ville et aux prieur et consulz, et a esté advisé d'en faire instance aux Estatz.

» Bigot, pour le procureur général du Roy, a dict qu'ayant esté à l'assemblée de la Ville, a esté résolu d'en faire instance aux Estatz de lad. évocation.

» Et, quant aux vibailliz, quand l'on leur veult faire leur procès, ilz soustiennent qu'ilz ne sont justiciables de la court, ains des connestables et mareschaulx de France, de sorte qu'ilz gagnent franchise par là, et qu'il est bien nécessaire d'en faire instante poursuite à la Convocation des Estatz, et que, le peuple payant les gages des vibailliz, qu'il faut faire instance contre eulx *nomine* du peuple et soustenir que les deniers de leurs gages ne leur doibvent estre délivrez que premièrement ilz n'ayent baillé, suivant l'ordonnance, leurs procès-verbaulx du debvoir qu'ilz auront faict en l'exercice

---

(1) Notamment le meurtre récent du sieur de Claville, à qui était confiée la garde du château de Tancarville.

de leurs offices, et qu'il soit ordonné, par la court, aux bailliz les apporter en la court, en leur comparence en icelle.

» Finalement, a esté ordonné, aux gens du Roy, mander lesd. procureurs des Estatz et de la Ville pour communiquer avec eulx et leur bailler des articles des requestes qu'ilz auront à faire, pour les choses susdictes, en la Convocation des Estatz, et, aud. procureur des Estatz, faire les réquisitions nécessaires, et requérir que, aux despens des Estatz, se facent, par les déléguez de la court, lesd. remonstrances. »

10 février 1571.

« A Nossieurs de Parlement.

» Suplie humblement le procureur syndic des Estatz de ce païs de Normandye.

» Disant que les déléguez des gens des troys Estatz dud. pays se seroient grandement complainctz de plusieurs lettres d'évocation, octroyez puis peu de temps en ça, et principallement d'une lettre obtenue par l'ambassadeur du Roy Catholique, pour le faict des déprédations qu'il prétend estre faictes par les subjectz dud. seigneur, et pour cest effect employé article en leur Cayer de dolléances, lequel auroit esté renvoyé au Roy pour y pourvoir. Ce néantmoins, led. procureur des Estatz a esté adverty que S. M. a envoyé lettres à la court pour procéder à l'entérinement desd. lettres d'évocation sans avoir oy les députez d'iceulx Estatz, et aussi S. M. a adressé autre commission à MM. Petremol et Favier, conseillers en la court de Parlement, à Paris (1),

(1) Jean Petremol, conseiller au Parlement de Paris ; Favier, général des Monnaies, à Paris. Leur commission portait qu'ils pourraient juger en dernier ressort les procès des faux monnayeurs, en appelant 7 lieutenants et conseillers des sièges présidiaux. En s'expliquant devant le Parlement de Normandie sur cette commission, Petremol rappela qu'il « avoit été nourri en la pratique de ce païs de Normandie, et avoit esté longtemps avocat postulant en la cour de céans. » 5 fév. 1571 (Reg. secr.).

pour la refformation des faulx-monnoyeurs et transport de jurisdiction contre les privileiges et libertez de tous les Estatz dud. pays et auctorité de lad. court, de la justice ordinaire de ce ressort, et mesmes sont lesd. lettres d'évocation généralles de déprédations, de très pernicieuse importance pour l'estat de ce royaume.

» A ceste cause, requiert icelluy procureur des Estatz, qu'il vous plaise ordonner que remonstrances soient faictes à S. M. de l'intérest et doumage que les habitans dud. pays auroient à l'exécution desd. commissions, et suivant la délibération de la Court, les chambres assemblées, ordonner à MM. les président, conseiller et l'un des gens du Roy, se transporter promptement, à ces fins, par devers sa dicte Majesté, et vous ferez bien.

» GOSSELIN. »

« Il a esté satisfaict suyvant l'arrest de lad. Court, donné, les chambres assemblées, le 11e jour de febvrier dernier, par ce que les président et conseiller et l'un des gens du Roy sont partiz pour aller faire les remonstrances, et enjoinct au supliant fournir et satisfaire de son chef aud. arrest. Faict en Parlement, 3e de mars 1571 ».

« A esté arresté que sans attendre le voyage des déléguez des Estatz, par M. le président Vialar, appelés tel des conseillers ou gens du Roy qu'il luy plaira, et l'ung des eschevins de la Ville et le syndic des Estatz, seront faictes remonstrances à S. M. sur la conséquence et importance desd. évocations ».

16 août 1571. — « La cause de l'Assemblée estoit pour délibérer sur les lettres d'évocation obtenues par le duc d'Alençon, des causes dud. duché pour estre traictées et jugées en dernier ressort en l'Echiquier, nouvellement érigé par le Roy, en faveur de Mgr le duc. Veues lesd. lettres et

conclusion du procureur général du Roy, a esté advisé mander les gens du Roy pour ordonner à Bigot, 1er advocat du Roy, de représenter le sac et pièces concernant led. Eschiquier...

» A esté arresté, en premier lieu, que, suivant la conclusion du procureur général, la Court a ordonné que led. procureur général aura communication tant des lettres-patentes d'apanage que d'érection d'Eschiquier d'Alençon..... que remonstrances seront faictes au Roy, tant pour le faict dud. Eschiquier, souveraineté des sièges présidiaulx, commissions particulières et autres affaires de la Court, bien, proffict et utillité du Roy et de la Ville; et, pour ce que lesd. remonstrances concernent particullièrement le bien, proffict et utillité de ceste Ville, et mesmes les Estatz du pays, a esté advisé mander le procureur des Estatz et eschevins de la Ville, ce qui a esté faict, et, présens les gens du Roy, venus Gosselin, procureur desd. Estatz, Le Seigneur, Rocque, Halley et Le Boucher, eschevins, et Lermite, procureur de la Ville, ausquelz a esté faicte ample remonstrance de tout ce qui concerne cest affaire, afin qu'ilz ayent à y adviser et déléguer d'entre eulx pour aller avec les déléguez de la Court pour faire les remonstrances et mesmes de fournir les deniers des frays qu'il conviendra pour ce faire; sur quoy ilz ont dict qu'ilz assembleront l'aprez-disner, pourveu que le lieutenant leur veuille octroyer lad. assemblée, requérans qu'il leur soit baillé coppie des lettres concernant led. Eschiquier d'Alençon, ce qui a esté ordonné ».

Procuration donnée par le député de l'Eglise du bailliage d'Alençon à un de ses collègues pour le remplacer aux Etats.

« Du dymenche, dix-neufvième jour de novembre 1570.

» Fut présent noble et vénérable personne, M⁰ Guillaume Le Bys, presbtre, chantre et chanoyne en l'église épiscopal de Séez et curé de l'église parroissial de Omeel (1), au bailliage d'Alençon, depputé et délégué pour l'Estat ecclésiastique dudit bailliage d'Alençon pour comparoir et assister à la Convention des Estatz de la province de Normandie, à present séans en ceste ville de Rouen ; lequel, à raison de l'infirmité de maladie en quoy il disoit estre de présent constitué, gisant au lict, de son bon gré, etc... a fait nommé, ordonné, constitué et estably ses procureurs généraux, etc..; c'est assavoir : Henry Bardoul et une espace ausquelz et à chascun d'eulx, portant les présentes, ledit sieur constituant à donné et donne par icelles plain pouvoir, puissance et et authorité de, pour luy et en son nom, comparoir par devant Messieurs les Commissaires du Roy, nostre sire, depputez par S. M. à tenir lesd. Estatz en ceste dicte ville de Rouen, et illec ladicte personne dudit sieur constituant représenter et excuser, à cause de sa dicte maladye, et de ratifier, aprouver et accorder les articles concluttes et arrestez par luy et ses collègues, depputez dudit bailliage d'Alençon, pour assister ausdits Estatz, et qu'il disoyt avoir signez de son propre seing, et, en tout ce que dit est, faire tout et aultant que ledit sieur constituant feroit et fere pourroit, si présent en sa personne y estoit ». (Tabellionnage de Rouen. Meubles.)

Extrait des Registres du Parlement. — Requête à Nosseigneurs du Parlement par le procureur-syndic des Estats du pays de Normandie.

« Les déléguez des gens des trois Estatz dudit pays se seroient grandement complainctz de plusieurs lettres d'évocation octroyez puis peu de temps en ça..... et principale-

(1) Omméel, commune de l'arrondissement d'Argentan (Orne).

ment d'une lettre obtenue par l'ambassadeur du Roi Catholique pour le faict des déprédations, qu'il prétend être faictes sur les subjectz dudit sieur...... ». Ils s'étaient plaints aussi d'une commission donnée à deux conseillers du Parlement de Normandie pour la réformation des monnaies. Comme il y avait, dans ces évocations et dans cette attribution de juridiction, une atteinte manifeste à l'autorité de la cour du Parlement de Normandie, le procureur-syndic des Etats, Gosselin, demandait aux conseillers du Parlement d'en faire l'objet de remontrances au Roi. (3 mars 1571.)

ÉTATS DE NOVEMBRE 1571

I

EXTRAITS DES REGISTRES DE L'HOTEL-DE-VILLE DE ROUEN.

Les termes du mandement du Roi, pour la réunion des Etats, le 15 novembre, étant contraires aux prétentions du Conseil de la Ville en matière d'élection, les échevins, en assemblée des 24, tenue le 15 octobre, arrêtèrent « qu'il seroit escript au Roy lettres pour luy supplier maintenir l'autorité de la maison de la ville, et que l'élection se fît en la manière accoustumée en l'Hostel-Commun de ladicte ville, et qu'il fût éleu deux conseillers, comme il estoit accoustumé. »

18 octobre. — « Sur ce qui a esté mis en avant que Mons. de Sainte-Croix, l'un des gentilshommes de Mons. le duc

de Buillon (1), s'estoit retiré le jour d'hier par devers lesdits conseillers, ausquelz il avoit fait entendre qu'il avoit receu lettres de Mons. le duc de Buillon par lesquelles il luy mandoit d'advertir lesdits sieurs qu'ilz eussent à luy faire acoustrer le logis de Saint-Ouen pour la séance des Estatz, auquel avoit esté faict responce que Mons. le président Viallar (2) y estoit logé et malade, vers lequel le sieur de Longuerue s'estoit retyré, qui luy avoit faict responce qu'il estoit malade;

» Sur quoy a esté arresté que l'on fera entendre ladite responce audit sieur de Sainte-Croix, et si en sera escript audit seigneur de Buillon, afin qu'il luy plaise mander quel logis il luy plaira commander faire accoustrer; et si a esté arresté que l'on ira au devant de luy de la part de la Ville, accompagnez des 24 du Conseil, harquebusiers et cinquantaine. »

14 novembre 1571. — Assemblée générale de la Ville de Rouen, gens d'église, nobles et autres bourgeois, en la grande salle de l'Hôtel-Commun, sous la présidence de Jacques de Brèvedent, lieutenant général du bailli. Etaient présents : Jacques Cavelier, sieur d'Auberville, procureur du Roi au bailliage; 3 conseillers modernes; Adam Sequart, chanoine, représentant l'archevêque; Adrien Ballue et Réné des Bruyères, chanoines, représentant le Chapitre; 5 conseillers anciens;

(1) Le duc de Bouillon présida les États de 1571. Il revint à Rouen en 1572. Le 30 juin de cette dernière année, il demandait à la Ville « 2 haquenées par emprunt pour aller jusques à Tostes. Il fut arrêté qu'on lui en feroit présent pour reconnaître les plaisirs qu'il a faicts et faict ordinairement à lad. Ville ». Le même jour, on arrêta de donner des confitures et des dragées à Monsieur frère du Roi, étant à Rouen, et à M. de Guise. Le 10 avril 1573, c'étaient encore des confitures (il y en avait pour 10 écus), qui formaient le présent que la Ville offrit à l'ambassadeur d'Angleterre.

(2) Michel Vialar, sieur de Herces, président du Parlement; passait pour un catholique exalté; était dévoué au cardinal de Bourbon. (Voir M. Floquet, *Hist. du Parlement*, III, p. 2.)

3 pensionnaires; le procureur de la Ville; 2 quarteniers; les députés des trois États des vicomtés du bailliage (1), à savoir : Everard, pour la vicomté de Rouen (2); Jean Marsollet, pour celle de Pont-de-l'Arche (3); Marin De Laulnay, pour celle de Pont-Autou et Pont-Audemer (4); François Duval, pour celle d'Auge (5); 47 bourgeois dont les noms sont rapportés, sans compter les autres.

On nomma, pour l'État de l'Eglise, Adam Sequart; pour la Noblesse, Jacques de Clères, seigneur et baron dudit lieu; pour la ville et vicomté de Rouen, honorables hommes Raoul Hallé et Pierre Le Boucher, avec maître Jean Gosselin, procureur des États (6).

(1) C'est cette qualification qui leur est donnée dans le registre des délibérations de l'Hôtel-de-Ville.

(2) Avait été nommé par procuration passée en la cohue du Roi, devant le lieutenant général du bailli.

(3) Nommé le 5 novembre.

(4) Nommé le 27 octobre.

(5) Nommé le 6 novembre.

(6) Jean Gosselin, sieur de la Vacherie, avocat au Parlement, était fils de Nicolas Gosselin, procureur-syndic des États et en même temps procureur général de la Ville, qui décéda le 2 mai 1569, « par un sinistre désastre ». Un désaccord, survenu entre Jacques de Brèvedent, lieutenant général du bailli, et les conseillers de la Ville, des menées et des brigues, nécessitèrent, pour la nomination à la charge de procureur de la Ville, l'intervention de la Cour du Parlement, qui décida que cette nomination aurait lieu en présence de deux conseillers commissaires (Pierre De la Place et Pierre de Médine), d'un président à mortier (Michel Viallar), et du procureur général. Emery Bigot fut d'abord nommé, mais il se fit décharger, par arrêt du Parlement, à raison de sa qualité d'avocat du Roi. Jean Gosselin, sieur de la Vacherie, avocat au Parlement, prétendit, qu'ayant obtenu le plus de voix après Bigot, il devait être considéré comme nommé à la place de procureur de la Ville. Cette prétention ne fut point admise. Il y eut une nouvelle nomination le 25 juin, et la majorité des suffrages se porta sur Jacques Lermitte, avocat au Parlement et pensionnaire de la Ville. Cette nomination fut

Le 20, M. de Brèvedent expose que cy-devant il avait été donné charge à maître Mathieu Poulain, pensionnaire (1), « de dresser quelques articles pour estre remonstrez en la Convention des Estatz et baillez à ceux qui avoient esté depputez pour y assister. » On craignait que ces articles n'eussent pas été présentés. Raulin Hallé, l'un des députés, avait répondu de manière à faire entendre au lieutenant que les articles présentés différaient de ceux qui avaient été délibérés par la Ville. Il fut interpellé à ce sujet et déclara que le lieutenant l'avait mal compris, que les articles avaient été présentés tels qu'il les avait reçus; sa déclaration fut confirmée par le témoignage de Pierre Le Boucher, son collègue.

---

ratifiée le jour même par le Parlement. Jean Gosselin dut se contenter du titre de procureur-syndic des États de Normandie, auquel il put joindre bientôt celui de greffier de l'Hôtel-Commun de Rouen. (Tab. de Rouen, 20 août 1573.)

(1) Mathieu Poullain, sieur du Boisguillaume, avocat au Parlement, avait succédé, le 26 août 1557, comme pensionnaire de la Ville, à maître Robert Le Gras, décédé.

II

Oraison prononcée par Monsieur le Premier Président de Rouen, le 17ᵉ novembre 1571, aux Estatʒ tenuʒ par Monsieur le duc de Bouillon, assisté des sieurs de Carrouges, Bréaulté (1), *Granrue, de Labeissey, Trésoriers de France, Bonacorcy et Novince, Généraux des finances audit pays de Normandie, et Bigot, premier advocat du Roy. Le sieur de Dracqueville se retira, suivant le commandement du Roy, par ses lettres closes à ces fins expressément envoyées.*

« Si, en vous déclarant l'intention du Roy, nostre souverain prince, en deux chefs, suivant le commandement de S. M., l'on pouvoit, au premier chef, se représenter au vif devant les yeux, combien S. M. a travaillé pour jecter les fondements d'une paix durable (2) et effacer toute mémoire

(1) Adrien, sire de Bréauté, chevalier de l'ordre du Roi, conseiller du Roi en ses conseils d'État et privé, capitaine de 50 hommes d'armes de ses ordonnances, colonel général des arrière-bans de Normandie, châtelain de Néville.

(2) Edit de pacification, daté de Saint-Germain, 8 avril 1570, enregistré au Parlement, du très exprès commandement du Roi, dès le 17 du même mois. Il accordait aux protestants l'exercice de leur culte en tous lieux, Paris et la Cour seuls exceptés; une amnistie entière pour toutes leurs révoltes passées; la restitution de leurs biens confisqués; quatre places de sûreté; le droit de récuser 6 juges dans le Parlement de Rouen. Cet édit fut mal reçu dans une partie du royaume, notamment à Rouen, où le Roi, pour en assurer l'exécution, avait envoyé le maréchal de Montmorency; des religionnaires, à leur retour du prêche de Bondeville, furent massacrés le 18 mars 1571. Quelques-uns des coupables, enfermés dans les prisons du bailliage, furent délivrés par le peuple. Une commission, présidée par M. de Montmorency, et dont faisaient partie Antoine Fumée, maître des Requêtes ordinaire de l'hôtel, et Simon Roger, conseiller au Parlement de Paris (Registres du Parlement, 23 janvier 1571), fut envoyée à Rouen pour juger les mutins;

de discordes civilles par une oblivion sempiternelle, le nom de paix, qui est doux et chose salutaire, n'apporteroit à si grand nombre de personnes (comme il fait) une si moleste ressouvenance des choses perdues, des ruines advenues et des misères souffertes et endurées durant et depuis les troubles et guerres civilles, et moings une affection si désordonnée d'une haine, d'un furieux courroux, d'une malveillance et vengeance, comme l'on en a naguères veu, et qu'il en reste encores quelque semence. Ce qui ne peut procéder que d'un esprit corrompu et d'une volonté dépravée, ennemye de tout repos et tranquilité publicque. Et, combien que, par ung exemple familier, l'on puisse dire, [que] tout ainsy que le corps humain, quand il est réduict en toute extrémité de malladye, le patient, ne sentant les doulleurs de ses membres comme estantz quasy ensevelys, ne se plainct et langoure; et, lorsqu'il vient à reprendre ses espritz et retourner en quelque convalescence, et qu'il commence à sentir la lassitude de ses membres débilitez et grand mal passé, plus que devant il se plainct, il lamente et se rend impatient, aussy que, au meilleu des grandes flammes et furies des troubles et guerres civilles, on n'a eu le loisir et le temps de recongnoistre les calamitez souffertes, sinon, quand on a pensé, par le fruict de la paix, recevoir un repos asseuré et une liberté tranquille. Lors s'est représenté devant les yeux, plus que devant, la ressouvenance des malheurs passés et des occasions et causes d'iceux. Ce qui n'a peu estre si bien commandé par les hommes que les effectz ne soient ensuivys, semblables à la passion qui les gouvernoit. Mais ceste considération du corps humain ne pourroit avoir lieu au corps politique, d'aultant que ce seroit sentir le péril, quand il n'y

5 seulement furent exécutés. « Mais les catholiques de Rouen furent désarmés, à l'exception de trois ». (Voir M. Floquet, *Histoire du Parlement*, III, pp. 74-111.)

a plus de remède au mal, et qu'il advient souvent que ceux qui, par discours humain, machinent la ruine des autres, ou pour rechercher leur proffict, ou pour se donner repos, quelque grande dilligence, qu'ilz y employent, souvent sont frustrez de leur attente. Voilà comme la nature des hommes, habandonnée à une infinité de mutations, changemens et calamitez, couve tousjours dans son sein quelque nouveau germe d'ennuy, que s'esclost à l'emblée; et, quand ils pensent jouir de quelque félicité, elle s'escoule soudainement et plus tost qu'ilz en sentent le fruict; dont estantz tombez en adversité ilz commencent, par leur infortune, à s'apercevoir de l'heur qui les a laissez. A ceste cause, les poëtes, voulans exprimer les misères humaines, ont chanté que les Dieux se jouent des hommes comme des pelottes, et Fortune les demène à son plaisir. De quoy l'on peut inférer : combien que l'homme soit le plus noble de tous les animaux, et lequel excelle tous les autres de deux choses, assavoir de la raison et de la parole, il a toutes fois plus grand besoing de conducte que nul autre, tant pour l'infirmité de sa nature qui est exposée à tant de mutations et changementz (de sorte que Pindare, appelle les hommes journaliers et songe d'une umbre), que pour la diversité de mœurs et conditions, de quoy doibvent estre advisez les bien sages et obéissantz subjectz. Tout ainsy que l'expérience démonstre qu'avec ung bien petit vent chet un bon fruict, et contre une petite roche se fend une grande nef, aussy, avec une petite estincelle de feu de sédition on embrase facillement toute une ville, mais toute une province, voire un royaume. L'exemple d'un tel pernicieux et infortuné accident ne pourroit estre récité, sinon avec un dur ressouvenir d'une grande perte et dommage, je ne diray seulement de ceste ville de Rouen métropolitaine, mais de toute la province, lequel dommage, s'il estoit loysible pouvoir discourir particulièrement, lors chacun congnoistroit et ressentiroit en soy combien ceste province en a esté et est diversement affligée, et que aucune occasion n'a esté délaissée en arrière pour s'en prévaloir, tant pour le particulier que pour le général; tellement que l'on pourroit dire le commun proverbe, *ad calamitatem quilibet rumor valet*. Et de tant plus ce mal a esté et est grand et grief à supporter, qu'il est advenu subitement et à l'impourveu. Senecque, escripvant *ad Lucilium Epist*. 104e, dict que la tempeste menace devant que s'eslever; que les édifices font bruict et craquement devant que de ruiner et choir, et que la fumée annonce le feu (1), *at subita est ex homine pernicies*. Adrien, empereur, portoit au doigt ung anneau qui avoit esté au bon homme Druse, de Germanie, dans lequel estoient escriptes ces lettres latines : *Illis gravis est fortuna quibus est repentina*. « Pour ceux est dangereuse la fortune, ausquels elle advient à l'impourveu. » Cela est dict pour ceux qui, recongnoissant la volonté du prince, leur souverain magistrat, n'ont violé la révérence et obéissance, qu'ilz doibvent à S. M., sur lesquelz néaulmoins, aussy bien que sur ceux qui ont prins en main la licence d'exécuter leur passion, est tombé l'orage et tourbillon de la tempeste. Noé, craignant que les hommes ne feussent destinez à ruyne, et, pour ce faire, que Dieu envoyast tous les ans ung tel déluge sur la terre qu'il avoit envoyé, offrit sacrifices à Dieu, et le pria que toutes choses désormais demeurassent fermes en leur premier ordre, et qu'une si grande desconfiture n'advînt plus, par laquelle les hommes de toute la terre feüssent amenez à ung tel danger, et, quant il luy sembleroit bon de punir les meschans, selon leurs diversitez, qu'il espargnast

---

(1) Cette citation est empruntée, non à l'épître 104, mais à l'épître 103 de l'édition de Juste Lipse : *Tempestas minatur antequam surgat*, etc.

les innocens ; aultrement, il adviendroit que leur condition seroit plus misérable. Aprez que Noé eut ainsi prié, Dieu, prenant plaisir à la justice de ce bon personnage, lui accorda ce qu'il demandoit, affermant qu'il n'avoit esté cause de la ruyne de ceux qui estoient péris par le déluge, ains qu'ilz avoient attiré la punition sur eux de leur propre gré, par leur obstination et malice, et l'avoient contrainct par outrages continuels. Toutes fois, à la fin lui dict, comme il est escript en Genèse : « Je fays ceste ordonnance, que vous gardez vos » mains pures des meurtres et homicides, et punissez, en » toute sévérité et rigueur, ceux qui feront le contraire (1) ». Or, ce défaut et le non accomplissement de cette ordonnance sont procédés du mespris de la loy, du prince et de sa justice, par diverses oppinions mal rengées et réduictes à la loy, que notre Roy veut estre commune à tous et observée de tous, qui est son édict de pacification. Car, tout ainsi que la monnoye de la républicque doibt estre de certain poids et prix, sans estre falsifiée de mauvais alloy, et n'est permis de user de monnoye privée, ains seullement de celles qui sont forgées par l'authorité et marque publicque, et qui fait autrement, mérite le dernier supplice, aussy, on doibt moings souffrir que la loy, que le prince veut estre commune à tous, soit forgée et changée à la diversité des marques qui sont au jugement des hommes. Si la loy commune est l'œuvre du prince, et le seul remède pour garir l'indisposition des espritz si mal tempérez, et que la justice est la fin de toutes les loix, en quelle seureté et en quel repos pourroit estre la ville ou la province en laquelle la loy commune est violée, S. M. offensée, la justice forcée, la force publicque enfrainte et le magistrat callomnié? L'on a veu plus tost à l'œil les

(1) Traduction un peu trop libre du texte de la Genèse, chap. IX, v. 5, 6 : *Sanguinem enim animarum vestrarum requiram de manu cunctarum bestiarum*, etc.

effectz d'une telle témérité qu'on n'a eu le temps et le moien d'y obvier et remédier. *Cujus temeritatis*, comme récite Valère, *ita subiti ac vehementes sunt impulsus, quorum ictibus hominum mentes concussæ, nec sua pericula respicere, nec aliena facta justa estimatione prosequi valent* (1). Et, combien que S. M. aict, non sans cause toutes fois, faict grande démonstration d'un juste courroux et indignation d'une telle offense, néaulmoins, ayant congneu par la vérité du faict, par le commencement, progrez et la fin d'icelluy, que telle insolence estoit plus procédée d'une témérité, meue par ceux qui ne sentent que la lye du peuple, et non par un conseil prémédité, et moings d'un commun consentement des citoyens de la ville de Rouen, sa bonté, bénignité et clémence a esté si grande qu'il a bien voulu en faire recongnoissance à ceux qui représentoient le corps de la Ville, lors qu'ilz feurent à Gaillon luy rendre et prester l'obéissance qu'ilz doibvent à S. M.; et ne sera trouvé estrange de dire que la clémence du prince puisse avoir lieu en la personne des innocens. Sénecque en rend raison en son premier livre *de Clementia* : que cependant, la fortune, le cas fortuit, est prins et receu pour coulpe, *quia interim fortuna pro culpa est, nec innocentiæ tantum clementia succurrit, sed etiam virtuti quoniam conditione temporum incidunt quædam, quæ possunt laudata puniri* (2). Et, depuis ce temps-là, S. M. a bien voulu faire apparoir, pour le regard des autres, d'aultant que l'offence estoit grande, que sa facilité, grâce et miséricorde pouvoient encores plus, en restituant la vie et bien à ceux qui estoient privez de leur maison, de leur famille et de soy-mesmes, de leur patrie et habitation et de leur ciel, ausquels ils estoient nez,

---

(1) Valère Maxime, IXe livre, chap. VIII.
(2) Senèque, édition de Juste Lipse, Plantin. Anvers, 1605, p. 189.

qui et domo, suis seque ipsis, patria, cœlo, soloque in quo nati erant carebant, et eos, peccato, favoreque extinctos, ad vitam quasi e sepulchro revocare. Toutes fois, S. M. n'a pas voulu rendre sa grâce et miséricorde si vulgaire et confuse qu'il aict voulu l'extendre pesle-mesle sur tous, sans distinguer *sanabilia ingenia a deploratis* (1), en réservant les principaux autheurs de la sédicion et nourriciers de discorde, espérant, pour le regard des autres, que leurs actions seront telles cy-après et sy conformes à sa volunté qu'il n'y aura occasion de leur dire ce que *Salvianus, episcopus Massiliensis*, reprocha aux citoyens de la ville de Gênes (2), *quæ urbs, olim Gallorum opulentissima, quater oppugnata fuit*, lequel, comme il escript en son 6ᵉ livre, *De vero judicio et providencia Dei*, leur dit ainsy : « L'assiduité et fréquence
» des calamitez et malheurs font certain argument de crimes,
» vices et délitz en ce lieu, et tout ainsy que ce monstre ser-
» pentin (comme disent les fables), lequel est multiplié par
» l'occision, aussi par les mesmes moiens qu'estoient punies
» leurz offences et meschancetez, par ceux-là mesmes ils crois-
» soient, » *ita ut putares pœnam ipsorum nihil aliud quam matrem vitiorum*, « tellement que l'on eust pensé que la
» paine qui leur estoit infligée n'estoit autre chose que la mère
» de vices, » et, pour ceste cause, leur reprocha: *Nam quia te tua excidia non correxerant, quarto perire meruisti* (3). Mais tant s'en faut que S. M. se persuade à l'advenir ung tel désastre, que, au contraire, elle se promect une telle et sy entière obbéissance de tous ses subjectz, sans aucune distinction, que leur seureté sera contractée par mutuelle [affection] pour ne se pouvoir trouver plus grande fortification, ne plus

(1) Senèque, p. 189. *Adhibenda est moderatio, quæ sanabilia ingenia distinguere a deploratis sciat.*
(2) Il faut substituer le nom de Trèves à celui de Gênes.
(3) Salvian, *De gubernatione Dei*, éd. de Baluze, pp. 143, 147.

fort rempart pour la vraye nourriture de ce grand heur que S. M. désire tant, qui n'est autre chose qu'une paix, une tranquillité, une asseurance de pouvoir vivre doulcement. Lors, comme dit Platon, la fiebvre de la républicque cessera, et le corps politique retournera à son naturel, qui est de vivre saynement, en repos, selon le régime de justice ; *at, si paululum titubaverit valetudo, non spem hominum excitari sed metum*, etc. Le second chef, Messieurs, concerne une chose qui vous est assez notoire et congneue, et de parole et d'effect, et laquelle je vous ay, l'année passée, bien amplement et particullièrement discourue. Et, combien que le plus grand désir de S. M. ait tousjours esté, comme encores il est, après la pacification des troubles qui ont si longuement affligé ce royaume, de charcher tous les moiens de soulager son peuple, toutes fois, à cause des despences forcées, que S. M. a esté contraincte supporter durant lesdits troubles, et des assignations, engaigemens et aliénations, qui à ceste cause ont esté faictes sur ses finances ordinaires, et aussy que, ayant esgard aux grandes pertes et ruines que aucuns subjectz de ce royaume ont plus particullièrement souffertes que les autres, il a fallu de nécessité leur faire plusieurs rabais, modérations et descharges sur lesd. finances, tellement ilz se trouvent encor aujourd'huy si chargez et diminuez qu'il est impossible à S. M. (à son très grand regret) d'effectuer, encores plus l'année prochaine, ceste bonne volunté envers vous, estant le fons de ses finances ordinaires tellement diminué, qu'il ne peut, à beaucoup près, fournir à la despence ordinaire des maisons de leurs Majestez, sans mettre en ligne de compte les grandes despences qu'il a convenu faire au mariage du Roy ; la despence de Messieurs ses frères et de Madame, avec le payement de la gendarmerie, qui est la principale force, et des gaiges de ses Cours souveraines et autres officiers, comment seroit-il possible qu'il peust fournir et satisfaire au payement des debtes qui vous sont assez congneues, et, entre autres, celles des Reistres et des Suisses ? — A ces causes, sa demande ne peult estre moindre que l'année passée; c'est à sçavoir : la portion de quatre millions du corps de la taille; la portion de 608,000 l., qui est 3 s. pour livre; la portion de 800,000 l., qui est de 4 s. pour livre, avec le payement de l'augmentation de la gendarmerie et commutation des vivres et le payement des gaiges des officiers et autres charges ordinaires et accoustumées par chacun an, montant le tout semblable somme que l'année passée, à savoir : 1,479,715 l. 11 s. 10 d., de laquelle somme S. M. vous fait demande, non que icelle soit suffisante au payement des debtes avec la despence ordinaire; mais, pour le surplus, il sera contrainct, à la charge de son peuple, avoir recours aux remèdes extraordinaires, comme d'érections et créations d'offices, et aussi [subventions] sur les villes et autres moyens extraordinaires. Et ne fault doubter, Messieurs, que s'il vous plaist considérer, tant que telle nécessité de payement de debtes assistera le prince, qu'elle n'apporte autre chose que invention de subsides et tributz, ce que recongnoissans voluntairement et librement, vous offrirez ce qui vous est demandé pour la prochaine année, afin que, tant plus tost les Reistres et Suisses seront payez, plus S. M. sera prompte à vous diminuer les charges extraordinaires, mesme la crue de 800,000 l., de 4 s. pour livre. Messieurs, Monsieur le duc de Bouillon, gouverneur et lieutenant général de S. M. en ceste province, a bien voulu prendre la peine de venir tenir les Estatz pour entendre, en général et particulier, vos remonstrances, plainctes et doléances, et mesme ce que le temps de troubles a peu apporter, pour, en ce temps de paix, préparer les moiens et remèdes envers S. M. pour le soulagement de toute la province, duquel vous pouvez et debvez attendre tout secours et ayde.

Et ne fault doubter, quand il luy plaira employer ses moyens et faveurs, et qu'il sera par vous supplié et requis de prendre la payne de vous assister, lorsque vous ferez voz remonstrances et doléances à S. M., qu'il ne face réussir toutes choses à une heureuse fin, à la conservation des droictz de ceste province et des habitans d'icelle. Et pour ceste cause vous debvez adviser de choisir d'entre vous personnes ydoines, propres et capables, pour promptement porter le Cahier, lorsqu'il vous fera entendre son arrivée, par le moien duquel tout accez, entrée et prompte expédition ne vous défailliront. Aultrement, si vous portez voz remonstrances, sans qu'ilz soient assistées de sa protection et deffense, je ne fais aucun doubte que voz remonstrances ne soient bien froidement receues, comme estantz destituées d'appuy et support. »

III

PIÈCES DIVERSES

Lettre du Roi pour la convocation des trois Etats de la province de Normandie en la ville de Rouen, au 15 novembre 1571, par laquelle est ordonné de députer aux dits Etats six personnes qui ne soient ni officiers du Roi, ni leurs lieutenants, commis ou substituts, ni avocats, ni gens de pratique, savoir : un ecclésiastique, un noble, et les quatre autres de l'Etat commun.

« Notre amé et féal, pour aucunes causes, qui touchent le bien de nous et de notre royaume, nous avons ordonné la convocation et assemblée des gens des trois Etats de notre pays et duché de Normandie estre tenue en notre ville de Rouen, au 15e novembre prochain venant où nous envoyerons aucuns grands et notables personnages, pour leur dire et remontrer les causes qui nous meuvent de ce faire. Si vous mandons que vous faictes assembler les gens des trois Etats de votre bailliage et leur ordonner bien expressément de par nous, que, audit lieu et jour, ils envoient jusqu'au nombre de six personnes, à savoir : un de l'Etat de l'Eglise, un homme Noble, et les autres quatre de l'Etat commun, qui seront élus un pour chacune vicomté respectivement de votre jurisdiction, ce que nous voulons être fait en icelle vicomté, en la présence de l'Elu opinant (1) ou de son lieutenant ès sièges, sous la jurisdiction duquel Elu la plupart des habitans desdites vicomtés seront contribuables à la taille, qui soient gens payans et contribuables actuellement à nos dites tailles et impôts, garnis de pouvoir suffisant de la part des dits Etats, et que aucuns des dits délégués, soit l'Etat de l'Eglise, de Noblesse, ou de l'Etat commun, ne soient de nos officiers, ni leurs lieutenans, commis ou substituts, avocats, ni gens de pratique en aucune manière, ainsi que plus amplement il vous a été ordonné aux précédens Etats, et gardez qu'il n'y ait faute. Donné à Blois, le 19ᵉ jour de septembre 1571. Signé : CHARLES. » — Extrait des dépôts du bailliage et de l'Hôtel-de-Ville de Caen, imprimé en 1788. — Lenoir, *La Normandie, anciennement pays d'Etats*, pp. 202-203.

Extraits des registres du Parlement.

2 juillet 1771. — « Sur la requeste présentée par maistres Jehan de Quièvremont, sieur de Heudreville; Jhérome Maynet, sieur de la Vallée, et Anthoine de Civille, sieur de Bouville, conseillers du Roy en sa court de Parlement;

(1) Lisez opté, au lieu d'opinant.

Jacques Duhamel, sieur du Bosc, et Jehan Maignart, conseillers généraulx en la cour, ledit Maignart, tant pour luy que pour François de Pardieu, baron de Balligan; Mᵉ Pierre Jubert, sieur de Bonnemare; Mᵉ Jeh. Du Val, sieur de Commanville, notaire et secrétaire du Roy; Ch. de Becdelièvre, sieur de Sarilly; Noël Boevyn, sieur de Tourville; Michel Bouchart; Michel de Bauquemare; Michel Massieu; Michel Chignerre; Michel Byart; damoiselle Isabeau de Croismare; damoiselle Allix Daré; Pierre Pillatte, tuteur des enffants soubz-àge de deffunct Nicolas Delisle; Ch. Deshommets, et leurs consors, porteurs de la sentence donnée (25 avril), du sieur duc de Montmorency et des commissaires députez par le Roy pour l'exécution de son édit de pacification..., à l'encontre des conseillers eschevins, portant qu'ils jouiraient des arrérages de leurs rentes sur l'Hostel-Commun, escheuz durant les derniers troubles, néantmoins le don prétendu par lesd. eschevins leur avoir esté faict d'iceulx par le Roy ».

Ces arrérages se montaient à 24 ou 25,000 l.

14 nov. 1571. — « Entre l'expédition des Requestes, M. le président Vialar a proposé que, ce matin, ainsy qu'il descendoit de sa chambre pour venir céans, il a trouvé ung homme sans espée, qui luy a dict qu'il venoit pour marquer son logis pour loger M. de Bouillon, auquel il a remonstré son privilège et de la Court, et qu'il a en son logis plusieurs sacz et commissions secrètes, et est habitué en son logis, et ne sçauroit en long temps avoir remué ses sacz, pièces, livres et autres choses qui sont en sa maison, et que le logis dud. sieur de Bouillon est préparé en la maison de l'Archevesché; et, néantmoins, led. homme a persisté à dire que led. sieur de Bouillon y veult et entend loger, dont il luy a semblé qu'il debvoit advertir la Court

pour estre question des privilèges d'icelle. Luy oy, et délibéré, a esté arresté que led. mareschal des logis dud. sieur de Bouillon et les eschevins de ceste ville seront présentement mandez et oys.

» ... *Interea* sont venus Pierre Rocque, Raulin Halley et Le Boucher, conseillers de Ville, mandez par la Court, suivant l'ordonnance cy-dessus contenue, ausquels a esté remonstré comme il leur avoit esté faict entendre que M. de Bouillon ne pouvoit loger à Saint-Ouen, au logis de M. le président Vialar, et, interrogez qu'ilz y avoient faict, Rocque a dict que ayans envoyé Longuerue (1) vers M. le président Vialar, qu'ilz avoient trouvé malade, parce que M. de Bouillon avoit mandé qu'il vouloit loger à Saint-Ouen, ilz y avoient de rechef envoyé et trouvé que led. sieur président estoit malade, et que le logis estoit trop petit, pour quoy ilz avoient mandé aud. sieur de Bouillon qu'ilz luy avoient préparé le logis en l'Archevesché, dont ilz n'avoient depuis oy parler, fors qu'hier led. sieur de Bouillon avoit escript à Guillaume Le Seigneur, sieur des Croix, qu'il ne vouloit et n'entendoit loger en l'Archevesché, ains à Saint-Ouen, et y tenir les Estatz.

» Eulx retirez, l'huissier est retourné, qui a faict venir Vallée (2), argentier dud. sieur de Bouillon, auquel Vallée a esté dict qu'il avoit dict à ceulx de la Ville qu'ilz eussent à préparer logis aud. sieur duc de Bouillon, lequel logis y est préparé, a dict que oy, et que luy-mesme y a faict porter des vivres.

» A luy dict que ceulx de la Ville l'avoient escript aud. sieur de Bouillon, et que, toutes fois, il y a ung fourrier qui

(1) Nicolas Dufour, sieur de Longuerue, qui avait été nommé, le 26 septembre 1571, receveur des deniers communs de Rouen.

(2) François Vallée, argentier du duc de Bouillon, seigneur et patron de Torp.

a marqué le logis dud. sieur président Vialar pour led. sieur duc de Bouillon, et qu'il y a des papiers et commissions de conséquence; a dict que tout cela luy a esté escript, et toutes fois il a mandé qu'il veult loger à Saint-Ouen.

» Luy retiré, a esté délibéré et arresté que M. Le Georgelier (1) partira présentement pour aller au devant dud. sieur de Bouillon jusques à Escouys, pour remonstrer au sieur duc de Bouillon les privillèges de ceste compagnye et le prier de les conserver et ne vouloir prendre logis en la maison dud. sieur président Vialar, où il y a des sacz et pièces secrètes en grand nombre.

» Tost après est venu le mareschal des logis de M. le duc de Bouillon, auquel a esté remonstré que l'on avoit remonstré qu'il y avoit logis préparé pour luy en l'Archevesché, et toutes fois il a marqué le logis dud. sieur président Vialar.

» A dict que led. sieur luy a absolutement commandé de faire son logis au logis de Saint-Ouen, et qu'il entend que led. sieur président luy face place et qu'il a commandement exprès, luy qui est son fourrier et chevaulcheur d'escurie du Roy, de le loger là-dedans et non ailleurs, et qu'il y a tousjours logé. A luy dict que M. le cardinal de Bourbon (2) a baillé led. logis aud. sieur président, led. sieur président a dict qu'il n'entend obéir aud. fourrier, qu'il ne congnoist poinct et qui n'a lettres, mais, en toutes choses, obéira aud. sieur duc de Bouillon.

» Led. fourrier a dict que led. sieur président et la compagnye feront ce qu'il leur plaira, mais qu'il obéira au commandement dud. sieur de Bouillon.

» Luy oy, a esté advisé que M. Anzeré sera et est député

(1) Claude Le Georgelyer, sieur du Bois, conseiller du Roi au Parlement.
(2) Le cardinal de Bourbon était abbé de Saint-Ouen.

présentement pour aller vers M. le duc de Bouillon pour luy faire les remonstrances, ce matin arrestées ».

Si on ira saluer M. de Bouillon, gouverneur du pays, de la part de la Court.

« Du vendredi, 16e jour de nov. 1571, présens : MM. les présidens Vialar et Le Jumel, de Bordeaux, Le Georgelier, de Médine, Briselet, De la Place, Maynet, Fresnel, Le Roux *senior*, Rassent, de Bauquemare, E. Du Val, Chesneau, de Martimbos, de Quièvremont, de Civille.

» M. le Premier Président a proposé la difficulté qui se trouva hier entre luy et ceulx de MM. qui s'estoient assemblez chez luy pour aller saluer M. le duc de Bouillon, gouverneur de ce pays, arrivé en ceste ville pour les Estatz, ayant trouvé que, ès années 1564, 1565 et 1566, led. sieur de Bouillon estant pareillement venu en ceste ville, l'on n'avoit envoyé par devers luy *ex parte curiæ*, joinct aussy qu'ilz ne sçavoient encores la response qu'il avoit faicte à MM. Le Georgelier et Anzeré (1), conseillers, déléguez par devers luy pour luy remonstrer les privilèges de la court à ce qu'il n'eust à loger au logis de M. le président Vialar, et qu'ilz trouvèrent par les registres de l'an 1564, 1565 et 1566, que, le duc de Bouillon estant venu en ceste ville, la court n'avoit envoyé par devers luy, et aussy trouvé qu'il estoit venu céans, et que led. sieur Premier Président, ayant esté veoir led. sieur duc de Bouillon, il luy dist qu'il viendroit samedy, qui sera demain, céans pour saluer ceste compagnye, et là-dessus, ledict sieur Premier Président s'est retiré pour s'en aller aux Estatz, et n'en a esté autrement

(1) François Anzeray, sieur de Courvaudon, conseiller du Roi au Parlement.

délibéré ne envoyé par devers led. sieur duc de Bouillon de la part de la Court, et sera actendu à demain céans. Retiré M. le Premier Président, qui s'en est allé aux Estatz ».

« Du samedy, 17ᵉ jour de nov. 1571.

» Après les requestes expédiées a esté advisé assembler les Chambres, ce qui a esté faict.

» .. *Interea* a esté advisé mander le procureur des Estatz, afin de entendre de luy pour quoy Le Seigneur, sieur des Croix, ayant charge des deniers destinez pour les frays communs du pays, n'a payé les frays du voyage faict par MM. le président Vialar, Chesneau, conseiller, et Damours, advocat du Roy (1), ayant faict les remonstrances au Roy, pour les Estatz et bien du pays, sur le faict de l'évocation des procès des déprédations et faulx-monnoyeurs et autres choses dommageables au pays et de la fréquence des commissions extraordinaires et énervation des causes de ce ressort, où la ville et le pays ont grand intérest; et, venu Gosselin, procureur des Estatz, luy a esté remonstré ce que dessus, qui a dict que l'on s'est retiré par devers M. le gouverneur, et y en aura articles au Cayer des Estatz; et, quant aux deniers destinez aux frays communs du pays, a dict que le sieur des Croix en estoit chargé, qui dict qu'il n'en a plus aucuns en ses mains. A luy ordonné faire les poursuites nécessaires à ce que dessus, afin qu'il ne luy soit imputé à négligence. »

« Sur ce que l'on délibéroit si l'on debvoit envoyer, *ex parte curiæ*, par devers M. le duc de Bouillon, gouverneur en chef de ce pays, estant en ceste ville pour les Estats, attendu la difficulté où MM. le Premier Président et quatre de MM. les Conseillers et l'un des gens du Roy s'estoient

---

(1) Nicolas Damours, avocat du Roi au Parlement, plus tard président au Parlement, marié à Marie Du Moncel.

hier trouvez d'y aller ou non, ayant esté le jour d'hier, sur la relevée, et sans délibération, par opinions, dict qu'il estoit expédient qu'ilz y allassent de la part de la Court, pour faire, par ceulx qui seront députez ce jour d'huy de la part de la Court, certaines remonstrances aud. sieur de Bouillon, touchant les commissions particulières et évocations.

» Led. sieur de Bouillon est venu, au devant duquel ont esté envoyez quatre de MM. jusques à la porte du prétoire de l'audience, lequel sieur de Bouillon, estant accompagné de M. de Carrouges, lieutenant du Roy, en l'absence dud. sieur duc de Bouillon, ès bailliages de Rouen et Evreux, lequel sieur duc de Bouillon, après avoir salué la compagnye, s'est assis sur le drap et carreau de velours, et M. de Carrouges, auprès de luy, sur le carreau de tapisserie de fleurs de lys, lequel sieur duc a dict qu'il fust venu plus tost veoir et saluer ceste compagnye sans l'empeschement qu'il a eu pour raison de la proposition faicte aux Estatz ; et la cause, qui l'a faict venir céans, est pour saluer la compagnye et luy offrir en général faire tout le service qu'il pourra, et en particulier et à chacun plaisir, et mesmes pour entendre si, pendant le long temps qu'il n'a pas esté par deça en son gouvernement, il s'est offert chose pour le service du Roy, où il soit besoing interposer l'auctorité qu'il a pleu à S. M. luy bailler et où la Court ait besoing de son ayde, faveur et assistance, pour faire obéir le Roy et sa justice, au repos, bien et soulagement de ses subjectz et chose publique de son gouvernement.

» A luy dict par M. le Premier Président que la Court le remercye bien fort et qu'il soit le bien venu, et que, comme protecteur de la compagnye et du pays, elle le prie de prendre en main la conservation de ce pays, et mesmes qu'il luy plaise prendre en main la révocation des évocations et commissions extraordinaires, si fréquentes puys cinq ou six ans, et mesmes une commission pour la réformation des eaux-et-forestz, sur quoy elle avoit faict remonstrances, et avoit esté composée une chambre de la réformation céans, ainsy que par le passé, et qu'il y en avoit huit de céans, et que les commissaires de Paris, ausquelz l'instruction estoit commise, ont abusé et faict procédures indeues et mendié les opinions, mesmement de luy Premier Président; et, quand ilz ont veu que cela ne quadre aux lettres, auroient mendié autres opinions et tasché interdire la congnoissance des causes des forestz à la Court, contre la coustume et Chartre de Normandie, et violent les droictz de la Noblesse et des paoures subjectz, que le Roy veult faire juger par estrangers contre les libertez du pays. Supplye led. sieur assister le pays et faire tant envers le Roy que les subjectz de ce pays soient conservez en leurs libertez.

» Autre commission pour les faulx-monnoyeurs, attribuée à dix personnes, sans que la Court, où il y a 60 juges, en congnoisse; et toutes fois le Roy veult que les dix personnes en connoissent souverainement, et prengnent leurs taxes sur leurs biens et y font des procédeures contre les ordonnances et contre droict et raison, de manière qu'il n'y a ny noble, ny autre qui sont en asseurance.

» Le suplye pareillement qu'il y en a une addressante à luy Premier Président, qui concerne les estapes, qui le concerne aucunement, dont il luy communiquera en particulier.

» Autre commission et évocation des procès des déprédations, qui contient que, quand l'ambassadeur d'Espagne déclarera qu'une marchandise luy apartiendra, la délivrance luy en sera faicte à sa caution juratoire, chose fort importante et contre les traictez et concordatz entre les rois; et auroit led. ambassadeur aucune foys obtenu commission à une Chambre de Paris, et après a esté envoyée à la Court de

Parlement, à Paris, en quoy les marchans seront distraictz, au grand préjudice du Roy, qui ne pourra estre payé de ses deniers.

» Et plusieurs autres dont l'on fera des articles, qui luy seront communiquez, afin qu'il luy plaise, allant vers le Roy, ayder à la compagnye, à ce qu'il plaise au Roy révocquer telles commissions.

» Led. sieur de Bouillon a dict que, s'il plaist à la Court dresser articles et députer commissaires, qu'il y fera tout ce qu'il luy sera possible, et s'en constituera solliciteur, et fera bailler audience, et congnoistra-[t-on] qu'il y employera tout son pouvoir.

» A luy dict que la Court a faict faire plusieurs remonstrances à ses despens, et qu'il est expédient proposer aux Estatz que les frays se facent aux despens du pays, et le prie la Court qu'il soit ordonné aux Estatz de faire fonds pour faire les frays, afin de députer commissaires pour y aller, qui puissent se défrayer autrement qu'à leurs despens, comme il s'est faict par cy-devant : il y en a à qui en sont deubz les frays.

» Led. sieur de Bouillon a dict que la somme pour les frays du pays est limitée, et n'y a que 1,500 l., par quoy il seroit nécessaire avoir commission particulière et qu'il fauldra que les Estatz délibèrent la somme estre augmentée et qu'il s'y employera mieulx que pour luy. »

5 décembre 1571. — « Pour continuer la délibération commencée le 15ᵉ aoust dernier sur les petits sceaux. »

Le 15 août, le Parlement, les chambres assemblées, avait adopté les modifications suivantes :

« Pour le regard de l'article où il est faict mention des juges, qu'il sera entendu des juges royaulx.

» En la clause où il est faict mention des notaires, a esté

arresté qu'il sera entendu des notaires royaux et des actes publics emportant commandemens, contrainctes et exécutions.

» Quant à la peine de nullité des obligations au dessus de 5o s., arresté que lad. nullité sera seulement entendue de l'exécution, et non du contract et hypotecque.

» Arresté aussy que les gardes desd. petitz seaulx ne pourront prendre plus grandz salaires ou émolumens qu'il est porté par l'édict, et que sera le tableau contenant les prix des salaires et émolumens accoustumez, affiché en chacun auditoire de juridiction royale.

» Sur les deffenses à faire aux greffiers de riens prendre et exiger que, à raison de la peau de parchemin, ou, pour le regard des actes escriptz en papier, emplus avant que à la raison de l'ordonnance. L'heure a sonné ».

5 décembre 1571. — « A l'article des amendes procédans des faultes faictes èsd. petitz seaux, dont la moictié est attribuée aux gens desd. petitz seaulx, arresté que l'escroe et roolle desd. amendes seront signez par le juge ordinaire et par le procureur du Roy, pour autant que le Roy, par lesd. lettres de Déclaration, augmente et attribue ausd. gardes des petitz seaulx la moictié desd. amendes; et, quant aux appellations, dont le Roy retient la congnoissance en son privé Conseil, arresté que remonstrances en seront faictes à S. M., et, cependant, par manière de provision, ressortiront lesd. appellations en la Court, et seront les commissaires nommez par la Court, ainsy qu'en pareil est contenu en l'arrest de Paris.

Rapport fait au Parlement de Normandie, les Chambres assemblées, par les députés, au retour de leur voyage en cour.

19 août 1572. — « M. le président le Jumel (1) a récité comme la Court avoit ordonné remonstrances estre faictes au Roy pour le bien de sa justice et le repos de ses subjectz ; luy et MM. de Martimbos (2) et Damours, commis pour les faire, qui seront bien heureux d'avoir faict leur debvoir pour le service de la Court ; ayans esté tous ensemble proposer les choses qui faisoient à entendre, et ont tousjours trouvé les choses en si bon estat que rien plus ; et, si les choses sont succédées aultrement qu'ilz désiroient, *imputandum est eventui.*

» Ilz partirent le mardy, 24ᵉ jour de juin dernier (3), arrivèrent à Charleval (4) où ilz entendirent le voyage du Roy par deçà, et, après l'avoir entendu, allèrent jusques à Suzay (5), et, s'estans enquis de la venue du Roy par deçà, dont ilz ne sceurent sçavoir le jour, dont ilz advertirent la Court ; et, cependant, pensant que Charleval fust lieu propre pour avoir responce du Roy, qui venoit à Charleval, pour

(1) Pierre Le Jumel, conseiller du Roi en son grand Conseil, et grand rapporteur de France, nommé, sur la résignation de M. Le Comte de Dracqueville, à une charge de président au Parlement ; reçu le 14 nov. 1571.
(2) Marian de Martimbos, chanoine de Rouen et conseiller au Parlement.
(3) Le 13 juin, la cour avait ordonné que Hardouyn, commis du payeur des gages, leur délivrerait 500 l. pour leurs frais.
(4) Charleval, commune de l'arrondissement des Andelys ; anciennement connue sous le nom de Noyon-sur-Andelle, auquel avait été substitué celui de Charleval, en l'honneur de Charles IX, qui s'y était fait construire un château.
(5) Autre commune de l'arrondissement des Andelys.

aucunes raisons eslongnées de leur commission, ne trouvèrent qu'ilz y deussent retourner.

» Arrivèrent à Paris le jeudy 26e; le Roy, partant de Madrit, les Roynes (1) délibérèrent de aller à Meudon ou à Saint-Mor-des-Fossez. Cependant, ilz veirent Messieurs de Carrouges et de Matignon (2), le samedy; mays ilz n'avoient pas à prendre congé de la Royne, par quoy ilz ne leur peurent pas beaucoup ayder.

» Le dimenche, à Meudon, présentèrent à la Royne les lettres de la Court et luy feirent les recommandations; et leur dict que, quand ilz vouldroient, qu'elle les orroit; après à M. le cardinal de Bourbon, qui les receut humainement, qui leur dict que l'on ne leur avoit pas baillé ung arrest conforme à autre donné en pareil cas. Ilz luy respondirent que la Court n'estoit pas bien fondée, et ne vouloit rien faire sans que la chose fust bien fondée. Il leur commanda aller disner chez luy pour les présenter à la Royne.

» Ils feurent saluer MM. de Morvillier (3), de Lymoges (4), et président Birague (5). Led. sieur de Morvillier avoit dict qu'il estoit bien à propos qu'ilz fussent venus pour respondre à beaucoup de choses qui se proposent contre l'auctorité de la Court, tant pour les faulses monnayes, forests que autres, et

(1) Catherine de Médicis, la reine-mère, et Elisabeth, fille de l'empereur Ferdinand, femme du roi Charles IX.

(2) Jacques de Matignon, chevalier de l'ordre, conseiller du Roi en son privé Conseil, capitaine de 5o lances de ses ordonnances et son lieutenant général en basse Normandie. En récompense de ses services, le roi avait érigé en comté, sous le nom de Torigny, les baronnies de Torigny et de la Ferrière (sept. 1566).

(3) Jean de Morvillier, évêque d'Orléans, conseiller d'Etat.

(4) De Lymoges, cité par Chiverny, dans ses *Mémoires* « comme un des premiers du Conseil ».

(5) Réné de Birague faisant fonction de garde des sceaux, bien qu'il n'eût point encore de lettres de provision.

que Montguichet (1) avoit dict que la Court n'y avoit pas faict tant de choses comme l'on prétendoit; led. sieur de Lymoges l'avoit dict pareillement, et que le pays estoit grandement infecté de la faulse monnoie, et y en avoit beaucoup de coulpables, qui empeschoient que la justice ne s'y faisoit. Ilz respondirent comme il en avoit esté exécuté, ung an auparavant, 9 ou 10, qui rendoit la Court sans souspeçon. Et, quant à Montguichet, entendant ce qui avoit esté faict pour la saisie de ses coffres, fut content, combien qu'il prinst ung commissaire pour informer icy, qui estoit M. de Maisons-Cordet, pour y venir. Toutes fois, la commission fut retenue par M. le président Birague, qu'il luy feit veoir, qui leur dist que les sièges présidiaulx se plaignent de admettre par la Court indifféremment toutes appellations. Pense que c'estoit pour raison d'une cause du Petit-Seigneur, procureur à Caudebec, contre une pauvre femme, qui y estoit.

» Veirent en passant les sieurs de Mareillac (2) et de Saint-Bonnet, ausquelz ilz recommandèrent les affaires de la Court, lequel sieur de Mareillac leur respondit que le Conseil leur feroit raison, et monta sur son mulet, et s'en alla au chasteau, et led. sieur de Saint-Bonnet les feist entrer et les meist à la fresche, et s'offrit faire beaucoup.

» Le lundy, retournèrent à Meudon et se présentèrent aud. sieur cardinal de Bourbon, qui, continuant ses faveurs, les mena jusques en la chambre de la Royne, à laquelle il les présenta, qui les recongnut et leur demanda leur charge, à laquelle ilz deirent que la Court les avoit envoyez par devers le Roy pour luy faire entendre aucunes choses som-

(1) L'un des membres de la Commission pour la réformation des forêts.

(2) Guillaume de Marillac, sieur de Ferrières, intendant et contrôleur général des finances.

maires qui concernent son auctorité et repos de son peuple, luy remonstrant que les choses [estoient] réduictes en bon état; toutes fois il y avoit des choses joinctes (?), ausquelles falloit pourveoir, ainsy qu'elle avoit bien accoustumé faire, et que, s'il y avoit des choses mal mises, elle les debvoit entendre, et que, demeurant la Court de Parlement sans auctorité, ilz ne pouvoient moins faire que de faire entretenir la Court en ses privilèges et auctorité, et que le Roy avoit, en l'an 1570, érigé 15 conseillers en lad. Court, et supprimé la souveraineté des sièges présidiaulx, et toutes fois, à raison des différens advenus en ceste ville, il avoit rompu leur édict, et qu'il pleust à S. M. réduire les choses en l'estat pristin; et aussy qu'il s'estoit présenté ung autre eédict d'érection des assesseurs ès vicontez, chose assez mal à propos pour la justice, et avoit osté à la Court beaucoup de congnoissances comme des déprédations des forestz, de la marine, des francz-fiefz et nouveaulx-acquestz et autres qu'il avoit énumerées par le menu, et que la Court demeuroit si petite que riens plus, et qu'il y avoit d'autres choses dont la Court la prioit, à sçavoir de faire augmenter les gages de la Court, ne se pouvant entretenir au service du Roy avec si petitz gages, et que une partie estoient venus icy dernièrement, en laissant autres privilèges naturelz, estoient assis aux emprunctz avec le peuple, et que ceulx qui avoient autres privilèges ordinaires y estoient pareillement travaillez. Pour quoy elle supplioit faire maintenir sa Court en ses privilèges et la faire favoriser par le Conseil.

» Elle respondit : « Vous soyez les bien venus », et qu'elle les gratifieroit autant qu'il luy seroit possible, mais qu'il falloit qu'ilz fussent oys au Conseil, lors que le Roy seroit de retour et qu'elle feroit qu'ilz auroient règlement conforme à leurs demandes.

» Furent advertiz que Pynard, secrétaire d'Estat, estoit

malade ; le furent veoir et luy remonstrèrent qu'il se passoit beaucoup de choses qui concernent l'auctorité de la Court. Il les receut honnestement, et leur dict qu'il ne faisoit aucunes expéditions extraordinaires, avec clauses insolites [qu'] avec grand regret, et en faisoit remonstrances avant que y passer, dont aussy ilz ont présenté [plainte] à M. le président de Birague, auquel ilz remonstrèrent les clauses insolites des lettres que l'on envoioit *pour vérifier, à peine de perte de gages*, chose tant indigne d'une compagnye qui ne parle que par la bouche du Roy, et que la crainte de perte de ses gages ne pouvoit retarder la compagnie de faire justice.

» Le 1er juillet, escrivirent à la Court, et furent veoir M. de Montpensier (1) en sa maison, et luy firent entendre comme par le passé il avoit favorisé la Court, luy suppliant la vouloir favoriser, qui les receut humainement et s'offrit leur faire tout plaisir, et que tout le service qu'il pourroit faire à la compagnye, qu'il le feroit, et qu'il n'y avoit point qui luy fust plus cher.

» Le 2e de juillet, receurent lettres de la Court pour retourner à Charleval, et que la Royne estoit à Monceaulx ; mais elle estoit à Meudon, et parlèrent à elle, lorsque la Court avoit délivré lesd. lettres, et, voyant cela, demeurèrent là.

» A omis à dire que M. de Quièvremont (2), qui estoit dénommé aux lettres qu'ilz portent, leur assista tant qu'il peult, combien qu'il eust affaire particulière ; et fut présent tant qu'il fut à Paris.

(1) Louis de Bourbon, pair de France, duc de Montpensier, comte de Mortain, vicomte héréditaire d'Auge.
(2) Jean de Quièvremont, conseiller au Parlement de Normandie, protestant.

» Le mercredy, 2ᵉ de juillet, feurent veoir M. l'Admiral (1) et luy dirent leurs remonstrances à faire au Roy, et, entre autres une, la congnoissance de la déprédation de la marine, attribuée à la Court de Parlement, en cour des Chambres des Enquestes, à Paris, et que ceste Court n'y avoit rien oublié de son debvoir, luy suppliant qu'il eust la Court en recommandation, que les choses estoient réduictes à ce qu'il falloit, qu'elles fussent aussy réduictes pour la justice qui estoit despectée.

» A quoy, il avoit dict que Dieu avoit faict beaucoup pour le royaume de luy avoir envoyé le bénéfice de la paix, dont il rendoit grâces à Dieu, et qu'il sçavoit bien que beaucoup luy avoient imputé la cause de la guerre, mais protestoit que jamais homme ne affecta tant la tranquilité, et, s'il y avoit autre opinion de luy, qu'il n'y sçavoit que faire, et que, aux affaires pour quoy ilz estoient là, il leur feroit tout ce qu'il pourroit de plaisir.

» A dict que, le vendredy, pour ce qu'ilz avoient des instructions concernant M. le duc (2), advisèrent en parler à ceulx qui manioient les affaires et plusieurs, présents en la maison de M. de Maude, qui leur dict qu'il sçavoit bien qu'ilz estoient en ceste ville, et qu'ilz avoient quelques affaires concernans M. le duc, et que la Court n'avoit à qui elle se peust mettre en auctorité, après le Roy, [que] led. sieur duc, et les pria à disner pour leur faire entendre des affaires de M. le duc. Ilz y disnèrent; et, à leur disner, en une chambre séparée, et y estoit MM. de Mallevault et de Morre, leur dist qu'il sçavoit bien qu'ilz avoient des affaires concernans M. le duc, et que ce n'estoit pas à la Court de déli-

(1) Gaspard de Chatillon, de Coligny, chef du parti protestant après la mort de Condé, commandait l'armée rebelle à la bataille de Montcontour, en 1569.
(2) François, duc d'Alençon, frère du Roi.

bérer sur les [affaires] d'entre le Roy et M. le duc, et que l'érection de l'Eschiquier d'Alençon ne debvoit pas plus estre modifiée en la personne de M. le duc que en la personne de la feue royne de Navarre ; avis, s'ilz en parlent, qu'ilz auront une réplique si grande qu'ilz seroient bien aises de n'en avoir jamais oy parler, et que M. le duc leur debvoit estre amy. De luy, sieur de Maude, si l'on s'attacquoit là, ce seroit contre luy, qui en avoit esté promoteur, par quoy n'entendoit subir aucun jugement en ceste Court, et y alloit de son honneur.

» Ilz luy dirent qu'ilz n'avoient riens moins de charge, et que sa proposition estoit fort estrange.

» Il dist qu'il le sçavoit bien, et que la Court avoit délibéré et arresté qu'elle demanderoit la suppression de l'Eschiquier d'Alençon, et qu'il le sçavoit bien.

» Ilz luy dirent que ceulx qui l'avoient dict et rapporté avoient calomnié et estoit mensonge; èt lors ils luy leurent l'article de leurs remonstrances, qui ne concerne que la vérification de l'érection, et luy avoient remonstré que par led. édict l'on ne querelloit que les cas royaux.

» Il dict qu'ilz veulent congnoistre de tout ce dont le premier Eschiquier congnoissoit, et que, voulans faire cause contre M. le duc, ilz souffriroient repulse ignomineuse, et que c'est au Roy à traicter ses frères comme bon luy semblera.

» Ilz luy dirent qu'ilz trouvent estrange que quelques autres l'eussent ainsy mal imbué.

» Enfin, il dict qu'il se contentoit dud. article.

» Depuis, M. Damours luy dict que, si le Roy vouloit renvoyer les cas royaulx, c'estoit ce qui faisoit raisonnable, comme, en pareil, les autres Courtz de parlement.

» Là dessus, ilz se départirent, et dist qu'il parleroit à M. le duc.

» Le lendemain, furent veoir M. le duc de Bouillon, le mareschal de Cossé (1), qui les escouta en ce qu'ilz voulurent...

» Led. sieur de Bouillon se portoit mal, comme encores, et leur promit de leur faire ce qu'il pourroit de plaisir.

» Le lendemain, eurent lettres de la Court comme il [lui] ennuyoit qu'ils ne retournoient.

» Le 10e du moys, furent oys au Conseil, où estoient plusieurs de Messieurs, qu'il a nommez.

» Et lors, M. de Morvilliers proposa que les commissaires des forêtz se plaignoient fort des tortz que la Court leur avoit faictz et saisy leurs meubles et procès par eulx faictz, dont le Conseil désiroit estre esclarcy. Ils respondirent que, quand ilz estoient partis, ilz n'en avoient charge, et que depuis qu'ilz estoient arrivez par deçà, ilz avoient entendu ce qui avoit esté faict, et discoururent l'affaire comme il s'estoit porté, et que ce avoit esté à l'instance des parties et greffier de lad. Réformation, et que c'estoit contre la teneur des lettres-patentes pour le règlement de lad. Réformation... et que les tiltres ne se debvoient transporter hors le ressort, tant des gentilz hommes, gens d'église, que autres, et que l'on n'eust [pu] sur ce autre chose ordonner.

» Là-dessus, il commanda que l'on fist entrer Bodin et Fumée. Ce qui fut faict, et récita led. sieur de Morvilliers ce qu'il avoit proposé.

» Bodin se plaignit de ce que l'on pensoit les coffres estre fournis de concussions par eulx faictes, et qu'il avoit de la vaisselle d'argent.

» Ilz dirent que cela valloit mieulx teu que dict.

» Et là-dessus, lesd. déléguez avoient soustenu que la Court avoit bien faict, et récité ce qui avoit esté faict.

(1) Charles de Cossé, comte de Brissac, maréchal de France.

» Oultre cela, l'on leur remonstra que l'on avoit procédé rigoureusement contre le lieutenant Patry, de Caux, et le Vaudailly, et que l'on voyoit bien que la Court ne faisoit tel debvoir qu'il apartenoit, et qu'elle debvoit favoriser les commissions du Roy qui aydent à faire ce qu'il délibère faire.

» Ilz avoient respondu que la Court procédoit si syncèrement qu'il n'y avoit moyen de la calomnier.

» Led. sieur de Morvilliers dict qu'il sçavoit bien que la Court faisoit bien, mais que c'estoient diverses personnes qui n'alloient pas tous d'un pied.

» Ilz luy respondirent que la Court ne faisoit rien que bien.

» Là-dessus, il fist appeler Adrien Patry, Hermeneult, qui ne se trouvèrent poinct.

» Ce jour-là, veirent l'advocat du Roy, le Fossé, des Généraulx, qui leur proposa qu'il demandoit raison des entreprinses que la Court faisoit contre la Court des Aydes.

» Ilz respondirent que, s'il vouloit conférer avec eulx, ilz pouvoient vuider lesd. différens; sur quoy, ce jour-là, ne fut rien ordonné.

» Ilz furent voir M. Bellièvre (1), et luy présentèrent une lettre de la part de la Court, qui les oyt bien bénignement, et luy prièrent de les favoriser.

» Furent derechef chez M. le duc de Bouillon, afin de les présenter au Conseil, qui leur promist tout ce qu'il pourroit.

» Furent chez M. le duc, pour estre à son lever, et parlèrent à M. de Saint-Supplice, qui leur promist de les présenter à M. le duc le lendemain. Mais ne voulans perdre l'occasion de parler au Roy ce jour-là, furent chez M. le cardinal de Bourbon, qu'ilz prièrent de les présenter au Roy...

---

(1) Pompone de Bellièvre, plus tard surintendant des finances.

Il leur promist les faire entrer, quand le Roy entreroit en sa chambre, et donna charge à ung gentilhomme de l'advertir; et, le Roy sortant, M. le cardinal, en ung passage, dict au Roy qu'ilz estoient là, qui dist qu'il en estoit bien ayse. Auquel ilz dirent qu'ayant pleu à Dieu luy avoir donné le pouvoir avec la volonté de tenir ses subjectz en paix, il estoit nécessaire qu'il maintinst sa justice en sa splendeur et qu'il avoit supprimé les juges présidiaulx, et toutes fois, sans oyr la Court, fondée en éedictz et composition avec luy, avoit remis les juges présidiaulx, et que, oultre, il avoit osté toutes les congnoissances contenues en leur mémoire qu'il avoit énervées et avoit octroyé à M. le duc, son frère, l'Eschiquier d'Alençon, de sorte que sa court de Parlement estoit demeurée avec si petite congnoissance, que rien plus, et qu'il n'y avoit serviteurs moins recongnus que ladicte Court, et que les autres, fust par importunité ou autres moyens, obtenoient ce qu'ilz vouloient, et que les vrays serviteurs n'estoient recongnus exerçans sa justice, et que ceste compagnye recevoit ce maulvais traictement, que la Ville mettoit la Court aux empruntz avec le peuple, demandant augmentation de gages, et que, si Sa Majesté ne regarde à maintenir sa justice, il ne sçauroit régner comme roy.

» Le Roy de Navarre estant près de luy, il print et appela M. le cardinal de Bourbon qui estoient seuls avec luy, et le Roy dict qu'il les avoit faict appeler, et estoit bien ayse de les avoir oys, et qu'il leur vouloit pourveoir, et qu'ilz eussent à mettre par escript leurs mémoires, et qu'il leur recommandoit sa justice.

» Ilz avoient veu, le matin, M. de Montmorency (1), retourné d'Angleterre... Incontinent qu'il les avoit advisez, avoit dict : « Vous m'avez présenté une lettre de créance.

(1) Anne, duc de Montmorency, connétable de France.

» Dictes-moy que c'est. » Ilz luy proposèrent leur créance et contenu en leurz articles. Il escouta fort diligemment et leur fit des interrogatoires fort à propos et mesmes de leurs gages, sur quoy ilz advisèrent quelque chose dont ne se fist estat. Il leur dist que de toutes partz il s'employeroit pour ceste compagnye, et qu'il n'escoutoit pas en vain ce qui se présentoit de Rouen.

» En attendant l'opportunité de saluer M. le duc, allèrent à la garde-robe où estoit M. de M. de Maude et M. de Saint-Supplice; entrèrent et luy dirent qu'ilz avoient charge de faire remonstrances aud. sieur duc, comme protecteur de la Court, comme ses prédécesseurs et mesmes le duc d'Alençon, son prédécesseur, qui l'avoit faict nommer court de Parlement, et qu'il pouvoit encores mieulx faire pour lad. Court, estant assigné pour son appanage en Normandie, suppliant prendre la protection de la compagnye, et que la Court avoit intention de s'employer pour luy autant que pour le Roy.

» Il respondit que, à l'exemple de ses prédécesseurs, il feroit tout ce qu'il pourroit; et leur dist, pour l'affaire des boys, qu'il s'en formaliseroit, et, que, de luy, si le Roy, la Royne n'y donnoit ordre, il adviseroit y pourveoir au désavantage des commissaires particuliers.

» Furent veoir M. de Morvillier qui les fist oyr, après qu'ilz furent derechef saluer les princes et seigneurs, qui fut le 15e de juillet. Mais la Royne estoit allée à Monceaux pour veoir Madame de Lorraine, et y estoit allé M. le cardinal de Bourbon, qui avoit envoyé prier M. de Montmorency de les avoir pour recommandez pour son absence.

» Ce jour-là, led. sieur de Montmorency disna en l'Arsenal où il et led. sieur de Martimbos furent et parlèrent à luy et luy supplièrent de assister quand ilz seroient oys, qui avoit dict qu'il s'y en alloit, comme aussy avoit dict M. de Byron (1),

(1) Armand de Gontaut, baron de Biron.

Là-dessus, ilz s'en allèrent au Louvre, où led. sieur de Montmorency se trouva aussitost que eulx, et furent, led. jour, appellez au Conseil, qui fut extraordinairement assemblé.

» Ilz furent vers M. l'Admiral qui avoit beaucoup d'affaires, et leur demanda si c'estoit ce jour-là qu'ilz seroient oys. Il ne leur promit rien, et toutes fois il y fut des premiers, auquel M. d'Alençon présidoit, les mareschaux de Montmorency et de Cossé, Mareillac et autres des finances, où ils proposèrent leurs affaires. Y estoient M. de Maude, Saint-Supplice, Chyverny (1) et autres.

» Auquel Conseil il ne s'arresta pas à faire ung discours, et, à l'entrée, proposa, parlant à M. le duc, qu'ilz estoient députez pour faire remonstrances à S. M., que le Roy leur avoit ordonné mettre par escript, ce qu'ilz avoient faict, et les présentèrent. Dolu, greffier, les print.

» Il dist que, s'il y avoit chose qui ne fust assez claire, ilz l'esclarciroient sur la lecture, ce qu'ilz avoient faict.

» Or, ilz ne pensoient pas que derrière eulx feussent l'advocat Du Fossé-Gontran (2), le second advocat des Généraulx, et Bodin, Ermenoult, Daon.

» Montguychet propose ses plainctes, à quoy ilz respondirent, et furent leurs responces bien prinses comme il estime. En la fin de leurs articles, il dist qu'il y a des articles touchant les courtiers, que l'advocat du Roy proposeroit.

» Bodin se mit comme à prescher et que la Court de Parlement de Rouen vouloit juger en sa cause propre, et y avoit intérest, et s'estoit attaché à MM. de Martimbos et

(1) Philippe Hurault de Chiverny, plus tard, chancelier de France.
(2) Jacques Auber, sieur du Fossé, avocat à la Cour des Aides, anobli en 1566; nommé premier avocat du Roi à ladite Cour en 1571; remplacé par Guill. de Valpoutrel, 16 décembre 1573.

Damours, disant que led. Damours y avoit intérest, et demandoit au contraire des commissions du Roy, pour ce que son gendre avoit usurpé 100 acres de terre aux portes de Rouen, et que led. de Martimbos estoit en procès contre eulx, prest et en estat de juger, et fist, l'an passé, exécutions contre led. Damours, qu'il s'estonnoit de ce que led. Damours se ingéroit de demander ce qu'il demandoit, et que M. le 1er Président estoit récusable et 22 de son chef.

» Luy, président Le Jumel, avoit respondu que led. Bodin ne debvoit pas ainsy parler de la Court, qui y avoit faict son debvoir et baillé ung arrest de règlement, en l'an 1566, par lequel [étoit ordonné] ce que debvoient faire les officiers èsd. forestz pour la conservation des boys et que le temps avoit esté puys 10 ans en ça tel que l'on n'y avoit peu procéder, et qu'il ne se trouvera poinct de récusations que 6 ou 7 en ceste compagnye, qu'il y avoit plus de 60 présidens et conseillers, et que ce seroit grande charge de conscience au Roy d'ainsy énerver les causes de lad. Court, et que, quand il plaira au Roy s'en informer, qu'il trouvera les choses tout autrement que Bodin n'avoit proposé. Il proposa que, depuys l'an 1450, 1475, l'an 1501 et autres années, y avoit eu commissions tousjours addressées aux présidens et conseillers de la Court de Parlement.

» M. de Martimbos déclara que, s'il avoit chose de ce monde au bailliage de Rouen, qu'il quictoit tout ce qu'il avoit.

» Led. Damours pareillement, et que son gendre [étoit] gentilhomme de la Basse-Normandie, où estoient ses biens, et qu'il n'en avoit aucuns au bailliage de Rouen.

» Là-dessus, led. Damours avoit parlé des particulières évocations.

» Les Généraulx, les commissaires des faulx-monnoyeurs et autres parlèrent là-dessus. Pour led. jour ne fut rien délibéré.

» Ilz furent chez M. de Morvillier, auquel ilz supplièrent ne croire pas les propositions faulses dud. Bodin, qui leur dict qu'il n'en croioit rien et qu'il ne s'en falloit soucier.

» A dict qu'en sortant dud. Conseil, sur ce que led. Damours dict aud. Bodin qu'il avoit malheureusement faict d'avoir proposé telles choses de luy et de la compagnye, à quoy il avoit dict qu'il avoit entendu que l'on demandoit un décret de prinse de corps contre luy.

» Montguichet leur dist qu'il estoit marry que led. Bodin eust sugillé la compagnye.

» Or, depuis, ilz ont entendu que telles choses n'avoient en lieu, n'y avoit-on creu.

» Advertiz que M. Fumée estoit chargé de leurs articles dont ilz advertirent la Court, par Me Guill. Godefroy (1), ilz furent de rechef veoir M. le mareschal, et luy parlèrent de l'augmentation des gages sur quelques parties, dont ilz luy feroient ouverture, ce qu'il promit feroit.

» Ilz furent veoir M. le président de Birague, qui leur promist qu'il feroit tant qu'ilz auroient expédition.

» M. de Morvillier leur promist qu'il les feroit vuider le jeudy ensuivant.

» Le Roy s'en alla à la chasse, vers Monceaulx, les ungs et autres partent et s'en vont chacun où il voulut, de sorte qu'il n'y avoit plus de Conseil, et vint M. le cardinal de Bourbon à Gaillon, M. de Montpensier à Tours, ceulx de longue robe ailleurs.

» Ilz escrivirent à la Court comme ilz attendoient résolution de leurs affaires, et arriva M. Anzerey, qui leur apporta lettres de la Court.

(1) Guillaume Godefroy, avocat, greffier civil au Parlement.

» La Royne leur envoya dire qu'elle vouloit parler à eulx. Le conte de Fiasque (1), son chevalier d'honneur, les présenta et les précéda à visage descouvert, et s'offrit à eulx pour leur faire service, et selon les occasions que la Royne leur feroit du plaisir. Il les fit parler à la Royne, et luy firent entendre beaucoup de choses de leurs affaires, et qué, quand, l'occasion s'offriroit, la Court luy feroit service et qu'ilz portoient grand regret qu'ilz ne sçavoient s'il y avoit chose où ilz luy peussent faire service, la remerciant très humblement de les avoir maintenuz.

» Elle dict, en espagnol, qu'elle estoit bien ayse de les veoir et les prioit que ce qui s'offriroit pour elle fut recommandé comme des roynes qui l'avoient précédée, et que, d'elle, elle s'employeroit en ce qu'elle pourroit pour la compagnye.

» Led. conte de Fiasque leur exposa en françoys ce qu'elle avoit recommandé.

» Le 29e jour de juillet, ilz escrivirent à la Court.

» Le dernier juillet, le Roy retourné, ilz ne sont paresseux et vont demander expédition de leurs articles, et furent vers M. le cardinal de Bourbon et de Montpensier, qui n'y seurent être ce jour-là.

» Ilz parlèrent à M. l'admiral, qui s'y trouva, et aussy M. de Montmorency. Les autres mareschaulx n'y furent, qui sont en descord de leurs séances, mais estime qu'ilz les avoient recommandez.

» Le jour ensuivant, entendirent leur expédition de M. Fumée, et qu'il falloit mettre les articles au net et responses, et qu'il falloit le sieur de Beaumesnil, secrétaire des finances, pour les expédier.

(1) Scipion de Fiesque, nommé chevalier d'honneur de la reine Elisabeth dès le temps du mariage.

» Or, les articles sont arrestez au Conseil, et estant mis au net, qu'il les falloit faire veoir par M. de Morvillier, et qu'il y a des articles qu'il ne pense être dignes d'estre veuz, les autres non, et qu'ilz ont obtenu ung édict et deux lettres-patentes de Déclaration.

» Supplians [que] ce qu'ilz ont faict soit prins de bonne part, et que, à la vérité, les choses ont passé par auctorité plus que par justice. »

Arrêt de la Cour des Aides au sujet d'une commission nommée pour une générale description des biens et facultés des habitants de la Normandie.

« Du vendredy, 16e jour de février 1571.

» Sur la requeste présentée par Me Jehan Gosselin, procureur sindic des Estatz du pays de Normendye, comparent en personne et par Le Maistre, son procureur, et oy sur icelle, présence du procureur général du Roy, par lequel Gosselin a esté remonstré qu'il a eu communication d'une coppie de commission du Roy adressée au sieur de Fourneaux (1), maistre des Requestes de sa maison, et à ung nommé Du Lac (2), advocat au parlement de Paris, donnée à Villers-Costeretz, le 28e jour de décembre dernyer, par laquelle il luy seroit mandé continuer l'exécution d'autres commissions qui luy auroient esté adressées avant les guerres dernières pour l'égalization et assiette des tailles, tant en général que en particulier, et autres articles contenus en icelles lettres de commission, soubz couleur de l'exécution desquelles il a commencé à décréter des mandements adressant aux habitans des parroisses, par lesquelz, outre ce qu'il luy est mandé

(1) Guillaume Postel, sieur des Fourneaux, cité plus loin.
(2) Imbert Du Lac, cité plus loin.

par icelle commission et l'extendant au préjudice du public et de tous les habitans des troys Estatz dud. pays, il prétend faire une générale description des biens et facultés de tous les habitans d'icelluy pays, chose non jamais advenue en ce royaume, et qu'il disoit tendre à ung périlleux et domageable événement, au préjudice du bien et commerce public ; et, encores que les habitants dud. pays ayent esté cy-devant molestés et chargés de infinies charges, opprimez et molestez par soldatz et gens de guerre, par les subcides et deniers levés, il tendoit, par sa dicte commission lever et imposer une surcharge et seconde imposition, combien que les deniers octroyés par lesd. habitans à sa dicte Majesté ayent esté cueillis et levés, qui seroit une double taille, dont il n'est à présumer que led. seigneur veuille et entende ses dictz subjectz estre prégravés, comme ilz seroient, si lad. commission avoit lieu, en tant qu'il est mandé aud. sieur de Fourneaulx faire estat des personnes contribuables non imposées ou qui n'auroient esté imposées à sommes raisonnables, et outre faire les assiettes desd. tailles, tant en général, que en particullier, sur tous les habitans, en quoy mesmement, outre la conséquence de surcharge qui en adviendroit, telle commission est de impossible exécution, que lesd. sieurs de Fourneaulx et Du Lat, seulz, puissent estre informez plus certainement des biens des parroisses, en général, et habitans, en particullier, que les Généraulx, qui font leurs chevauchées chascun an, par apprez les Esleuz, procureur du Roy et depputés de chascune viconté qui assistent aux départementz, et les asséeurs qui sont esleus et nommés par les parroissiens, qui sont personnes approuvées, congnoissantz les facultez, commodités et incommodités des subjectz de chascune des Eslections, par les chevauchées que lesd. Esleuz font chascun an, et que tant se falloit qu'il fust réussy aucune utilité au public de l'exécution que led. sieur de Fourneaulx avoit encommencé faire de ses commissions avant lesd. guerres aux bailliages de Caen et Costentin, que, au contraire, elle avoit apporté dommage de plus deux foys que les tailles ne montoient, comme il s'estoit vériffié par les complainctes et doléances qui s'estoient rapportées aux Estatz dud. pays; en sorte que les députés d'iceulx Estatz, en toutes les Conventions depuis ensuyvyes, avoient requis la révocation d'icelle commission et donné charge aud. scindic et procureur d'icelle requérir et poursuivir, pour ce mesmement que led. sieur de Fourneaux, entrant à l'exécution de sa dicte commission néantmoins que les départementz des tailles feussent faictz par lesd. Elections et les rolles et assiettes faictes par les asséeurs des parroisses... et le payement de deux cartiers faict, il fist nouvelle cotization et département, en quoy, en ayant augmenté les ungs et diminué les autres, imposé et assis en ses mandemens plusieurs ecclésiasticques, nobles et autres exemptz, sans les avoir oys, et depuis les ayant luy-mesme deschargés, il en est advenu telle confusion entre les taillables sur les répétitions, comptes, rechanges et rassiettes, intérestz, dommages et despens des contrainctes, qu'il s'en trouve grande partye des parroisses, en général, et des parroissiens, en particullier, du toult ruynés et destruictz ; et encores pour avoir innové de faire ceuillir et lever lesd. deniers ès Ellections de Caen et Baieulx, et la recepte d'iceulx avoir esté baillée à ferme à certains fermiers qui les firent lors lever par certains commissaires, il en est advenu que, pour les abbus et larcins qui y ont esté commys, lad. taille a esté ceuillye et levée deux ou troys foys, comme il se vériffie par les procès qui en sont procédés ausd. Ellections, pour quoy, et que de l'exécution de telle commission ne pourroit provenir que toute charge au peuple, et encores rafreschir les rigueurs qui, par cy-devant, ont esté entre les subjectz de sa dicte Majesté par les vengeances qui se exécuteroient, se dénonceans les ungs les autres, leur estant à présent hosté le moyen de se faire la guerre par armes, et que aux Estatz généraux de France, tenus à Orléans, led. seigneur supprima et révocqua toutes les commissions extraordinaires, et outre déclara que, pour l'advenir, sa volonté estoit que tous les descordz et affaires feussent par cy-aprez terminés et deffinis par les juges ordinaires de son royaulme, et que telles commissions n'emportent autre conséquence que d'une éversion de républicque, réquéroit icelluy procureur des Estatz avoir lettres de ses dictes remonstrances, et, veu icelles, estre receu à opposition contre l'exécution d'icelle commission et l'adjonction dud. procureur général à ceste fin, et que, par led. procureur général, a esté dict qu'il donnoit adjonction aud. Gosselin, et, de sa part, entendoit faire remonstrance au Roy, pour, sur icelles, luy estre pourveu, réquérant à ceste fin estre renvoyé par devers la Majesté dud. sieur. La Court a ordonné et ordonne que led. suppliant aura lettre de sa dicte requeste et remonstrance dessus dicte, ensemble de l'adjonction à luy donnée par led. procureur général, pour, par lesd. procureur général et suppliant, eulx pourvoir par devers la Majesté du Roy, ainsy qu'ilz verront bon estre (1) ».

(1) Arch. de la Seine-Inférieure. Plumitif de la Cour des Aides. — Les lettres de commission, du 28 déc. 1570, visées dans cet arrêt, avaient été transmises, par le Roi, à la Cour des Aides, par lettres du Roi, datées de Madrid, le 26 janvier. La Cour, avant d'en ordonner l'enregistrement, en avait ordonné (10 février 1571) la communication au procureur des Etats.

Arrêt de la Cour des Aides contre l'évocation au Conseil du Roi des sentences du maître des ports et de la Romaine; intervention du procureur syndic des Etats.

« Du samedi dernier jour de mars 1571.

» Sur la requeste présentée par Jehan Sabatier, Guill. Bohier, facteur de Pierre et François, dits Delpech, Jehan Soupplix, facteur de Claude Le Liepvre et Pierre Boursier, de Paris, et Ch. Le Grand, facteur de Philbert et Jehan Gobelin, aussi de Paris, présens pour eulx et autres marchands, appelantz de Me Jacques Deshommetz, maistre des portz, pontz et paissaiges, en la province de Normendye, et par Cauchart, leur procureur, à l'encontre de Jehan Le Boullenger, pour luy, et stipullant pour les autres fermiers de la Romaine et imposition foraine en ceste province de Normendye, inthimez en lad. appellation, comparens par Joyse, leur procureur, en la présence du Maître, procureur de maître Jacques L'Hermitte, procureur sindic des manans et habitans de ceste ville, de Me Jehan Gosselin, procureur des Estatz de ce dict pays de Normendye, et du sindic des marchands de ceste dicte ville de Rouen, les parties oyes sur lad. requeste, en la présence du procureur général du Roy, tendans lesd. supplians par lad. requeste à ce que led. Joyse, èsd. noms, eust à respondre sur la provision prétendue par lesd. supplians; après que, par led. Joyse a esté dict qu'il avoit charge, pour lesd. fermiers, de insister à demander renvoy de la cause estre faict par devers le Roy, en son Conseil privé, suyvant les lettres-patentes dud. sieur, donnez, à Paris, le 18e jour de septembre dernier passé, présentez à la dicte Court, et n'entendoit autre chose dire; et que, par led. L'Hermitte, procureur sindic de lad. ville de Rouen, a esté dict que les prétendues lettres impetréez par lesd. fermiers avoient deux chefz, l'un pour évocquer aud. Conseil privé du Roy les appellations qui seront interjectez des sentences donnez dud. maistre des portz ou son lieutenant, et l'autre pour ne continuer ou prolonger les foires de ceste ville, sans le consentement desd. fermiers; et d'autant que led. premier chef seroit grandement au préjudice et travail des marchandz et contre les privillèges du pays, s'ilz estoient tenus aller plaider hors la province, déclaroit led. L'Hermitte qu'il entendoit contredire et empescher lesd. lettres en ce regard; et, pour le faict de la prolongation desd. foires, disoit qu'il estoit de tout temps acoustumé ce dont en résultoit estre décidé par les deux courtz de Parlement et des Aydes, ce qui debvoit estre ainsi observé et par icelles sur ce ordonné ce qu'ilz verront estre à faire appellez les parties; — le semblable soustenu par led. Le Maistre pour led. sindic des marchands; et, pour le faict dud. Gosselin, procureur des Estatz, dict que, précédemment l'assignation à luy faicte, instance desd. supplians, il estoit allé à la suite de la Court pour les affaires du pays (1); à quoy s'est présenté Roussel, procureur des bourgeoys, manans et habitans de la Ville Françoise-de-Grâce, présent, Mᵉ Pierre Picquerey, procureur sindic d'icelle ville, lequel a remonstré que iceulx bourgeois, manans et habitans avoient plusieurs previllèges et, entre autres, exemption des droictz de lad. imposition foraine, inthérinez du consentement des fermiers d'icelle, et, pour iceulx previllèges, d'estre traictez en lad. Court, tellement que, de les voulloir faire plaider aud. privé Conseil ou ailleurs hors lad. province, ce seroit contre et au préjudice de leurs dicts previllèges et lettres-patentes du Roy, à ceste fin à eulx concédez, par quoy entendoient empescher et

(1) Cette affaire était venue dès le 27 mars 1571 devant la Cour des Aides, et n'avait pu y être plaidée « pour raison de l'absence dudit Gosselin, procureur des Estatz, étant en cour pour les affaires du pays. »

empeschoient formellement lesd. lettres, en ce qui touschoit l'évocation des causes hors lad. province; et que par led. procureur général du Roy a esté dict qu'il est requis et nécessaire que led. procureur des Estatz feust sur ce oy, auquel la Court avoit ordonné lesd. lettres estre communiquées, actendu la conséquence d'icelles, l'effect desquelles estoit grandement préjudiciable aud. pays, et spécialement aux marchandz, mesmes forains; car, sy ainsy estoit qu'elles eussent lieu, ce seroit une voye préparée ausd. fermiers de travailler, à leurs volontez lesd. marchands, en les distraiant du pays au moyen dud. renvoy prétendu, au privé Conseil, des appellations dud. maistre des portz, tellement que, lesd. marchandz, pour éviter à la totale consommation de leurs marchandises, qui seroient et demeureroient saisyes pendant le vuide dud. appel, ilz préféreroyent acquiescer aux sentences donnez contre eulx, voire que ce feust contre tout droict, ou bien en transiger et apoincter à leur grande perte, plus tost que de poursuyvir telles appellations, et, au contraire, quicter l'effect des sentences données à leur prouffict, que de le poursuyvir aud. privé Conseil, pour ce qu'il cousteroit plus que la valleur du principal ne se monteroit, et qu'il peult advenir que le Roy seroit à 200 lieues de la ville de Rouen. Il y a plus, c'est que ce seroit distraire de la Court la cognoissance desd. appellations, combien qu'elle luy soit attribuée par les éedictz du Roy, signantment l'eédict de l'an 1552, joinct que led. maistre des portz demeureroit, en ce pays, magistrat souverain, composé d'une seule personne et sans appel, la poursuitte duquel appel en tout cas lesd. marchands seroient contrainctz abandonner et délaisser pour les raisons susdictes. A ces causes disoit qu'il eust esté propre led. procureur des Estatz estre oy. Toutes fois et actendu son absence, et pour éviter à tout retardement, déclaroit qu'il empeschoit lad. évocation et intérinement desd. lettres, lequel il requéroit estre différé, à tout le moins jusques à ce que le Roy eust esté consulté, et que par luy aultrement en eust esté ordonné ; mais, cependant, et jusques à ce qu'il eust esté oy sur ses remonstrances par devant led. sieur, et à ce que justice soit rendue aux partyes, qu'il pleust à la Court retenir la congnoissance desd. appellations, remonstrant oùtre, en tant qu'estoit la prolongation des foires prétendues faire révocquer pour l'advenir par lesd. fermiers, que, sur ce debvoit estre pourveu par les deux Courtz de Parlement et des Aides, lesquelles ont acoustumé d'assembler, quand il est question d'icelles prolonger, suyvant les lettres du Roy et suyvant qu'il est usité de tout temps. Par ce se rapportoit ausd. fermiers de faire à ceste fin assembler lesd. deux Courtz, pour par icelles y estre ordonné ce que de raison. Autrement disoit, qu'ilz n'étoient pour ce chef recevables aud. prétendu inthérinement. La Court a renvoyé et renvoye lesdictes partyes par devers le Roy en son Conseil privé pour leur estre pourveu ainsi qu'il plaira à sa Majesté. »

Arrêt de la Cour des Aides entre la veuve du procureur des États de Normandie et le trésorier desdits États.

« Du vendredy, 1ᵉʳ jour de juin 1571.

» Sur la requeste présentée par damoiselle Magdeleine Preud'homme, vefve de deffunct Mᵉ Nicolas Gosselin, le jeune, en son vivant procureur des Estatz de ce pays de Normandie, tant en son nom, que comme tutrice des enffans soubz-âge dud. deffunct et d'elle, adjournée en vertu du mandement de la Court, et demanderesse en arrest, comparent par Le Maistre, son procureur, présent Mᵉ Preud'homme, son frère, à l'encontre d'Estienne Duval, sieur de Mondreville, trésorier et receveur général des deniers des fraiz faictz pour les affaires communs desd. Estatz, impétrant dud. mandement et deffendeur dud. arrest, présent, et par Joyse, son procureur, en la présence de Mᵉ Jehan Gosselin, à présent procureur desd. Estatz, filz et héritier de Mᵉ Nicolas Gosselin, son père, ayeul desd. soubs-âge, lorsqu'il vivoit, aussy procureur desd. Estatz, et par led. Le Maistre, son procureur, tendant lad. Preud'homme, pour elle et ses dictz enffans, à ce qu'il fust dict que l'arrest par elle faict faire sur les chevaulx et hardes dud. Duval, pour avoir payement de la somme de 272 l. t. 17 s. t. restantes de la somme de 300 l. t., passez au compte dud. Duval, soubz le nom dud. deffunct Mᵉ Nicolas Gosselin, le jeune, pour sa vaccation des affaires dud. pays, actendu que led. Duval n'avoit aucun acquict de lad. somme en plus avant que de la somme de 27 l. 10 s., que led. Mᵉ Jehan Gosselin avoit receue en déduction desd. 300 l. t..... A quoy par led. Duval a esté dict que tant s'en falloit qu'il deubst aucune chose à lad. vefve et soubz-âge, que, au contraire, il se trouvoit que eulx, au droict de leur deffunct père, héritier de deffunct Mᵉ Nicolas Gosselin, l'aisné, estoient redevables envers led. Duval en plus de 600 l. pour deniers à luy fournis par ses promesses, lesquelles montoient et revenoient à la somme de 1,406 l. 12 s. t., et les parties allouez pour led. deffunct aux comptes dud. Duval, montoient seullement la somme de 8 à 900 l. t. Vray est que lad. Preud'homme et led. Mᵉ Jeh. Gosselin avoient employé, en demande aud. Duval, la somme de 797 l. 8 s. t. pour les fraiz prétenduz avoir esté faictz par led. deffunct à la poursuite des exécutoires des despens obtenuz à l'encontre des habitans de la ville, chastellenie et Election de Ponthoise; mais ilz n'avoient justifié d'estat, ordonnance ou exécutoire sur led. Duval, pour le paiement de lad. somme; mesmes, en regardant particullièrement avec led. Mᵉ Jeh. Gosselin, tant de ce qui luy estoit deu par led.

Duval, jouxte l'estat qu'il luy en avoit baillé que les payemens sur ce à luy faictz par led. Duval, il se trouvoit led. Me Jeh. Gosselin, estre envers luy redevable en grande et notable somme; et, néantmoins, lad. Preud'homme avoit rigoureusement faict arrester ses dits chevaux et hardes, dont il soustenoit debvoir remporter despens et intérestz, avec condamnation, tant contre lad. Preud'homme, ès dicts noms, que led. Me Jeh. Gosselin, de ce qu'il apparoistroit avoir esté par luy trop baillé et advancé, outre ce qui luy estoit alloué par ses comptes. Et, par led. Me Jeh. Gosselin, dict qu'il n'avoit inthérest à la demande de lad. Preud'homme et ses enfans, et se rapportoit à elle et aud. Duval d'en disputer, parce qu'il n'avoit aucune chose receu de lad. somme de 300 l. t., outre lesd. 27 l. 10 s. t., déduictz aud. Duval, la conclusion duquel il empeschoit pour la répétition par luy prétendue des deniers qu'il veult dire avoir trop advancez aud. deffunct Me Nicolas Gosselin, l'aisné, pour ce qu'il, au contraire, led. Duval estoit redevable pour n'avoir payé que ce qui luy appartenoit de la somme de 160 l. 4 s. 6 d., estant led. Duval en tort de contredire lad. somme de 797 l. 8 s., pour ce qu'il estoit saisy du compte ou estat auquel lad. somme estoit employée, et avoit receu les deniers provenans des exécutoires sur lesd. habitans; et, pour son regard particulier, il maintenoit que led. Duval luy estoit encores redevable de plus de 300 l., sur quoy il accordoit estre oy en compte avec luy; lad. Preud'homme, en la sus dite qualité, insistant, de sa part, à ses conclusions, veu que la somme par elle demandée estoit liquidée, et que les deniers que led. Duval disoit luy estre deubz estoient, encores à congnoistre et vériffier, n'ayant d'iceulx lad. veufve aucune congnoissance; et soustenoit n'estre tenue autrement en respondre; et, au cas que par la Court il seroit trouvé estre nécessaire voir l'exécutoire décreté sur led. Duval, soustenoit que, cependant, il faisoit à condamner provisoirement au payement de lad. somme liquide. Parties oyes, et après avoir sur ce prins à serment led. Duval, lequel a juré et affermé n'estre saisy dud. exécutoire et n'en avoir congnoissance, la Court a escondyt lad. veufve quant à présent de la provision par elle prétendue, sauf à elle à faire apparoir dud. exécutoire, si faire se peult (1) ».

Arrêt de la Cour des Aides entre le trésorier des États et les héritiers d'un receveur des étapes.

« 4e jour d'aoust 1571. — Sur la requeste présentée par Estienne Duval, escuier, sieur de Mondreville, trésorier et receveur des deniers des Estatz et fraiz communs de ce pays de Normendie, impétrant du mandement de la Court, comparent par Joyse, son procureur, à l'encontre de Me Claude Chappuys, chanoine en l'église cathédrale N.-D. de Rouen, Nicolas Dufour, sieur de Longuerue, Jacques L'Hermytte, procureur des habitans de ceste ville de Rouen, Jehan Gosselin, procureur des Estatz; la damoyselle vefve de feu messire Jehan de Vieupont, sieur du lieu, pour elle et tutrice des enffants soubz-âge dud. deffunct et d'elle, et Guillaume Auber, filz de deffunct Guillaume Auber, adjournez, comparens, ·assavoir, etc..... disant led. Duval, que, pour recouvrer le payement de certaine somme deue de reste par les héritiers de deffunct Jacques Roque, en son vivant receveur des estappes en la viconté de Rouen, Toustain, huissier, saisy de la charge dud. Duval, auroit prins et saisy ung grand coffre dans lequel y avoit plusieurs escriptures, et le

(1) Arch. de la Cour des Aides. — Plumitifs. — Arrêt précédemment rendu dans cette affaire, 29 mars 1571.

tout baillé en garde à Me René Martel, advocat en viconté, qui du depuis en avoit esté deschargé, ensemble led. Toustain et led. Duval contrainctz à prendre led. coffre, lequel il auroit faict meitre soubz clef en une seulle de son logis où pend pour enseigne la *Couronne de fer*... Led. logis de la *Couronne de fer*, pour la grande inondation des eaux durant l'hiver dernier, avoit esté entièrement emply d'eau, et spécialement lad. seulle jusques à la haulteur de prez de trois piedz, de façon que l'on n'y auroit pu entrer, et led. coffre estant dedans avec les escriptures ayant esté couvert desd. eaux, réduict en pourriture et putréfaction, de sorte que l'on n'en pouvoit approcher à présent pour la mauvaise odeur qui en sortoit et dont l'hoste dud. logis le poursuyvoit ordinairement de le faire wydier, ce qu'il ne pourroit faire sans ordonnance de la Court, et encore, quand il sera à ce permys, il convient jecter en la rivière lesd. coffre et escriptures...

» Les procureurs de... déclarent n'avoir inthérest ausd. coffre et escriptures, et se rapportent audit Duval d'en disposer comme il verra bon estre. »

Arrêt de la Cour des Aides sur une contestation entre le procureur des États et Christophe Laisné, lequel demandait à jouir de son office de procureur du Roi en l'Election d'Alençon jusqu'à ce qu'il eût été remboursé.

« Du jeudi, 22e jour de novembre 1571.—Sur la requeste présentée par Me Christofle Laisné, advocat pour le Roy en l'Election d'Allençon et du Perche, porteur de lettres-patentes du Roy et demandeur à l'inthérinement d'icelles, présent, et par Cauchart, son procureur, à l'encontre de Me Jehan Gosselin, procureur des Estatz du pays de Normandie, convenu sur lad. requeste, présent aussy, et par

Le Carpentier, occupant pour Le Maistre, son procureur, en la présence du procureur général du Roy, disant led. Laisné que par cy-devant il avoit esté pourveu aud. estat et office d'advocat pour le Roy en l'Ellection d'Allençon et du Perche, et du depuys auroit esté supprimé, à la requeste desd. Estatz, à la charge de le rembourser; ce que voyant et le reffus desd. des Estatz de faire icelluy rembours, led. suppliant s'estoit retourné par devers la Majesté du Roy, à laquelle il avoit ces choses remonstrées et obtenu lettres à ceste fin, par lesquelles il luy estoit permys se retourner par devant lad. Court, pour obtenir mandement aux fins de faire interpeller les procureur et receveurs desd. Estatz de le rembourser de la finance par luy payée, ensemble des inthérestz de ses deniers, à laquelle fin mandement luy avoit esté délivré, ce qu'il avoit faict, et dont, néantmoins, ilz estoient reffusantz le satisfaire, pour raison de quoy il requéroit, en inthérinant par lad. Court lesd. lettres, estre dit qu'il sera envoyé à la pleine possession et joyssance de son dit estat, et enjoint aux Eluz de lad. Election faire souffrir et laisser joyr led. Laisné dud. estat et office, faisant inhibitions et deffences à toutes personnes de le perturber ou empescher à icelluy, ains luy donner conseil, confort et ayde, tout ainsi qu'ilz eussent faict en précédent lad. suppression, et ce tant et jusques à ce que led. Laisné soit entièrement remboursé de la finance par luy payée, ensemble des intérestz qui en deppendent, suivant le contenu èsd. lettres-patentes; à quoy par led. Gosselin a esté dict et remonstré qu'il ne pouvoit consentir l'inthérinement desd. lettres-patentes, parce que, s'estant retiré par devers le Roy pour supplyer très humblement S. M. que les deniers qu'il convient pour le remboursement desd. officiers et autres semblables fussent assys et imposez sur les habitans dud. pays en l'année prochaine, et présenté requeste à sa dicte Majesté, sur laquelle avoit esté ordonné que lad. suppression d'officiers demeureroit en sa force et vertu, quelques lettres que lesd. supprimez eussent peu avoir obtenues au contraire, lesquelles, pour cest effect, sa dicte Majesté avoit révoquées et déclarées nulles, et que, en attendant led. remboursement, ilz joyroient de leurs gaiges, seullement, ainsi qu'il faisoit apparoir, par ordonnance du privé Conseil dud. seigneur, du 1er jour d'octobre dernier, laquelle led. procureur des Estatz requéroit estre observée en tout son contenu, led. Laisné disant que led. procureur des Estatz ne faisoit apparoir d'aucunes lettres en forme pour empescher l'effect et inthérinement de celles qu'il avoit pleu au Roy luy concéder, faisant seullement apparoir d'une ordonnance soubzscripte en sa prétendue requeste, signée de Marillac, Intendant des finances (1), et non du greffier du Conseil privé du Roy, ce qui seroit requis, ou faire apparoir de lettres à ceste fin, passées et expédiées au seau, pour rendre lad. ordonnance autentique, laquelle, d'autre part, n'auroit esté faicte que pour les officiers ayans gaiges, dont led. Laisné ne seroit du nombre, parce qu'il n'en avoit aucuns; et partant soustenoit que l'inthérinement desd. lettres luy debvoit estre accordé pour en joyr selon leur forme et teneur, à tout le moins par provision, jusques à ce que autrement, par le Roy ou lad. Court, en ayt esté ordonné, icelluy procureur des Estatz disant qu'il suffisoit que lad. ordonnance soit signée dud. sieur de Marillac, Intendant des finances, et néantmoins espéroit, avant trois jours, en recevoir les lettres-patentes du Roy expédiées; et, n'eust esté la Convention der-

---

(1) Guillaume de Marillac, d'abord conseiller du Roi à la Chambre des Comptes, à Paris, commis par le Roi à l'exercice de la recette générale de Rouen, plus tard conseiller du Roi en son Conseil privé, intendant et contrôleur général des finances; seigneur de Ferrières-en-Brie; marié à Geneviève de Boislevesque.

nière des Estatz, qui l'avoit contraint faire retour de la Court en ceste ville, il les eust apportées avec luy, au moyen de quoy il deffendoit l'inthérinement desd. lettres obtenues par led. Laisné; — et par led. procureur général du Roy, dict et déclaré qu'il ne vouloit icelluy inthérinement contredire ny accepter, et s'en rapportoit à lad. Court d'en ordonner. Parties oyes, lad. Court, avant que de leur faire droict, a ordonné et ordonne que led. procureur des Estatz fera apparoir desd. lettres-patentes expédiées, dans la huictaine, et communiquera icelles aud. Laisné pour, ce faict, ordonner qu'il appartiendra. »

Arrêt entre les parroissiens de la parroisse Saint-Estienne-jouxte-Rouvray (1), *d'autant qu'il y en a de demourans dans la bonne lyeue de Rouen, autrement dicte banllieue de Rouen, et extendue d'icelle, porteurs des lettres-patentes du Roy, pour estre déclarez francs et exemptz de la contribution des tailles, demandeurs à l'inthérinement d'icelles, et à ceste fin impétrans de mandement de la Court, d'une part, et M*ᶜ *Jacques L'Hermitte, procureur scindic des manans et habitans de la ville de Rouen, maître Jehan Gosselin, procureur des Estatz en ce païs de Normandie, et les parroissiens de lad. parroisse Saint-Estienne, demourans hors lad. banlieue, convenuz sur l'inthérinement desd. lettres-patentes, d'autre part.*

« Veu par la court les lettres-patentes du feu roy Francois Iᵉʳ, données à Paris, le 20ᵐᵉ jour de may 1540, obtenues soubz le nom des manans et habitans de lad. parroisse

(1) Saint-Etienne-du-Rouvray, commune du canton de Grand-Couronne (Seine-Inférieure).

Saint-Estienne, aux fins de lad. exemption de contribution aux tailles; la mesure faicte de lad. banllieue, le 12e jour d'aoust 1541, par ordonnance de lad. Court, du 18e de may précédent, par feuz Me Thomas Maignart et Jacques de Croismare, conseillers généraulx en lad. Court et commissaires d'icelle en ceste partie; autre mesure faicte par lesd. commissaires d'icelle banllieue, le 6e décembre 1543, par arrest de lad. Court du 25e d'octobre précédent; arrest donné en icelle, entre les manans et habitans de lad. parroisse Saint-Estienne-lez-Rouvray, demandeurs en lad. exemption, d'une part, et le procureur général du Roy et lesd. procureurs des Estatz et de Ville, deffendeurs de lad. prétendue exemption, d'autre, le 8e de may 1544, par lequel lesd. de Saint-Estienne auroient esté déclarez évyncez de l'effet et inthérinement de leurs d. lettres, et ordonné qu'ilz demoureroient contribuables aux tailles, ainsi qu'ilz avoient esté en précédent; lettres royaulx obtenues en la chancellerye de Rouen par lesd. parroissiens particuliers, le dernier jour de mars 1569, à ce que, pour les causes y contenues et nonobstant led. arrest, ilz feussent receuz à poursuivyr leur dicte exemption; mandement de lad. Court du 20 octobre aud. an, obtenu de la part desd. parroissiens de Saint-Estienne, d'autant qu'il en a de demourans dans lad. banlieue, pour faire assigner en icelle les autres parroissiens en commun d'icelle parroisse, pour, eulx oyz, ordonner de l'inthérinement desd. lettres ainsi qu'il appartiendroit; arrest de lad. Court du 4e de nov. ou d. an, comme lettre avoit esté accordée, ausd. parroissiens particulliers, de la déclaration faicte de la part desd. parroissiens en commun de Saint-Estienne, demourans hors la banllieue, qu'ilz ne voulloient empescher l'effect et inthérinement des d. lettres; autre arrest du 9e du d. moys de novembre, comme, led. procureur général du Roy oy, il avoit esté ordonné que, en sa présence, autre mesure seroit faicte de lad. banllieue en la forme et manière accoutumée, pour, ce faict, ordonner qu'il appartiendra, et à ceste fin commys et depputez Mes Anthoine Caradas et Jehan Maignart, conseillers généraulx en icelle; procès-verbal de Me Jacques Paullin, grand arpenteur général pour le Roy en Normandye, Raoullin Rivière et Simon Fremond, mesureurs jurez pour led. sieur, du 13 avril 1570, de la mesure par eulx faicte de lad. banllieue, par ordonnances desd. commissaires, en la présence dud. procureur général du Roy et du procureur desd. Estatz, ayans commencé à la porte du pont de ceste ville de Rouen, vulgairement nommée *la Porte aux Images*; le procès-verbal dressé par lesd. commissaires; requeste présentée à lad. Court par lesd. parroissiens particuliers, le 7 de décembre oud. an 1570, laquelle avoit esté communicquée aud. procureur général du Roy et ausd. procureurs de la Ville et des Estatz; acte du 18e dud. moys, contenant la déclaration faicte par led. procureur de la Ville, qu'il ne voulloit contredire ny empescher l'inthérinement desd. lettres-patentes, à la charge que lesd. parroissiens seroient tenuz contribuer aux aydes, impostz et subcides de lad. ville, dont lettre avoit esté accordée ausd. parroissiens; arrest de lad. Court du 19e dud. moys, donné entre lesd. parroissiens, en la qualité sus dite, d'une part, et led. Gosselin, procureur des Estatz, d'autre, par lequel, parties oyes en la présence dud. procureur général, sur leurs respectives raisons et conclusions, elles auroient esté appointées au conseil et à clorre par devers lad. Court leurs lettres et escritures, joinct leur plaidoyé; arrest de lad. Court,... du 27 de juillet 1520, entre les parroissiens, manans et habitans de la paroisse de Neauville (1), impétrans de lettres roiaulz, demandeurs à

(1) Isneauville, commune du canton de Darnétal (Seine-Inférieure).

l'inthérinement d'icelles, d'une part, et le procureur général, d'autre ; coppie d'autre arrest donné en lad. Court, le dict 27 de juillet 1520, au prouffict et bénéffice des parroissiens, manans et habitans des parroisses de N.-D. et Saint-Pierre-de-Francqueville, en tant qu'il y en avoit dans les fins, lymittes et enclaves de lad. banllieue, ensemble les pièces, lettres et escriptures dont led. Gosselin, procureur des Estatz, s'est voulu aider par sa clausion, et, tout considéré, la Court, en inthérinant lesd. lettres-patentes du Roy, du 2ᵉ jour de septembre dernier passé, a déclaré, et déclare lesd. parroissiens particulliers de Saint-Estienne-lez-Rouvray, francs, quictes et exemptz de payer ne contribuer pour l'advenir ausd. tailles pour le temps qu'ilz continûront et feront leur demeure ès lieux et maisons où ilz sont à présent et seront à l'advenir résidentz et demourans dans lad. banllieue, enclaves et lymittes d'icelle, et pour cognoistre et élucider l'extendue d'icelle banllieue, lad. Court a ordonné que, sans avoir esgard aux mesures qui par cy-devant en avoient esté faictes, autre mesure en sera tout de nouveau faicte aux despens desd. parroissiens, en particullier par lesd. Caradas et Maignart, conseillers généraulx, ayant par ci-devant procedé à lad. mesure, à ce commys et depputez, en la présence dud. procureur général du Roy, procureur des Estatz, ou iceulx appellez, à commencer icelle mesure à la porte de la ville, estant au bout du pont d'icelle, entrant dans lad. ville ou à telle autre porte d'icelle qu'ilz verront bon estre, autre que la porte ancienne du pont, appelée la *Porte aux ymages*, pour, ce faict et rapporté par lesd. commissaires à lad. Court ce que ce faict en auront, estre ordonné de la bourne de lad. banllieue, ainsi qu'il appartiendra ; et par ce moyen seront tenuz lesd. affranchis, ensemble leurs successeurs, à telles et semblables aydes et subventions envers le Roy que les autres habitans de lad.

ville et banllieue de Rouen, lesquelz, au surplus, seront rayez des roolles et contrerolles à taille de lad. parroisse Saint-Estienne, comme du nombre des demourans dans la banllieue, et enjoinct à l'Eleu de Rouen et autres déléguez, en procédant au prochain département des tailles, avoir esgard au contenu au présent arrest et à la descharge desd. parroissiens particulliers, pour, par eulx, procedder esgallement à l'assis de lad. parroisse Saint-Estienne, pour le reste des autres parroissiens qui y demoureront asséables; et à ce que led. Esleu et autres n'en puissent prétendre cause d'ignorance, a lad. Court ordonné et ordonne que le présent arrest leur sera signiffié et d'icelluy baillé coppie aux despens desd. parroissiens particulliers, les parties envoyées sans despens de part et d'autre, et pour cause.

» Pour Mr le rapporteur, quinze écus.

» Signé : J. de Croysmare.   J. Maignart. »

» Prononcé en la Court des Aydes, à Rouen, le 19e jour de novembre 1571, présentz : Pierre et Robert, dictz De Leau, Thomas Dumonstier, Colas Delamare, Guillaume Raynoult, Paollet Cecille, et plusieurs autres des dictz parroissiens particulliers.

» Veu par la Court l'arrest donné en icelle, du 19e jour de novembre derrenier, passé entre les parroissiens de la parroisse de Saint-Estienne-jouxte-Rouvray, d'autant qu'il y en a de demourans dans la bonne lieue, autrement dicte banlieue de Rouen et extendue d'icelle, d'une part, et maistre Jacques L'Hermitte, procureur syndic des manans et habitans de la ville dud. Rouen, Me Jehan Gosselin, procureur des Estatz en ce pays de Normandye, et le procureur de lad. parroisse Saint-Estienne, demourant hors lad. banlieue, d'autre, par lequel, entre autres choses, lad.

Court auroit déclaré lesd. parroissiens particuliers de Saint-Estienne-lez-Rouvray, francs, quictes et exemptz de payer, ne contribuer pour l'advenir aux tailles pour le temps qu'ilz continûront et feront leur demeure et résidence ès lieux et maisons où ilz sont à présent et seront à l'avenir résidents et demourans, ainsi que les autres habitans de lad. ville et banlieue de Rouen..., pour congnoistre et élucider l'extendue de laquelle banlieue lad. Court auroit ordonné que, sans avoir esgard aux mesures qui par cy-devant en auroient esté faictes, autre mesure en seroit tout de nouveau faicte aux despens desd. parroissiens particulliers, par Mes Anthoine Caradas et Jehan Maignart, conseillers généraulx de lad. Court..., en la présence du procureur général du Roy et dud. procureur des Estatz, ou iceulx appelez; le rapport ou procez-verbal de Me Jacques Paulin, arpenteur général pour le Roy en Normandye, Guill. Acoulombz, Guill. Ricard et Vincent Goudemare, mesureurs jurez, du 28e novembre, de la mesure par eulx faicte,... présence desd. procureur général et Gosselin comme dessus,... de lad. banlieue, à commencer à droicte ligne et le plus droict qu'il se pourroit faire par l'esquierre, à la porte *Guillaume-Lyon*, tenant aux murs de lad. ville de Rouen, traversans la rivière de Saine, jardins, fossez, ysles, praries, terres labourables et à labourer, hayes, murs, roges, sentiers, chemins et adresses pour aller droict aud. lieu de Saint-Estienne, ayans icelle mesure faicte à la raison de mille perches ou tours de roue, de 18 pieds 8 pouces et demy chascune perche, et de 12 poulces chacun pied, le tout à toyse, ayans trouvé lesd. mille perches ou tours de roue par lad. mesure finir au parmy ou mytant d'une pièce de terre labourable, contenant une vergée ou environ, assise au triège de *Lorican*, appartenant à Jacques Berrier, distant du grand chemyn tirant à Oyssel et au Port-Saint-Ouen, de 11 perches trois quartz, dans lequel grand chemyn, présence desd. commissaires, procureur général et procureur des Estatz, auroit esté faicte une fosse et dans icelle mys une grosse pierre, pour merche, en attendant que la bourne y fût apposée, de laquelle merche et pierre, jusques au coing du mur de la maison du sieur Le Hanyvel (1), y avoit distance de 3 perches 3 quartz, ayans trouvé lesd. mesureurs icelle mesure excéder la mesure précédente, faicte le 13e jour d'avril 1570, de 10 perches, et, tout considéré, il est dict que suivant, led. arrest du 19 novembre derrenier, procez-verbal desd. commissaires et rapport desd. arpenteur général et mesureurs, il sera mys et apposé bourne en la présence desd. commissaires, au lieu et place en laquelle lad. grosse pierre avoit jà esté apposée, pour servir à jamais et à perpétuité d'enseigne et remarque de lad. banlieue Saint-Estienne, dont procez-verbal sera baillé et délivré ausd. parroissiens particulliers par lesd. commissaires, pour eulx en ayder ainsy qu'ilz verront bon estre.

» Pour M. le rapporteur, deux écus.

» Signé : de CROYSMARE,   J. MAIGNART.

» Faict en la Court des Aydes, à Rouen, le cinq de décembre 1571. »

Lettre du roi à l'archevêque de Rouen, pour obtenir un secours du clergé.

« Mon cousin, comme vous estes tesmoing du regret que j'ay tousjours porté de veoir mes pauvres subjectz si fort affligez qu'ilz ont esté durant les derniers troubles, aussi sçavez-vous le désir que j'ay eu de les veoir soullagez des

(1) Robert Le Hanyvel, sieur de la Chevalerie et de Saint-Etienne-du-Rouvray.

charges qu'ilz ont supportées jusques ici, qui est cause qu'en l'urgente nécessité en quoy je suis de pourveoir promptement au payement des grandes sommes de deniers deues aux estrangers Reistres et Suisses, qui ont esté en mondit Royaume durant lesd. troubles, il n'y a moyen, pour y satisfaire, qui n'ayt esté cherché et propozé en mon Conseil, comme vous sçavez, sans avoir esté obmis de retrancher tout ce qu'il a esté possible de mes autres despences ordinaires et extraordinaires ; mais tant s'en fault que par là il se soit trouvé aucun remedde ne secours pour le payement desd. Reistres et Suysses, que par l'estat de mes finances, vériffié en ma présence, je me trouve grandement en arrière du payement desd. autres despences que je suis contrainct supporter, et qui ne se peuvent diminuer ne différer ; et néantmoins, ne se pouvant retarder le payement desd. estrangers, qu'il ne soit faict dans les termes portez par les promesses et obligations qu'ilz ont de moy, sans laisser mes affaires en danger, nouveau trouble ou autre inconvénient, ceste extrême nécessité, à laquelle je ne trouve nulle autre yssue, me contrainct, suivant la résolution de mon dit Conseil, recourir aux trois Estatz de mon dit royaulme, assavoir l'Église, la Noblesse et le tiers Estat, affin que, par une gratieuse subvention, ilz m'aydent à sortir de ce mauvais passaige ; et, sur ce ayant faict dresser instructions particulières contenants les sommes dont je désire estre aydé et secouru de chacun de mesd. subjectz et mesmes desd. ecclésiastiques, selon leurs revenuz et facultez spéciffiées par lesd. instructions [marquant], les moyens d'en lever les deniers et ès mains de qui ilz seront mis, en attendant qu'ilz soient employez au payement desd. Reistres et Suysses et non ailleurs, j'ay advisé de vous addresser celle qui concerne les diocèses et clergé du gouvernement de Normandye et l'acompaigner de la présente pour vous prier, mon cousin, que comme vous avez singulièrement embrassé ce qui concerne le bien de mes affaires, et que vous sçavez, autant que nul autre, la nécessité d'iceulx, vous veuilliez incontinent faire assembler les évesques dudit gouvernement de Normandye, et, en leur absence, leurs grands vicaires, séparément ou ensemblement, en tel lieu et ainsi que vous adviserez, avec quelque nombre des principaulx du clergé de chacun diocèse, et, leur ayant remonstré le contenu en lad. instruction, avec ce qui vous semblera pouvoir servir à ce propoz, faire incontinent procedder à la taxe de ce que chacun debvra porter conformément à lad. instruction, à faire user de dilligence au recouvrement des deniers, de manière que j'en puisse promptement tirer le secours que j'en attendz, comme le seul moyen que je puis avoir de satisfaire ausd. Reistres et Suysses, qui est de telle importance que mieulx à propos ny en occasion plus nécessaire ne pourrois-je estre aydé et secouru de mes subjectz, ce que je m'assure que vous sçaurez si bien faire entendre à ceulx dudit clergé, qu'ilz m'accorderont volontiers lad. subvention; et pour ce, mon cousin, que par lad. instruction vous serez plus particulièrement faict certain de mon intention, suivant la résolution qui en a esté prinse en votre présence et encore aujourd'uy, je ne vous en tiendray plus long propos, veu mesmes que vous sçavez et cognoissez, par l'estat que vous avez veu de mes affaires le grand besoing que j'en ay et le si notable service que me ferez, y usant et faisant user de dilligence, que je n'en puis recevoir ny attendre de plus grand de vous ny d'autre ; et m'asseurant que vous n'y oublierez rien et que m'en donnerez la satisfaction que je désire, pour la fin, vous prieray m'advertir souvent du debvoir qui s'y fera et dans quel temps les deniers en pourront estre prestz. Cependant je supplye le Créateur qu'il vous ayt, mon cousin, en sa saincte et digne garde. Escript à Villiers-Costerez, le xiiie jour de décembre 1570.

» Ainsi signé ; CHARLES, plus bas, PINART, et superscrite : A mon cousin le cardinal de Bourbon, archevesque de Rouen ».

» Collationné à l'original entre mes mains par moy secrétaire de Mgr. le cardinal. »

Extraits des registres du Chapitre de Rouen.

8 janvier 1571. — « Sur la remonstrance faicte par M. Eude qu'il avoit entendu qu'il y avoit lettres-patentes expresses décernez par le Roy, affin de lever quelques empruntz sur toutes sortes de personnes de ce royaulme, assavoir sur les ecclésiastiques, les nobles et ceulx du tiers Estat, sans excepter personne, assavoir sur ceulx ayant 6,000 l. de revenu annuel et au-dessus, la somme de 200 escus ; sur ceulx qui en ont 2,000 et au-dessous jusques à 6,000, 100 escus ; et sur les autres qui n'en ont jusques à 2,000, selon leur revenu, et commissaires députez pour faire lesd. emprunctz, à quoy, estoit bon obvyer et sçavoir comme MM. de Paris y avoient procédé pour autant que lesd. lettres-patentes leur ont esté desjà notiffiez, il a esté ordonné qu'on en escripvera à M. Vialar (le chanoine) pour le supplier de s'en enquérir et le mander. »

10 janvier. — « Relation faicte par M. Lambert que M. de Brèvedent et luy, comme estantz députez par Chapitre, s'estoient, le jour d'hier, trouvez en l'assemblée que avoit faict faire Mgr. le Cardinal pour adviser et délibérer les lettres envoyez par le Roy pour la subvention par luy demandée sur les troys Estatz de son royaulme, desquelles lettres, ensemble des instructions envoyez par le Roy, notre dit sieur, aud. sieur cardinal, pour lever led. emprunct sur le clergé, ainsi qu'il fut, le jour d'hier, référé par M. Eude, ilz

avoient demandé coppie pour en délibérer en Chapitre ainsy qu'il leur avoit esté enjoint par led. seigneur. Il a esté conclud que, le clergé estant assemblé, le Chapitre baillera son advis sans se disjoindre ny séparer d'avec icelluy; et affin de sçavoir au certain comme MM. de Paris s'y sont gouvernez, ordonné qu'on envoira homme exprès à Paris avec lettres adressantes à M. Vialar. »

23 janvier. — « Ce jourd'huy, il a esté receu lettres de M. Vialar, en dabte du 18 de ce présent moys, par lesquelles il dict que le Roy a esté tellement supplié qu'il a accordé en fin que l'emprunct par luy demandé ne sera levé en la forme et manière contenue en son édict, mais qu'il s'en va à Madry, où se doibt faire une bien grande assemblée pour délibérer de la forme et manière comme on pourra acquitter le Roy de ce qu'il doibt aux estrangers, Suisses et Reistres. »

23 mars. — « Sur ce que le procureur de la Ville a dict que le Roy avoit envoyé lettres-patentes par lesquelles il demandoit luy estre subvenu par les habitans de la Ville et bonne lieue de Rouen, de quelque qualité qu'ilz soient, voire ecclésiastiques, pour le bien patrimonial ou d'acquisition qu'ilz ont en la dicte ville et bonne lieue, de la somme de 200,000 l. payables en 3 années, assavoir le 1er jour de may prochain venant 80,000 l., l'an 1572, 60,000, et en l'an 1573, autres 60,000 l., pour sur lequel patent délibérer la Ville debvoit assembler aprez midy, requérant pour ces causes led. procureur estre députez, de la part de Chapitre, pour s'y trouver, il a esté ordonné que MM. lesquels sont immatriculez en la table *ad beneficia conferenda* s'y transporteront. »

Autres extraits des registres capitulaires.

« Vendredy, 9ᵉ de novembre 1571. — Commis MM. le grand archidiacre, Quintanadoine, et Bigot, pour aller au devant de M. le duc de Bouillon, affin de le supplier que ses gentz aillent loger ailleurs que chez Messieurs, et à ces fins porter ung rolle de tous mes dicts sieurs, et permis à M. Guérard y aller, combien qu'il ne aict faict sa résidence rigoureuse, par ce, toutes fois, que, à la fin d'icelle, il sera subject aultant de jours qu'il aura esté absent.

» Mercredy, 14ᵉ de novembre. — Sur ce que le procureur de la Ville a remonstré qu'il y avoit assemblée, ce jour d'huy, à l'Hostel de la dicte Ville, pour élire des personnes, affin d'assister aux Estatz, requérant, à ces causes, que le Chapitre députe quelques ungs pour s'y trouver, MM. Lengellé et Ballue, immatriculez en la table *ad beneficia conferenda*, commis à ceste fin.

» Il a esté ordonné que le Chapitre sera assemblé *per juramentum* à demain pour délibérer la requeste de M. Sequart *senior*, et ordonner sur icelle ce que de raison.

» Jeudy, 15ᵉ de novembre. — Mys en délibération la requeste faicte le jour d'hier par M. Sequart, l'aisné, affin d'estre dispensé pendant le temps qu'il vacquera aux Estatz, actendu qu'il a esté référé, par aulcuns de Messieurs, que, aultrefois, ilz avoient esté députez pour assister ausdits Estatz, ainsy que le dict sieur Sequart, mais n'estoient excusez en l'église, ains se contentoient du salaire à ce destiné, il a esté ordonné que led. sieur Sequart ne sera dispensé.

» Lundy, 3ᵉ de décembre. — Sur la signification faicte par Ribault, huisssier en la Court, requeste de M. Sequart l'aisné, d'une requeste, par luy présentée à la Court, à ce qu'il soit dict qu'il soit tenu et reputé pour présent en l'église, gaignant les distributions d'icelle comme les présents, pendant qu'il vacquera pour les Estatz, et assignation à comparoir, demain matin, au parquet de MM. les gentz du Roy, commis MM. le grand archidiacre, Le Brun, Bigot et Brèvedent, pour s'y trouver et remonstrer que ledit sieur Sequart demande une chose qui jamais n'a esté demandée, combien qu'il y aict eu plusieurs chanoines qui ont faict la response des Estatz ainsy que ledit sieur Sequart, et que, s'il avoit ce qu'il demande, il remporteroit double salaire d'une chose mesme, d'aultant qu'il luy sera faict taxe pour ses peynes et vaccacions et pour faire toutes aultres remonstrances qu'ilz trouveront estre bonnes à faire.

» Mardy, 4ᵉ de décembre. — Sur ce qu'il a esté remonstré, par MM. Le Brun et Bigot, qu'ilz s'estoient présentez à la Court ce jour d'huy matin, suyvant l'assignation faicte à Chapitre, requeste de M. Sequart, et que la cause avoit esté remise aprez midy, actendu que la demande dudict sieur Sequart est de grande importance, lesd. sieurs Le Brun et Bigot ont esté priez retourner aprez midy, et M. le grand archidiacre, d'aller vers M. le Premier Président luy remonstrer qu'il n'est question seullement d'une dispense de résidence.

» Mercredy, 12ᵉ de décembre. — Sur ce que le distributeur de chœur a dict que M. Sequart *senior* luy avoit dict qu'il avoit esté ordonné, par la Court de Parlement, qu'il gaigneroit deux mois *in totum et per totum* pour, pendant ce temps, faire son voiage à la Court pour porter le Cayé des Etatz, à quoy néanmoins n'avoit voullu et ne voulloit croire, sans voir ou bien luy estre faict cômmandement, par Chapitre, de le metre en gaing, requérant pour ces causes en estre ordonné, et que M. Bigot, inquis et interrogé s'il avoit esté ainsy ordonné, a dict qu'il n'en sçavoit riens; bien a dict que, au nom de Chapitre, et par commission d'icelluy, il avoit accordé que ledict Sequart gaignast deux mois, comme récréé, aux fins du dict voiage, pourveu qu'il ne changeast de prébende ; il a esté ordonné que l'arrest de la dicte Court sera veu, premier et avant passer plus oultre. »

« Lundy, 17ᵉ de décembre. — Veu l'arrest donné par la Court, le 4ᵉ de ce présent mois et an, entre M. Sequart *senior* et Chapitre, par lequel est dict qu'il gaignera deux mois, absent comme présent, faisant le voiage à la Court pour porter le Cayé des Estatz de l'année dernière (1), pourveu toutes fois qu'il ne fasse mutation de prébende, et sans que les dits deux mois luy puissent servir pour faire sa résidence rigoureuse, et la déclaration faicte, par M. Sequart *junior*, que son oncle entendoit commencer les dicts deux mois du jour qu'il partist, qui fust, il y eust vendredy dernier, huict jours, il a esté enjoinct au distributeur le mettre en gaing dudict jour ».

Autres extraits des registres du parlement.

24 nov. 1571. — « Veues les lettres-patentes de jurisdiction, données à la Court et chambre ordonnée en icelle de la Réformation des eaux-et-forestz de Normandie, dont la coppie estoit attachée à une requeste présentée par — Petit, huissier, sergent aux eaux-et-forestz à la Table de marbre du Palays à Rouen, tendant afin qu'elles soient tenues pour signifiées avec l'arrest auparavant donné par la Court et signification faite aux commissaires particuliers de ladicte Réformation avec leur response et conclusion du procureur général du Roy, et la matière mise en délibération, a esté arresté que les remonstrances jà ordonnées par la Court, les chambres

---

(1) Le Cahier du mois de novembre 1571.

assemblées, tant sur la conséquence et importance des dictes lettres, que sur le faict de l'érection de l'Eschiquier d'Alençon, souveraineté des sièges présidiaulx, évocation des procès des déprédations, faulx monnoyeurs, emprunctz faictz sur la compagnie, commissions particulières et évocations seront faictes à S. M., et, pour ce, faire commis MM. Vialar, de Quièvremont et Bretel, et pour dresser lesd. remonstrances, commys lesdits sieurs de Quièvremont, Maynet, Bretel, Rassent, Busquet et Charles, et pour faire recouvrer les extraictz des édictz et autres pièces à ce nécessaires ».

3 décembre 1571. — Lecture des lettres du Roi.

« De par le Roy,

» Noz amez et féaulx, nous vous avons par cy-devant envoyé nos lettres-patentes en forme de édict pour l'aliénation des bois qui sont en tiers et danger en noz pays et duché de Normandye, et mandé bien expressément, tant par icelles que, depuis, par nos lettres-patentes en forme de jussion, de procéder le plus tost et dilligemment qu'il vous seroit possible à la publication, vériffication et enthérinement d'icelles ; toutesfois, pour ce que nouz avons entendu qu'il n'y a par vous encores esté satisfaict, et que nous désirons icelluy éedict sortir son plain et entier effect, et estre par vous véryffié incontinant, nous vous avons de rechef faict expédyer noz lettres-patentes en forme de jussion, ensemble ces présentes noz lettres closes, par lesquelles nous voullons, vous mandons, commandons et très expressément enjoignons que, sans plus user d'aucune remise, longueur ou difficulté, vous ayez incontinant à procedder à l'entière vériffication et enthérinement d'icelluy notre dict éedict de poinct en poinct selon sa forme et teneur, toutes affaires de notre dicte Court cessans, nonobstant les remonstrances que vous nous pourriez faire là-dessus, que nous tenons pour toutes faictes, oyez et entenduez, et nonobstant aussy toutes oppositions ou appellations quelconques, mesmes le XIXe article des ordonnances de notre Dommayne. Car tel est notre plaisir. Donné à Duretal, le XVe jour de novembre 1571. Signé : CHARLES ; et plus bas, BRULART ».

5 décembre 1571. — « Sur l'éedict d'aliénation de tiers et danger, veu ledict éedict, sellé à double queue de cire jaulne, etc..., a esté arresté qu'il sera publié et enregistré, après toutesfois que ledict édict aura esté réformé ».

« Prononcé en jugement, le 7e décembre 1571. — Veues par la Court, les Chambres assemblées, les lettres-patentes données, à Fontainebleau, le 23e de juillet dernier, signées, sur le reply : Par le Roy, en son Conseil, Fizes (1), contenant Déclaration et ampliation de l'édict, faict par le Roy, sur le faict de l'érection, en tiltre d'office, de gardes-seaulx en toutes les courtz, ressortz et jurisdictions, tant ordinaires que extraordinaires de ce royaulme ; — autres lettres-patentes de jussion, données, à Bloys, les 4e et 11e de septembre, adressans à la dicte Court, pour procéder à la lecture, vérification, publicacion et entérinement desdictes lettres de Déclaration, conclusions du procureur général du Roy, et tout considéré.

» La dicte Court, les Chambres assemblées, a ordonné et ordonne que les dictes lettres-patentes de Déclaration, seront leues, publiées et enregistrées ès registres d'icelle, à la charge que, ès clauses où il est faict mention des juges et notaires, il sera entendu des juges et notaires royaulx ; et, pour le regard des actes à seeller des dicts seaulx, sera entendu des actes publicques emportans commandement, contraintes et exécutions. Et, quant à la peine de nullité des obligations

---

(1) Simon Fizes, baron de Sauve, secrétaire d'État.

au dessus de cinquante sols, la dicte nullité sera entendue de l'exécution et non du contract et hypothecque, et demourra l'hypothecque des sentences, actes publicques, contractz et obligations du jour d'iceulx, encores qu'ilz soient aprez seellez; et, néantmoins, ne feront foy en jugement, et n'auront les juges esgard, en jugeant les procès, aus dictes sentences, actes publicques, portans hypothecque, contractz et obligations, s'ilz ne sont seellez; à la charge aussi que ceulx qui seront pourveuz des offices de gardes des dicts seaulx, ne pourront prendre plus grandz sallaires ou émolumens qu'il est porté par l'édict, qu'ilz seront tenuz escripre au bas de l'acte; et, à ces fins, sera le tableau contenant les prix des sallaires et émolumens acoustumez, affiché en chacun auditoire de jurisdiction royale; et, d'autant que, par les dictes lettres-patentes de Déclaration, la moitié des amendes, provenant des fautes, abuz et malversations qui se commectront contre la teneur de l'édict et Déclaration du Roy, est adjugé aus dicts gardes des seaulx, la dicte Court a ordonné et ordonne que l'écroe et rolle des dictes amendes sera signé par le juge et par le procureur du Roy; et, pour le regard de l'article par lequel la congnoissance des appellations des dictes amendes, dont mention est faicte ès dictes lettres, est retenue au privé Conseil du Roy, la dicte Court a ordonné et ordonne que remonstrances en seront faictes à S. M.; et cependant, par manière de provision, ressortiront les dictes appellations en la dicte Court, pour y estre jugées et décidées comme de raison; et, au surplus, seront les commissaires pour congnoistre de la finance qui a esté, par cy-devant, fournye par les pourveuz des eztatz de gardes des seaux, nommez par la dicte Court pour juger et décider les différens qui en proviendront, suyvant les dictes lettres ainsi qu'il appartiendra.

» Signé : De Bauquemare,   Rassent. »

Autre extrait de la Cour des Aides de Normandie.
Du samedi 10ᵉ jour de février 1571

A esté par le procureur général du Roy en icelle presenté certain paquet adressant à lad. court, qui disoit luy avoir esté présentement envoyé par Mᵉ Guill. Postel, sʳ de Fourneux, maistre des Requestes de l'Hostel du Roy, dans lequel, aprez avoir esté ouvert, ont esté trouvées unes lettres du Roy données à Madrit, le 26ᵉ jour de janvier dernier, signées : Charles, et au dessoubz : Du Boys ; à la superscription de desquelles estoit escript : « A nos amez et féaulx les Généraulz conseilliers sur le faict de la justice de noz aides à Rouen », avec une coppie de commission adressée par le Roy au dict Postel et à Mᵉ Imbert Du Lac, advocat en la Court de Parlement de Paris, donnée à Villers-Costeretz, le 28 de décembre 1570, lesquelles lettres et coppie de commission veues, la Court a ordonné et ordonne que lesd. lettres et copie de commission seront communiquées aud. procureur général du Roy, et que d'icelle coppie de commission il sera faict coppie au greffe, laquelle sera communiquée au procureur des Estatz de ce pays de Normandie, pour, leurs responces veues à icelles, ou eulx verballement oyz, ordonner qu'il appartiendra. »

ÉTATS DE NOVEMBRE 1572.

I

EXTRAITS DES REGISTRES DE L'HOTEL-DE-VILLE DE ROUEN.

Lettres du Roi, datées du 8 septembre, fixant la réunion des Etats, à Rouen, au 15 novembre.

Assemblée le 14 novembre, en la grande salle de l'Hôtel-commun de Rouen, pour procéder à la nomination et élection de députés de l'Église, Noblesse du bailliage de Rouen, ensemble des conseillers et échevins de la dite Ville.

Présents à ladite assemblée : Jacques Cavelier, s^r d'Auberville, procureur du Roi au bailliage; 4 conseillers modernes; Jehan Bigues, vicaire général du cardinal de Bourbon ; Réné de Bruyeres et Nicolas Clerel, chanoines de Rouen pour le Chapitre ; 5 conseillers anciens; 3 pensionnaires, 3 quarteniers; 20 bourgeois dont les noms sont rapportés, sans compter un grand nombre d'autres ; les délégués des quatre vicomtés du bailliage : Pierre Lescuyer, pour le tiers Etat de la vicomté de Rouen ; Marin de Londres, pour le tiers Etat de la vicomté de Pont-Audemer ; Jehan Bréart, pour le tiers Etat de la vicomté d'Auge ; Jehan Guérard, pour le tiers Etat de la vicomté du Pont-de-l'Arche.

On nomma Nicolas Clerel, chanoine, pour l'Église ; noble homme François d'Ercambourg, s^r de Tourville, chevalier de l'ordre du Roi et capitaine de la ville et du château de Pont-Audemer, pour la Noblesse ; honorables hommes Barthélemy Hallé et Pierre Le Fèvre, comme conseillers de la Ville.

II

Oraison prononcée par Monsieur le Premier Président de Rouen aux Estatz de Normandie, tenuz audict lieu, le XVIIe de novembre Mil V^c LXXII, presence de Monsieur de Carrouges, lieutenant du Roy, Messieurs de Dracqueville, maistre des Requestes, Grandrue et Labessey, Trésoriers de France, Bonacorci, Novince et Gayant, Généraux de Normandie, et Maistre Emery Bigot, premier advocat général en la Cour de Parlement, tous commissaires depputez par sa Majesté.

« Pour vous faire entendre, Messieurs, la demande que vous fait le Roy, ceste présente année, il m'a semblé n'estre hors propos, ains convenable, vous discourir succintement et rafreschir la mémoire de la cause de ceste Convention d'Estats par chacun an, comme semblablement en aucunes autres provinces de ce royaume, ce qu'on y peut et doibt licitement traiter, pour éviter plusieurs inconvéniens et donner lieu à la remonstrance qui vous fut faite, l'an passé, par Monsieur le duc de Bouillon, lieutenant de S. M. et gouverneur de cette province. Nous disons que l'origine de ceste Convention n'est que pour deux causes réciproques, l'une, qui regarde la personne du Roy notre prince, l'autre, les gens des trois Estatz : quant à la première, qui regarde le prince, en ce qu'il vous fait entendre, par le lieutenant de S. M. et autres depputez par icelle, quelz sont les affaires, soit en temps de guerre ou en temps de paix, en temps de sédition ou de repos, et, selon les occasions et occurrences pour en estre subvenu et secouru par ses subjectz, selon l'urgente nécessité d'icelle, se réservants à luy seül et son Conseil les affaires qui regardent son Estat, sa couronne et la conservation de son peuple, lequel ne peut estre maintenu sans les effects de la loy et l'exercice de justice, de laquelle dépend son authorité, observée, redoubtée et confirmée par ses éditz, Déclarations, commandemens, volonté et puissance. Partant disputer en ceste Convention ne la validité de ses Déclarations, de la cause, limitation et restriction d'icelles, [c'est non permis] et moings, révocquer en doubte s'il est licite d'y obéir, comme chose qui concerne entièrement son Estat, et, faisant le contraire, seroit offenser sa Majesté et engendrer scandale au préjudice du repos publicq (1). Il convient en toutes choses garder l'ordre, c'est-à-dire la disposition d'icelles en lieu apte et convenable ; le lieu, c'est l'opportunité; le temps opportun, c'est ce que l'on appelle occasion, et, comme dit Properce : *Non eadem pariter sunt omnibus apta* (2).

Sed alia convenire aliis, et alio tempore et loco, alia convenire (3).

« L'autre cause est celle qui regarde les gens des trois Estatz auxquels S. M. donne puissance et liberté de proposer leurs griefs, doléances et plaintes, la liberté et puissance de demander l'entretènement des lois, coustumes et privilèges octroyez à la province, approuvez par ses prédécesseurs roys et confirmez par S. M., bref la liberté et puissance de deman-

---

(1) On peut conjecturer de là que la session précédente avait été assez orageuse.

(2) Ce vers doit être ainsi rétabli :

Omnia non pariter rerum sunt omnibus apta.
(Lib. III, Elegia IX).

(3) C'est une citation empruntée à un autre auteur.

der l'exécution de sa justice. Nous entendons, soubz ce nom général de justice, réparation de tout ce qui offence et opprime pour quelque occasion que ce soit, pour y estre pourveu par la bonté naturelle de S. M., quand la demande en sera faite en temps et lieu opportuns et par personnes capables et suffisantes de ce faire, *non enim è quovis ligno Mercurius fingi potest*. Voilà ce que légitimement se peult traiter ès Estatz des provinces sans sortir hors les limites de la puissance qui est donnée par S. M. aux uns et autres qui assistent à telles Conventions. Venant à la demande que vous faict le Roy, ceste présente année, nous réciterons ung passage de saint Augustin, *contra Faustum*, lib. 3º, c. 24 : « que Dieu estant tenté par les Hérodians s'ilz debvoient payer le tribut que demandoit César et s'il estoit licite de ce faire, respondit : « Baillez à César ce qui appartient à César et à Dieu ce qui luy appartient, » par lesquelles paroles il a voulu signiffier que les tributs doibvent estre payez aux roys et princes souverains, afin qu'ilz puissent user du cousteau que Dieu leur a mis en main pour la tuiction et soustien de leurs subjectz et faire la guerre quand il en est besoing. » Vulpian, jurisconsulte, appelle les tributz et subsides *firmamenta et nervos reipublicæ*, c'est-à-dire la force et nerfz de la Monarchie et république, sans lesquels elle ne peut concister ny estre administrée ; et, comme disoit feu de bonne et heureuse mémoire le roy Charles quint, en la remonstrance qu'il feit aux princes et seigneurs de son royaume, peu auparavant son décedz, « que les vrays nerfs de la guerre, c'est l'argent, » c'est-à-dire que l'argent est tout tel pour la guerre que les nerfz pour tenir la force des membres et jointures du corps ; et le glaive plus aigu pour deffaire son adversaire est l'or, qui attire plus vivement le cœur des soldats que ne faict la calamite (quelque vertu qu'elle ayt) le fer à soy. Nous trouvons que les tributz doibvent estre payez aux roys et aux princes pour deux causes : l'une, afin que les hommes par le payement du tribut *(ut juste et recte, atque ordine factum)* rendent fidelle tesmoignage qu'ilz sont du tout subjectz et dédiez à leur roy et prince et consacrez pour son service; l'autre, que les tributz sont payez pour la recongnoissance et rémunération des labeurs, paynes, travaux et sollicitude que les roys prennent afin qu'il soit loisible à leurs subjectz demeurer en repos en leurs maisons pour plus librement vacquer et prendre le soing de leurs négoces, privez et domesticques. Ilz combattent l'ennemy et le rebelle; ilz deffendent les limites, brief ilz soutiennent tous périlz et dangiers afin que leurs subjectz puissent jouir de leurs possessions et facultez en toute seureté et tranquilité; et, à ce propos, il est escript que le payement du tribut exhorte et admoneste la conscience des hommes que ceste puissance est grande et excellente, à laquelle il est payé, et instituée de Dieu pour luy porter honneur, révérer et servir. Et, pour ceste cause saint Paul a usé de ce mot : *Reddite quod ad justitiam pertinet*, c'est-à-dire que celuy qui ne paye le tribut ou moins paye qu'il ne doibt, viole la justice, laquelle rend à un chacun ce qui lui appartient. Cela n'est dit pour aucun reffus de payement qu'on doibve espérer de vous, mais pour oster l'occasion de quelque acheminement de reffuz qui se présenta, l'an passé. Le Roi vous faict, pour ceste présente année, semblable demande que l'an passé, c'est à sçavoir : la part du principal de la taille, qui est de 4 millions, avec la crue de 3 sols pour livre, les deniers du taillon pour l'augmentation de la solde de la gendarmerie et commutation de vivres, et, outre, la crue de 4 sols pour livre des gages des vibaillifs, des Esleus, des greffiers, contrôleurs et receveurs anciens des tailles des deux Généralitez, tant ceux qui sont continuez en les exercices de leurs estatz, que des autres supprimez, non remboursez, que aussi pour les gaiges d'aucuns Esleus, greffiers, recepveurs et controlleurs des Aydes et tailles, créez et érigez aux bureaux de nouveau établis. S. M. veut aussi que les habitants de la province contribuables à la taille, étant cottisez en la paroisse où ils font leur demeure, ne pourront estre cottisez hors leurs dictes parroisses, quelques fermes qu'ilz tiennent ailleurs audit pays, n'ayant S. M. entendu que la commission de l'année passée ait lieu, sinon pour les horsains, prenant fermes à la province et pour les habitans des villes franches et pour les exempts, lesquels seront mis à la taille et creues pour le regard desdictes fermes. Et, combien que, de prime face, vous trouverez estrange que S. M. ne vous spécifie par ses lettres-patentes, comme il avoit accoutumé, les sommes des parties demandées, pour entendre quelle est la totale somme dont il vous fait demande, la présente année, toutesfoys cela ne doibt différer aucunement votre bonne volonté, d'autant que la demande qu'il vous faict est pareille à celle de l'an passé et relatifve à icelle; et ce qui a esté obmis n'a esté que pour raison que S. M. s'est reservé, ceste présente année, faire faire en son Conseil le département desdites sommes, qui seront mises sus, levées et imposées, en l'année prochaine, à raison des nouvelles Elections et receptes, naguères créées et establies en chacune vicomté pour mieux entendre ce que chacune vicomté et élection debvera légitimement porter, pour garder la qualité de chacune pour sa cotte-part, lequel département se fera en la présence de MM. les Généraux des finances, lesquelz, à cette fin, seront appelez pour y assister et afin que la qualité soit mieux gardée qu'elle n'a esté pour le passé. La somme de l'année passée monte 1,480,930 l., laquelle somme vous lui octroierez libéralement, et considérerez qu'il travaille tant qu'il peut à soulager son peuple, comme il y a grande apparence de n'avoir demandé aucune chose extraordinaire, tant pour le mariage de Madame sa sœur, à présent royne de Navarre (1), que pour autres grands fraiz qu'il luy conviendra faire et supporter, ceste année, assez notoires à un chascun, et, entres autres, pour punir les contumaces et rebellions, infidélité et félonnie, tant de ceux de la Rochelle (2), que autres villes, afin de garder une loy inviolable en son royaume, et que la France ne puisse sentir les fruits mal saisonnez de leur meschanceté et faction. Nous lisons en plusieurs Histoires de France et autres, que le Roy de France est plus aymé et obéy de ses subjectz que nul autre prince, de sorte qu'ilz ne luy reffusent aucune chose qu'il leur demande pour la grandeur et conservation de son royaume, et le peuple si traictable qu'en riens ne désobéit au Roy, lequel ne luy vouldroit faire sentir trop dures et fascheuses détresses, ne commandemens insupportables, pour son plaisir et proffict privé. Il veult conjoindre sa cause avec celle de ses subjectz, et pense très bien estre le chef et la teste, auquel souvent remontent les douleurs des autres membres. Plutarque dit que la gorge, qui joinct tous le corps à la teste, est l'amour du Roy et de ses subjectz, lesquelz font ensemble la monarchie, et que les piedz qui soustiennent tous les membres sont les laboureurs qui nourrissent les autres Estatz. Non sans cause, ès lettres-saintes, les roys et princes sont appelez *capita populorum*, d'aultant que la teste a trois choses principalles en elle, l'une qu'elle est, sur le corps, plus hault eslevée que nul des autres membres. Semblablement l'authorité du prince doibt estre plus grande que celle des autres Estatz, pour ce que le prince seul commande à tous, et tous ensemble sont obligez luy obéir ; l'autre est que la teste, comme conjointe au corps et à tous

(1) Marguerite de Valois, première femme de Henri IV.
(2) Le duc d'Anjou en fit le siège l'année suivante, et fut forcé d'accepter un traité favorable aux défenseurs de cette place.

les autres membres, leur administre le mouvement et le sens ; et la troisième, qu'elle gouverne et est modératrice de tous les aultres membres. Pour confirmation de ce on allègue l'exemple des Nazaréans, lesquelz, en leur vieille loy et coustume, ont eu, par dessus tous les membres du corps, *caput sacrosanctum; illud enim novacula non cædebant neque depilabant,* c'est-à-dire qu'ilz honoroient de telle sorte la teste qu'on n'osoit y toucher, comme chose qu'il estoit deffendue de violler, sur payne de la vie, tellement qu'ilz n'ostoient le poil d'icelle avec cousteau ny rasoir et ne beuvoient vin et évitoient toute autre potion qui pouvoit par ébriété troubler leur teste (1). L'allégorie de cest exemple nous admoneste travailler pour éviter toutes choses qui nous pourroient séparer du chef qui est nostre roy, et pour n'estre autres françois et non moings obéissans et voluntaires que ceux dont ont parlé nos histoires de France, et nous les remectre devant les yeux. Tout ainsi que Dieu a en abomination ceux qui résistent aux puissances qu'il a ordonnées, et que jamais son jugement ne laisse telles furies sans punition tost ou tart, par sa juste vengeance, estant si bon, si juste et qui rend sy bien à chacun ce qu'il a desservy, qu'on ne sauroit ouvrer ny bien ny justice qu'un jour il n'en fasse la descouverte, aussy ceux qui mesprisent ou dédaignent le Roy, leur prince naturel, et duquel Dieu a le conseil et puissance en main, à la parfin ils se trouvent rigoureusement corrigez et sévèrement punis ; et, si pour quelques fois les Roys dissimullent les mespriz et désobéissances faictz à la justice, les rébellions, injures et outrages receubz de leurs subjectz, la ressouvenance leur en demeure fidellement, jusques à ce que une juste punition s'en ensuive, comme S. M.

(1) *Omni tempore separationis suæ novacula non transibit super caput suum,* Nombres, chap. VI, v. 5.

l'a naguères démontré par effect (1), pour rendre à la France cest heur tant désiré, qu'elle puisse vivre doulcement et chrestiennement, rendant l'entière obéissance qu'elle doibt à Dieu, au Roy, à la Foy, à la Loy. Cest exemple n'est autre que laisser ung tableau de justice en la mémoire des successeurs qui de luy en eux verront quel est le pouvoir roial et le debvoir des subjectz, bien recongnoissant que le trop de patience a rendu les roys contemptibles et causé décroissement de leur authorité et puissance. L'on dict communément que ce n'est point aux roys de flatter la playe qui ronge les membres afin que la putréfaction ne redonde sur le cœur, chef et cerveau de la république, mesmes quand les vicieux s'oublient et s'égarent en leurs vertueuses et honnestes façons, quand ils abusent des loiz et des roys, quand, oubliant la courtoisie et honnesteté du prince, prenans le mors aux dentz, ils s'opposent au plaisir d'une effrénée furie; et tout ainsy que S. M. se monstrera sévère et intolérable envers ceux-là et ceux qui résisteront au magistrat, lequel Dieu a esleu pour le chastiment des mauvais et support des bons, aussi il veut se rendre traictable et user de sa clémence et bonté roialle envers ceux qui le recongnoistront et obéiront à ses commandemens. Si la désobéissance des ungs a esté tant désagréable à S. M., comme l'on en aveu l'expérience, on doibt prendre exemple, non à leur folye, mais au chastiment qui a assopi la flamme, de longtemps couvée, et que trop plus luy seroit désagréable la désobéissance provenant de la part de ceux qui ont tousjours faict profession de luy obéir et de recongnoistre sa justice.

» Apprez que vous aurez accordé la demande que vous faict le Roy, M. de Carrouges, avec MM. depputez par

---

(1) Je pense qu'il faut voir là une allusion malheureuse à la Saint-Barthélemy.

S. M., mettront payne de satisfaire à vos requestes et demandes; et, si vous aymez quelque chose du public, vous ne précipiterez avoir si prompte responce à vos articles, qui sont ordinairement tumultueusement proposez. Il n'est possible à une aprez-disnée, à commencer à troys heures, y pouvoir satisfaire. Et encore qu'il y ait plusieurs articles qui ne se peuvent décider que par S. M., toustes foys, si on avoit le temps d'en délibérer, on donneroit advis à S. M., par lequel elle seroit excitée à le suivir; mais les articles n'ayant aucunes ouvertures, elles sont respondues de mesmes. Mais, quelque chose que l'on vous remonstre, il n'est possible de vous faire donner une heure de temps au public (1). C'est bien loing de donner douze ou quinze jours, comme ilz font en plusieurs provinces de ce royaume. Vous y adviserez pour le bien public ».

III.

EXTRAITS DES REGISTRES DU PARLEMENT.

Du samedy 14ᵉ jour de juin 1572. — « Sur une requeste présentée par Loys de Bigards, sieur de la Londe (2), tendant à fin qu'il luy soit octroyé mandement pour faire arrest sur ung basteau où les commissaires de la Réformation des forestz ont faict charger ses titres et des autres gentilshommes de Normandie pour transporter à Paris, contre les lettres du Roy et arrestz de la court, advisé mander les gens du Roy; et est venu Damours; et envoyé dire à M. le président Le Jumel qu'il ait à venir pour délibérer lad.

---

(1) Bauquemare se garde bien de dire que les taxes des députés étaient très faibles, et que le paiement s'en faisait toujours attendre.

(2) La Londe, commune contiguë à la forêt de la Londe, près d'Elbeuf-sur-Seine.

requeste, ce qui a esté faict; et, eulx venus, lecture faicte d'icelle, led. Damours a dict qu'il n'est pas raisonnable que lesd. commissaires, contre les lettres du Roy et arrest de la Cour, transportent les tiltres et chartres des habitans de ce pays hors ce ressort. La matière sur ce mise en délibération, a esté ordonné que la requeste sera communiquée au procureur de la Réformation, et, ce pendant, que Marc et Le Cordier, huissiers, seront promptement mandez, et leur sera commandé se transporter promptement aud. batteau et faire arrest sur les bahurtz, et, sans en faire ouverture, les faire mettre en lieu de sùreté, et, si le procureur de la Réformation s'y trouve, qu'ilz luy feront assignation à la Court.

» ...Lesquelz, à leur retour, ont dict avoir saisy huict bahurtz, tant grands que petitz, suivant les commandements de la Court, lesquelz lesd. commissaires auroient fait charger en ung batteau au reste de deux, et que l'homme de Bodin est arrivé, qui a dict qu'il n'y a poinct de leurs tiltres et enseignementz, lesquelz bahurts lesd. huissiers ont faict mettre ès mains et garde de Jean Paviot, bourgeois de ceste ville; et leur a dit led. serviteur de Bodin que, ès d. bahuts n'y a que des robes et hardes pour led. Bodin et sa femme, qui les font transporter à Paris, où ils sont d'unes nopces, et que les lettres et escriptures demeurent en ceste ville. Présens les gens du Roy au rapport desd. huissiers, pour ce mandez. Lesquelz retirez, lesd. huissiers ont dit par Bigot, que, le clerc du parquet ayant esté vers led. Bodin, seroit bon de l'oyr. Et Gosselin, pour ce mandé et interrogé, a dict que le procureur général, son maistre, l'ayant envoyé vers led. Bodin, afin qu'il luy rendist le sac et pièces du sieur de Heugueville, luy a dict led. Bodin qu'il en est encore saisy, et le luy a montré, et luy a dict que les autres sacs et pièces des autres particuliers sont serrez en une chambre basse, en l'*Hostel de Saint-Wandrille* (1), et qu'il y a lettres de interdiction à la Court, du mois de mars dernier, et si attendoit autres lettres du Roy là-dessus pour suivir son vouloir et faire ainsy qu'il plaira à S. M. la Court. Les gens du Roy ont dict qu'il y a arrest et lettres-patentes données du consentement des commissaires, par lesquelles est prohibé de transporter les tiltres et enseignements des subjects hors ce ressort, et qu'il y a occasion de procéder par voye de saisie, pour obvier au transport.

» Eulx oys et retirez, et la matière mise en délibération, a esté arresté que led. Bodin sera mandé afin qu'il ait à venir céans pour estre oy contre les sieurs de la Londe et du Bosc-Bernard (2) et autres parties, ayans intérest au transport des lettres et tiltres, et, ce pendant, que les huissiers seront envoyez ès maisons des voituriers et messagers pour saisir les bahurtz et autres vaisseaux où lesd. tiltres prétendus transporter peuvent estre... Oultre a esté commandé à Ribault, autre huissier, aller présentement vers led. Bodin pour luy dire qu'il ait à venir icy. Lequel Ribault, à son retour, a référé qu'il a parlé aud. Bodin, lequel luy a dict qu'il a prins médecine ce matin, et n'a plus aucuns habitz en ceste ville pour se pouvoir présenter en ceste compagnie, auquel Ribault, huissier, a esté commandé y retourner et dire aud. Bodin qu'il ait à venir présentement. Led. huissier Ribault, retourné, a rapporté que led. Bodin a persisté à sa première response, et qu'il est si débille qu'il ne pourroit venir icy, et supplye en estre excusé, et que ce luy seroit vergongne d'y venir en l'estat qu'il est, et a envoyé son

---

(1) Hôtel des religieux de Saint-Wandrille, rue Ganterie, à Rouen.
(2) Bosc-Bénard-Commin, commune du canton de Bourgtheroulde (Eure). Le fief du Bosc-Bénard, qui relevait de la Londe, appartenait alors à Paul Ribault, sieur de Beaucamp.

serviteur pour entendre ce qu'il plaira à la compagnye luy commander. »

A Noss[rs] de Parlement,

« Supplie humblement Jan Bodin, procureur du Roy en la Réformation des eaux-et-forestz, comme led. supliant vous ha par cy-devant requis, ordonner que le greffier civil soit tenu de représenter les sacs et procès de Réformation, quand et à qu'il apartiendra, suivant l'inventaire faict en la présence de son commis. Toutes foix vous avez seulement ordonné que les cofres des ditz procès seront mis au greffe, et que le greffier de la Réformation aura l'une des clefs, qui seroit descharger led. greffier de rendre les procès en rendant les cofres sains et entiers, lesquelz néantmoins peuvent estre ouvers sans effraction, soit pour y avoir plusieurs clefz de chacune serrure, comme il se peult faire, soit en ostant ung ressort, et, après avoir prins tel procès qu'on voudra, refermer lesd. cofres, de tele sorte qu'il n'aparoistra aucune effraction. Aussi vous auroit requis led. supliant que le procès d'entre le Roy et le sieur de Hugueville (1) fust mis aux cofres de la Réformation, attendu l'arrest par lequel il est dit qu'il sera jugé en la chambre de lad. Réformation, au raport de M. de Bourdeaux (2). Toutesfoix vous eussiez rejetté la requeste dud. supliant, en quoy le Roy, la République et tous les usagers et coustumiers de la forest de Longbouel ont grand et notable interest, attendu que led. sieur de Hugueville, abusant de vostre longue pacience, veut rendre le procès immortel, jouissant néantmoins à tort ou à droict, combien que led. supliant a bien vériffié que

(1) Heuqueville, commune du canton des Andelys (Eure).
(2) Guillaume de Bordeaux, sieur du lieu, conseiller au Parlement de Rouen.

led. sieur de Hugueville n'a droit aucun en lad. forest, apartenances et dépendances, en l'instance par luy formée contre led. sieur de Hugueville, par devant le commissaire de la Réformation, lequel auroit, à la requeste dud. supliant, joint lad. instance au procès par escript, d'autant qu'elle concerne le fons, la possession et les usages et la restitution de fruictz, domages et intéretz; et quand au procès par escript, conclud et receu pour juger, led. sieur de Hugueville prétend qu'il ne touche que les usages, qui n'est que ung accessoire à lad. instance principalle, laquelle ne se peult et ne doibt estre dejoincte sans faire un dommage irréparable au Roy. Ce considéré, Messieurs, qu'il vous plaise, en faisant droict sur le premier chef de la requeste dud. supliant, ordonner que led. greffier civil sera tenu représenter, quand et à qu'il appartiendra, les procès de la Réformation, suivant l'inventaire faict en présence de son commis, et que le greffier de la Réformation en aura copie signée dud. greffier civil. Et quand au segond chef de lad. requeste, qu'il vous plaise ordonner que le procès dud. sieur de Hugueville, receu pour juger, sera mis aux cofres dud. procès de la Réformation pour estre jugé conjoinctement ou separément, si faire se doibt. Et d'autant qu'il y a cent ans que led. procès est intenté et, après plusieurs fautes des sieurs de Hugueville, a esté renvoyé par devant vous depuis XXX ans, clos et arresté depuis huit ans, et que l'instance, jointe dont est question, coupe la racine à toult ce qui en dépend, qu'il vous plaise faire droict aud. supliant sus sa requeste, ne soufrir que le Roy, la république et les pauvres coustumiers soient frustrez de leurs droictz par les longueurs de procès, et vous ferez bien.

» J. Bodin. »

23 juin 1572. — « La matière mise en délibération, a

esté arresté qu'il leur sera respondu à lad. requeste que la court a satisfaict par les arrestz précédens, en oultre ordonné que, suivant les arrestz précédens, sera procédé oultre à la perfection des inventaires (1). »

28 juillet 1572. — « Bigot et Delaporte, gens du Roy, sont entrez qui ont présenté unes lettres-patentes par lesquelles Bodin, procureur du Roy en la Réformation des forestz, a esté débouté de l'opposition par luy mise à l'exécution des lettres pour la vente du tiers et danger. »

« De par le Roy,

» Noz amez et féaulx, nous vous avons cy-devant envoié noz lettres-patentes de Déclaration sur la réquisition faicte par notre procureur à la Refformation des eaues-et-forestz de Normandie, contenant que, nonobstant lad. réquisition et sans avoir esgard à icelle, nous voulons que les commissaires, par nous depputez, sur la vente et alliénation du droict que nous avons ès bois qui sont en tiers et danger en notre dit pays et duché de Normandie, continuassent l'exécution de leur commission, à ce que vous eussiez à procedder à la veriffication et entérinement d'icelles. Toutesfois, pour ce que vous n'y avez encores satisfaict, et que c'est chose à laquelle nous voulons estre mis fin avant les vaccacions, nous voulons, vous mandons et expressément enjoignons que, toutes choses cessantes, vous aiez à procedder à la vériffication et entérinement de nos d. lettres de Décla-

(1) Commission du Roi Henri III, adressée aux conseillers du parlement de Normandie, pour faire rendre à Pierre de Roncherolles, sieur de Heugueville, les coffres où Bodin (François) avait fait mettre les pièces du procès engagé entre lui et les habitants du Mesnil-Raoult et de Franquevillette, au sujet des droits en la forêt de Longbouel, 7 mars 1575. Arch. de la Seine-Inf., F. Caillot de Coquereaumont.

ration, selon leur forme et teneur, sans y faire faulte. Car tel est notre plaisir. Donné à Paris, le 19e jour d'aoust 1572.

» Signé : CHARLES, et plus bas PINART. »

« Samedy 15e jour de novembre 1572. Présents : MM. les présidents Premier, de Hattes et Le Jumel, de Bordeaux, Le Georgelier, De La Place, Fresnel, Bretel, Le Roux, Rassent, Chesneau, de Martimbos, Busquet, Charles, Le Brun, Romé, Le Chandelier, Martel.

« La cause de l'assemblée estoit pour délibérer les conclusions des gens du Roy sur les complainctes faictes aux Estatz par cy-devant contre les juges et greffiers des jurisdictions inférieures de ce ressort pour prendre trop grands émolumens et salaires, ce qui a esté faict au raport de M. Rassent; et, veues les pièces, la matière mise en délibération, a esté, en premier lieu arresté, que suivant la réquisition desd. gens du Roy, il sera informé des contraventions faictes par lesd. juges et greffiers aux ordonnances et arrestz de la Court; qu'il sera ordonné et enjoinct aux juges donner et prononcer leurs sentences en la présence des greffiers qui seront tenus les recevoir, escrire et enregistrer lesd. sentences et appoinctemens, et les délivrer aux parties sur le registre, dedans 3 jours, sans y mettre aucuns plaidoyez et raisons, reservé au premier acte qui sera instructif de la demande et défense et en la sentence définitive, ausquelles sentences et appoinctements, après les 3 jours passez, ne pourra estre aucune chose adjoustée, et marquer le salaire que les greffiers prendront aux actes qu'ils délivreront; que les juges pourront prendre, des actes, mandemens et sentences emportans exécution 26 d. en bailliage, et 13 d. en vicomté pour approbation d'iceluy, qu'ilz seront tenuz parapher avant qu'ilz soient portez au seau. — Pour-

ront aussy prendre 4 solz pour jurande de maistres et 7 s.
6 d. pour l'approbation du décret. — Ne prendront les
greffiers aucune chose pour escripture, seing, approbation
et registre que à la raison de 20 s. pour peau desd. actes,
mandemens et sentences emportans exécution; et, quant
aux autres actes et appoinctemens non emportans exécution,
ne pourront prendre que 7 d. en vicomté, et 13 d. en
bailliage.

» Et sur le surplus des articles, de la conclusion des gens
du Roy a esté arresté, auparavant y faire droict, que par
l'un des MM. les présidens et de 4 de MM. les conseillers...
seront veues les ordonnances et arreslz pour dresser les
articles de ce qu'ilz verront estre à y faire...

» Du lundy 17e jour de novembre 1572. La cause de
l'assemblée estoit pour délibérer sur plusieurs requestes,
tant des procureurs de céans, qu'autres officiers tendans à fin
d'estre remys en l'exercice de leurs estatz et offices, comme
ayans abjuré et estans retournez au seing de l'Eglise chrestienne, catholique, apostolique et romaine.

» Sur les 8 heures sonnans, M. le Premier Président
s'en est allé aux Estatz. »

« Du 29e jour de janvier 1572. — Vu par la Court, les
chambres assemblées, les lettres-patentes en forme de édict
perpétuel et irrévocable, données par le Roy, à Gaillon, ou
moys de juin dernier, par lesquelles il veult et mande que,
par les commissaires qui à ce seront commis et députez par
S. M., il soit procédé à la vente et aliénation des droitz de
grurye, grairye et de tiers et danger à luy appartenant, en
circonstances et dépendances, ès boys et forestz de son
royaulme, et mesme en ce pays de Normandye, subjectz ausdicts droictz, ensemble trois autres lettres-patentes, en forme
de jussion, données à Chénonceau, Bloys et Duretal, les

26ᵉ aoust, 24ᵉ septembre et 15ᵉ de novembre dernier passé, avec autres lettres closes dudict seigneur données à Amboise le 2ᵉ de ce présent moys et an, conclusion sur ce du procureur général du Roy, et oy le conseiller commissaire à ce député,

» La dicte Court, les chambres assemblées, a ordonné et ordonne que lesdictes lettres-patentes en forme de édict seront leues, publiées et enregistrées ès registres de ladicte Court suyvant le très exprès commandement du Roy.

» Signé : DE BAUQUEMARE, RASSENT ».

IV.

PIÈCES DIVERSES.

Edit rendu au mois d'aoust 1572, ouï le procureur des Etats de Normandie, par lequel le Roi rétablit les Elus qu'il avoit supprimés à l'instance des trois Etats de la pvovince.

« Charles, par la grâce de Dieu, roy de France, à tous présens et à venir, salut. Comme, à l'instance des gens des trois Estatz de nostre pays et duché de Normandie, nous ayons cy-devant ordonné que, en chacune Election ne y auroit que un Esleu, qui seroit choisi et opté par lesdits Estats, et que, en chacun bureau de recepte particulière de nos aydes et tailles, ne y auroit plus qu'un receveur de chacune qualité, et le surplus desdits Elus et receveurs demeureroit supprimé, à condition toutes fois d'être chacun respectivement remboursé par lesdits Estats des deniers actuellement rentrés en nos finances pour la composition de leurs offices, et de percevoir leurs gaiges jusques à plein et entier remboursement; estimant lors que, en ce faisant, nous aurions suffisamment pourvu à ce qu'il estoit requis faire pour soulager nostre pauvre peuple, tant pour le fait de la justice, qui lui est due sur les différens qui naissent à cause de l'assiette et contribution de nos dits deniers, que pour le payement des sommes, lesquelles un chacun estoit tenu faire porter aux bureaux particuliers desdites receptes, en quoy, par expérience toutefois et à nostre regret, nous avons cognu que, au contraire, nos dits subjects ont receu une très grande incommodité, foulle et despense par le moyen de ladite suppression, de manière qu'il a esté trouvé nécessaire de restablir, non seulement un aussi grand nombre d'Eslus qu'il y en avoit lors de ladite suppression, mais plus grand nombre encore, iceulx disposer et faire seoir, pour partie où ils souloient, et pour partie en autres lieux qu'ils ne soulloient; autrement, et en chacun nouveau siege d'Election, establi de nouveau une recepte particulière de nos dites tailles et aydes, afin que nos dits subjets ne soient contraints aller en divers lieux pour avoir justice en leurs différends et pour le payement de leurs deniers, et ne s'eslongner de leurs demeures si avant qu'ils ne pussent y retourner le même jour qu'ils en seront partis, qui leur tournera en grande épargne et soullaigement. Savoir faisons qu'après avoir eu sur ce l'advis de plusieurs grands et notables personnages, lesquels ont de longue main congnu et expérimenté la nature dudit pays, les mœurs et conditions de nos dits subjets, et après en avoir par plusieurs et diverses fois délibéré en nostre Conseil privé, auquel le procureur desdits Estats avoit esté ouy, de l'avis d'icelluy nostre dit Conseil et par édit perpétuel et irrévocable, avons créé et érigé, créons et érigeons en titre d'offices formés les offices d'Esleus, greffiers, receveurs et contrôleurs cy-après déclarés, etc., etc.

» Donné à Paris, au moys d'aoust, l'an de grace 1572, et de notre règne le douzième.

» Signé sur le repli : par le Roi en son Conseil, POTIER (1). »

Mandement du Roi, au bailli de Caux (Paris, 6 septembre 1572), conçu dans les mêmes termes que celui de l'année 1571, rapporté ci-dessus.

Au dos, mention de la lecture faite à son de trompe, par les carrefours de Caen, en présence de Loys Richier, trompette ordinaire de cette ville (2).

Extraits des registres du chapitre de Rouen

16 novembre 1572. — M. de Bruyères a référé « qu'il et M. Clerel s'estoient transportez, ce jour d'hier aprez-midi à l'Hostel-de-Ville, à l'assemblée qui s'y faisoit, à laquelle ledict sieur Clerel avoit esté député pour, de la part du clergé du bailliage de Rouen, assister aux Estatz termez à lundy prochain 17 ».

Jeudy 4 décembre, assemblée du clergé du diocèse.

16 décembre, Clérel remonstre au Chapitre « qu'il lui convenoit partir en bref pour aller vers le Roy porter le Cayer des Estatz dernièrement tenus en cette ville. »

---

(1) *Ch. des Compt. de Paris, dépot du greffe*, M^{al}. 3 M. d'après Dom Lenoir, *La Normandie anciennement pays des Etats*, pp. 203-205.

(2) Archives municipales de Caen.

Lundi 17ᵉ de novembre 1572. — « Il a esté ordonné que M. Clerel, député pour assister aux Estatz, de la part du clergé de ce bailliage, sera dispensé durant que lesd. Estatz tiendront, ainsy que M. Ballue et aultres l'ont esté. »

Mardy 16ᵉ de décembre. — « Sur ce que M. Clerel a remonstré qu'il luy convenoit partir en bref pour aller vers le Roy porter le cayé des Estatz dernièrement tenuz en ceste ville, suppliant, pendant le temps qu'il y vacquera, gaigner comme présent, ainsy que M. Sequart l'aisné feist l'an passé, ledict sʳ Clerel a esté prié ayder audit sʳ grand archidiacre, estant en Court pour expédier aulcunes affaires à luy commises par Chapitre, comme pour le privilège de Saint-Romain, exemption des gardes, et aultres affaires ; et, pendant le dit voiage, il sera dispensé ainsy que ledit sʳ grand archidiacre (1). »

(1) Le 3 fév. 1573, Clerel était de retour au Chapitre.

ÉTATS DE NOVEMBRE 1573.

I

EXTRAIT DES REGISTRES DE L'HOTEL-DE-VILLE DE ROUEN.

Lettres du Roi : « De par le Roy. Notre amé et féal, pour aulcunes causes, qui touchent le bien de nous et de notre royaulme, nous avons ordonné la Convention et assemblée des gens des trois Estatz de notre païs et duché de Normandie estre tenue en nostre ville de Rouen au 15ᵉ jour de novembre prochain venant où nous envoyons aulcuns grands et notables personnages pour leur dire et remonstrer les causes qui nous meuvent de ce faire. Sy vous mandons que vous faictes assembler les gens des troiz Estatz de votre bailliage et leur ordonnez très expressément, de par nous, que, au dit lieu et jour, ilz envoyent jusques au nombre de six personnes, c'est assavoir : ung de l'Estat de l'Église, un homme noble et les autres quatre de l'Estat commung, qui soient éleuz ung par chacune viconté respectivement de votre juridiction, ce que nous voullons estre fait, en icelle viconté, en la présence de l'Esleu opté ou son lieutenant, ès sièges soubz la jurisdiction duquel Eleu la pluspart des habitantz des dictes vicontez seront contribuables à la taille, qu'ilz soient gens paians et contribuables actuellement à noz tailles et imposts et qu'ilz élisent aussi deux conseillers de nostre dicte Ville de Rouen pour assister à la dicte assemblée, garniz de pouvoir suffisant de la part desdits Estatz, et que aulcun des dicts déléguez, soyt de l'Estat de l'Église, de la Noblesse ou de l'Estat commung ne soient de noz officiers ny leurs lieutenans commis ou substitudz, advocatz ne gens de pratique en aucune manière, ainsi que plus amplement il vous a esté ordonné aux précédentz Estatz, et gardez qu'il n'y ait faulte. Donné à Paris le 20e jour de septembre 1573. Signé : CHARLES ; et plus bas, PINART. En superscription : A notre amé et féal le bailly de Rouen ou son lieutenant. »

» Le 14 novembre, assemblée générale de la Ville et communauté de Rouen, gens d'Église, Nobles et autres bourgeois, en la grande salle de l'Hôtel-commun, présidée par noble homme maître Jehan de Brèvedent, lieutenant général du bailli, pour procéder à la nomination des délégués de l'Église, Noblesse et conseillers de Ville.

» Etaient présents : MM. de Thibermesnil (1), avocat du Roi en Parlement ; Maynet, avocat du Roi au bailliage ; Cavelier, s^r d'Auberville, procureur du Roi au bailliage ; 5 conseillers modernes ; maître Jehan Bigues, grand vicaire du cardinal de Bourbon ; maîtres Guillaume Jaudin, s^r de Caumont, et Nicolas Clerel, chanoines, pour le Chapitre ; 6 conseillers anciens ; 2 pensionnaires ; M. L'Hermitte, s^r de la Prée, procureur général de la Ville ; MM. d'Esteville, Voisin, de Bouquelon, Costard ; les députés des vicomtés : Guillaume Le Roy, pour la vicomté de Rouen (2) ; Jacques Ratier, pour celle de Pont-de-l'Arche ; Jean De Launey, pour celle d'Auge ; Marin De Launey, pour celle de Pont-Audemer ; 25 bourgeois, dont les noms sont rapportés, sans compter les autres, en grand nombre.

(1) Emery Bigot, s^r de Thibermesnil.
(2) Il avait été nommé le 3 de ce mois. La date de l'élection des autres députés de la vicomté n'est pas indiquée.

On nomma pour l'Église, maître Guillaume Jaudin, chanoine ; pour la Noblesse, le baron du Bec-Thomas (1) ; pour la ville et vicomté de Rouen, nobles hommes Jehan Pavyot, et Jehan Vymont, s^r de Beaumont, avec maître Jean Gosselin, s^r de la Vacherie, procureur des Etats.

Le dimanche 15, dans une assemblée moins nombreuse on nomma le s^r de Martainville pour remplacer le baron du Bec-Thomas, absent.

Le 16, nouvelle réunion pour délibérer sur les articles à proposer aux Etats.

» Sur la requeste présentée par ung nommé De la Salle, premier Eleu opté, prétendant la suppression des autres, tant du Pont-Audemer que des autres vicontez de ce bailliage, de nouveau érigez, sera suplié le Roy vouloir réduire les choses en leur premier estat.

» Pour le faict de Général alternatif en ce bailliage, l'on suppliera le Roy suprimer l'estat de Général alternatif en la Généralité de Rouen et remectre l'office d'iceluy ainsy que cy-devant il estoit, d'aultant que, estant exercé par plusieurs, il s'ensuict diversité de sentences, à la foulle et détriment du peuple et retardement des affaires de S. M., considéré aussi qu'en la Généralité de Caen, il n'y a point d'alternatif (2).

» Sera suplié le Roy faire régir les affaires de S. M. par ses officiers ordinaires, et non extraordinaires, et sera remonstré que, estantz reffusez par l'ordinaire, sont néanmoins installez par l'extraordinaire, au grand préjudice du public (3).

(1) Bec-Thomas, commune d'Amfreville-la-Campagne (Eure); Nicolas Vipart, sieur du Bec-Thomas.

(2) Il est à remarquer que, bien qu'il y eût un député particulier pour la vicomté de Rouen, les électeurs de l'Hôtel-de-Ville donnent encore à leur député la qualification de député de la Ville et vicomté.

(3) Les deux Généraux de la Généralité de Rouen étaient : Pierre de

» Sera aussi faict instance, dans le Cahier des Estatz, de ceulx de Paris, qui ont prohibé et faict deffenses de amener en ceste [ville] aucun nombre de vins, à ce qu'il plaise à S. M. faire lever les dictes deffenses, attendu que l'on (pour *nous)* sommes soubz ung mesme prince.

» Sera, par semblable, faict instance des officiers de nouveau érigez, comme courtiers de prunes et autres, comme du seau des draps et de la justice.

» Et, pour les visbaillifz, qu'ilz ne seront que annuelz et ellectifz par chascun an ; et selon qu'ilz feront leur debvoir, seront continuelz (1) ».

Bonacorci et Adrien Gayant. Novince était Général en la Généralité de Caen.

(1) Jean Turpin, vibailli de Rouen, 520 l. par an; Jean Du Bosc, son lieutenant de longue robe; Guillaume Dallée, son greffier; 8 archers. — Pierre Perdrix, vibailli du bailliage de Caux ; Jean de la Champagne, son lieutenant; 8 archers. — Jean Du Bosc, écuyer, vibailli du bailliage d'Evreux; Guillaume Arnoult, son lieutenant; 8 archers. — Jacques Gilles, écuyer, vi-bailli du bailliage de Gisors; Pierre Lambert, son lieutenant; 8 archers. — Réné Des Loges, écuyer, vibailli d'Alençon; Charles Marlet, son lieutenant ; 10 archers. — Guillaume Flotey, écuyer prévôt des maréchaux du comté de Perche et châtellenie de Nogent-le-Rotrou. — Les gages du premier quartier de l'année 1574, pour les vibaillis et leurs officiers et archers, s'élèvent, pour la Généralité de Rouen, à 3,262 l. 3 deniers. — Compte de Guill. Le Fieu, receveur général, aux Archives du département de la Seine-Inférieure.

II

Oraison prononcée par M. le Premier Président de Rouen en la Convention des Estatz, tenuz le 16ᵉ novembre 1573, par M. de Carrouges, lieutenant du Roy, et MM. de Bréaulté, chevalier de l'ordre du Roy, bailli de Gisors; de Grandrue et Labessey, Trésoriers de France en la Charge de Normandie; de Bonacorcy, Novince et Gayant, Généraux des finances au dit pays, et M. Bigot, premier advocat général dudit sieur au Parlement de Rouen.

« Isocrates, en plusieurs passages de ses oraisons, remonstre, Messieurs, que l'âme de la cité, de la province ou du roïaume, n'est autre chose que police, ayant autant de force et puissance que peult avoir, en ung corps, prudence (1), laquelle consulte de toutes choses, conservant les bonnes et déclinant les dommageables, et à icelle estre nécessaire que les roys, la loy, le magistrat et les subjectz se rendent conformes, pour, chacun d'iceux, négotier et ouvrer selon sa forme et prescript, estant une maxime confessée de tout le monde, comme récite Plutarque, en la comparaison d'Aristide avec Marcus Cato, que l'homme ne sauroit avoir ny acquérir vertu ne science plus grande que la politicque. Nous n'entendons pas parler comme on a nouvellement introduict et interpreté ce mot politicque quasi : n'estant d'aucune religion, mais, selon l'interprétation et définition des saiges et philosophes, c'est-à-dire sçavoir régir et gouverner une multitude d'hommes, comme en une cité, en

---

(1) *Nec enim alia civitatis anima est quam forma reipublicæ quæ vim eamdem habet quam in corpore prudentia. Oratio areopagitica*, trad. de Jérome Wolfius.

une province, en ung roïaume, de laquelle science l'œconomique, c'est à dire l'art de bien régir ung mesnage, est l'une des principales parties, attendu que une cité n'est autre chose qu'une assemblée de plusieurs mesnages et maisons; une province, de plusieurs citez; un royaume, de plusieurs provinces. Ce sont deux choses relatifves, nécessairement enchaisnées l'une avec l'autre, que celuy qui n'a soing du sien ny de sa maison, vive injustement et prenne l'autruy (1). Ceste police, aultrement dict gouvernement en ce royaume, a deux respectz : l'un regarde le Roy et le magistrat : Bouiere (2) appelle *jus dicentes et fas constituentes reges;* l'autre, regarde les subjectz. La vraye police roialle conciste, en premier lieu, à conduire, entretenir et parfaire les choses divines, selon l'institution des majeurs, afin que Dieu soit vrayement congneu et sincèrement servy, estant la religion le premier fondement, nerf principal et seureté pour instituer, croistre et heureusement entretenir et conserver la monarchie, pour contenir le peuple en l'honneur, crainte et révérence de Dieu, intégrité de bonnes meurs, obéissance du prince et magistrat, observance de la loy et de toutes bonnes choses, nécessaires à la vie civille et société humaine, d'où

(1) « Or est-ce une manière confessée de tout le monde, que l'homme ne sçauroit avoir ny acquérir une vertu ne science plus grande que la Politique, c'est à dire, l'art de sçavoir gouverner et régir une grande multitude d'hommes comme est une grosse cité : de laquelle science, selon l'opinion de plusieurs, l'œconomique, c'est à dire l'art de bien régir un mesnage, est l'une des principales parties, attendu que une cité n'est autre chose qu'une assemblée de plusieurs mesnages et maisons ensemble. Ce sont deux choses relatives, nécessairement enchaisnées l'une avec l'autre, que celuy qui n'a soing du sien et de sa maison, vive injustement et prenne de l'autruy. » — Amyot, *Trad. des Vies des hommes illustres, de Plutarque,* fo 246, r° et v°.

(2) Probablement Nicolas *Boerius* ou Bohier, président au Parlement de Bordeaux.

procède la source du droict, par le délaissement et apostasie de laquelle tout est dissolu et mis en confusion. Nous en avons veu et voions encore les effectz, *nostro quidem magno malo.* Il y en a une infinité d'exemples, récités tant ès histoires ecclésiasticques que prophanes, et mesme en gentilz et ethnicques et autres nations barbares. A ce propos, sont fort graves les mots de Camille, parlant au peuple romain, pour choses assez convenantes aux misères passées et présentes : *Intuemini, inquit, præteritorum annorum vel secundas res vel adversas : invenietis omnia prospera evenisse sequentibus Deos, adversas spernentibus.* En second lieu, et devant toutes choses, la police roialle conciste à maintenir seurement et exercer dignement l'Estat, lequel se maintient et conserve, non moings en ne faisant riens qui ne luy soit bien séant, que en faisant tout ce qui luy est bien convenable; estant le sage roy, comme dit Salomon, l'establissement, l'appuy et asseuré fondement de son peuple (1), d'autant que celuy qui se roidit ou se lasche plus ou moins qu'il ne doibt, ne demeure roy ny prince, ains devient populaire ou maistre superbe, et faict que ses subjectz le mesprisent ou le haïssent. Plutarque dict qu'il semble que l'un soit erreur de trop grande bonté et humanité, l'autre d'arrogance et fierté; et, estant congneu les royaumes estre telz que sont les conditions et entendementz des roys, et que l'on voit ordinairement que, par imitation et influence du désir de complaire, les subjectz prennent les meurs et conditions de leur roy, quand les subjectz veoyent la vertu naïfve empraincte en un visible patron, [tel] que la vie exemplaire de leur prince, ilz en deviennent volontairement sages, et se confirment d'eux-mesmes en amytié, charité et concorde avec

---

(1) *Rex sapiens stabilimentum populi est.* Livre de la Sagesse, chap. VI, v. 26.

attemprance et justice les uns avec les autres; vie irrépréhensible et véritablement heureuse, quy est le poinct dernier et le plus grand bien, et le plus noble secours que l'on pourroit apporter aux hommes, et le vray moyen et le plus facille acheminement que l'on puisse penser pour délivrer les citez, les provinces et les roiaumes de tout péril et danger présent et advenir, pour délivrer les subjectz de toute calamité. C'est en quoy les roys approchent de plus prez et ressemblent mieux à la divinité, de pouvoir béatifier et rendre heureux, non une ville seullement ou un pays particullier, ains un monde selon l'extendue leur empire, n'ayant la hautesse de leur estat riens de meilleur que de voulloir, ny de plus grand que de pouvoir bien faire à une multitude innumérable de toutes sortes d'hommes. Alors, il est bien facille de gouverner et régir un peuple, quand on ne le laissera devenir trop insolent, quand on le mesprisera et désagréera entreprenant force et puissance et faisant effort et violence; alors, il est bien aisé de conduire les subjectz à une fidèle obéissance, par justice, en l'observation de l'authorité des loix et honnesteté des meurs, lequel effect se peult résouldre par ung seul poinct et à un seul but : quand les loyers et paynes (èsquelles Solon disoit consister toute république et monarchie) sont distribuez en sorte que les vertueux soient honorez et les vitieux chastiez, c'est-à-dire le loyer distribué selon la vertu et le mérite, et la payne selon le délict et démérite. Entre les hommes inégaulx, les choses esgalles deviennent inégalles, si elles ne reçoivent mesure; aultrement, la concorde publicque ne se peult maintenir, ny la police se conserver. Ceste proposition non observée (veoir les vertueux et despravez demander une mesme chose, joindre les semblables avec les dissemblables, les dignes et capables avec les indignes, insuffisans et incapables), remplit un Estat de dissensions, d'où naissent les séditions et guerres civilles, pour n'estre rien plus pernicieux, en tous gouvernements, de remunérer les vitieux comme les bons, et riens plus juste que ceux qui diffèrent de meurs diffèrent aussy d'honneurs, veu que la vertu a le sallaire proposé pour le prix de son excellence. C'est là qu'on trouve les hommes généreux, vaillans et hardis pour la deffence de la république, comme, au contraire (ainsi que récite Thucydide de Périclès), l'on juge les hommes dignes de haine, lesquelz, témérairement, appettent l'honneur et avancement qui ne leur appartient. Ce sont les premiers et les plus grandz élémens de toute administration, gouvernement et police; ce sont les premières et principalles considérations que l'on doibt avoir pour l'accroissement et conservation d'un Estat. La police, qui regarde le magistrat, sous lequel nom sont compris tous ayans gouvernement, administration, charge et commandement en affaires publicques, conciste en trois choses : en l'amour envers l'Estat, en la suffisance pour exercer les charges requises en l'office, et en la vertu et justice convenable à chacun. Ce sont trois beaux et riches subjectz qui mériteroient, en ce mesme temps, d'estre bien amplement discouruz. Toutes fois, nous dirons seullement que, advenant [accident] aux subjectz du Roy comme il advient ordinairement, le magistrat doibt, comme Périclès, les sçavoir régir et manier dextrement avec deux timons principaux: crainte et espérance; reprenant, avec l'une, la témérité, insolente en prospérité; et, avec l'autre, réconfortant leur ennuy et découragement en adversité (1); les

(1) « Car, comme il est nécessaire en un peuple tenant si grand empire, il advenoit ordinairement des accidents, qui luy apportoient diverses passions, lesquelles luy seul sçavoit regir et manier dextrement avec deux timons principaux : la crainte et l'espérance, refrenant avec l'une la fierté et témérité insolente de la commune en prospérité, et, avec l'autre, reconfortant son ennuy et son descouragement en adversité. » — Amyot, ouvrage précité, f° 110, r°.

doibt, par authorité, régir, et, par remonstrance de raison et obéissance, les contenir en affections contraires et en esmeutes violentes et dangereuses; bref, doibt sçavoir bien mouvoir telles passions et affections, qui sont comme des tons et des sons de l'âme, qui veulent estre touchez et sonnez de main de bon maistre. Ceste obéissance provient, comme tesmoigne Thucydide, premièrement de la foy et confiance que l'on a en la preud'hommie du magistrat, laquelle luy ouvre la porte à faire toutes bonnes actions; secondement, de l'amitié et bienveillance du peuple, quand vérité et vertu sont conjoinctes à ceste bénévolence populaire, et, en dernier lieu, quand le magistrat ne se rend aucunement corruptible et qu'il preste tous ses sens et affections, ses conseils et sa prudence au bien public de la patrie. A ce propos, Plutarque, en la vie de Themistocles, définit sagesse n'estre autre chose que une prudence de manier affaires, ung bon sens et jugement en matières d'estat et gouvernement (1). L'autre respect de cette police, regarde les subjectz du Roy, lesquelz, en ce royaume, ont eu de si long temps renom de persévérer loyaulx, fermes et entiers vers leur seigneur naturel et souverain, sans charcher nouvelles mutations, soubz de spécieux noms et prétextes de réformation de religion et discipline ou de bien public, qui ont tousjours servy de couleur, de manteau et couverture à ceux qui, soubz une simulée probité de meurs, ont praticqué une rebellion et désobéissance au prince et au magistrat; brief, sans entrer en telles partialitez, ains demeurans en union, amitié et concorde, représentant, comme il est escript en l'Evangile, un troupeau

(1) « Pourtant y a-t-il plus d'apparence de croire à ceulx qui disent que Themistocle se proposa à imiter Mnesiphilus le Phreatien, lequel ne faisoit profession ny d'orateur ny de philosophe naturel, ains de ce que l'on nommoit alors sagesse, laquelle n'estoit autre chose qu'une prudence de manier affaires. » Amyot, ouvrage précité, f° 77, F.

conduict soubz un Dieu et un Roy et une religion, discipline
et police. *At fortuna simul cum moribus immutatur*, dict
Salluste (1). L'oppinion et représentation d'une telle police, par
cy-devant observée exactement en ce royaume, a couru, non
seulement par la Chrestienté, mais jusques aux Barbares, et
par toute la terre habitable, tellement qu'elle a faict désirer
et requérir l'amytié et confédération des roys de France et des
princes du sang, craindre et redoubter leurs subjectz. L'on
en récite une infinité d'exemples, tant ès histoires de France
que estrangères, que nous ne réciterons, pour cause de
briefveté; mais nous contenterons d'un exemple mémorable,
que nous voyons récentement devant les yeux, de l'élection
faicte par toute la Noblesse et Estatz du royaume de Poulongne, pour leur roy, de la personne du premier prince
du sang roial de France, de très illustrissime et très magnanime prince, filz et frère du Roy, le duc d'Anjou, lieutenant général de S. M., représentant icelle en tout son
royaume et pays de son obéissance (2). Qui a donné à ceste
Noblesse et Estatz de Poulongne le premier instinct et le
principal mouvement de ceste eslection, sinon la renommée
d'une telle police, observée par les roys de France et princes
du sang, par laquelle est donnée signifiance de leur générosité et vertu, non seulement par leurs tiltres et coulonnes
de marbre et airain, ains encore par la souvenance, non
escripte, qui volle de leur nom parmy les nations loing-
taines et estranges, et, à leur imitation, la vertu née en ce
prince, nourrie et entretenue et manifestée à un chacun par
tant d'actes généreux dès son jeune aage jusques à présent,

(1) *Bellum Catilinarium*, aux premières lignes.
(2) Le duc d'Anjou fut élu roi par la diète de Pologne le 9 mai 1573.
Les négociations de Jean de Montluc contribuèrent plus à cette élection
que la réputation du prince.

par lesquelz il a mérité porter tiltre de courageux et magnanime, pour avoir congneu parfaictement autant les choses fâcheuses et difficiles que celles qui sont plaisantes et délectables, sans que l'attraict des unes, ny le péril des autres l'ayt destourné de faire son debvoir, lequel, par le moien de la conférence et communication qu'il a eu avec les hommes de vertu, conjoincte avec éminent sçavoir, ayant congneu quel estoit l'effect d'une telle police, et considéré l'observance d'icelle en tous estatz et charges, et que, maintenant, elle estoit altérée et quasi du tout corrompue par les séditions et guerres civiles, a bien voulu, auparavant son partement, laisser fidelle tesmoignage de sa volonté et délibération, conforme à celle de S. M., sur le faict du relèvement et entretènement d'icelle police, et ce par les sages et vertueuses instructions qu'il a laissées, concernant les points principaux par lesquelz la puissance absolue peult estre reiglée, policée et conservée, et pour contenir un chacun en son debvoir au chemin de vertu, selon sa charge et administration, commençant à la réformation des prélatz et autres personnes ecclésiastiques, avec les moiens pertinentz et raisonnables qu'on doibt tenir, à l'élection, nomination et provision des archeveschez, éveschez, abbayes, dignitez et autres bénéfices, afin qu'ilz soient distribuez à personnes dignes, suffisans et capables, et, par mesme moien, à la réformation de la Noblesse de France, anciennement crainte et redoubtée par tout le monde, afin que les gouvernemens, honneurs et charges soient distribuez selon le mérite, selon la vertu et prouesse d'un chacun, et que, par ce moien, ilz ne forlignent de la vertu et constance magnanime, de leurs majeurs, en des ordonnances qu'ils leur ont laissez à ensuivir, et, lesquelles embrassant et gardant sans les enfraindre, la France n'eust senty aucun malheur ny abaissement. Il n'a délaissé en arrière la réformation de la justice, et généralement de tous ceux qui ont offices, charges, administration et maniment d'affaires en ce roiaume, afin, par cy-après, qu'ilz soient choisis et esleuz selon leur expérience, probité de meurs et savoir, sans que les estatz, charges et offices soient vendus au plus offrant et dernier enchérisseur, et, entre autres, ceux de la justice, vray commencement de la ruyne des Rommains, lorsque ceux qui poursuivoient les estatz les acheptoient à beaux deniers comptans, qu'ilz délivroient publicquement à la banque sans vergongne ny crainte, laquelle corruption passa de main en main jusques aux gens de guerre, assujectissant les armes à l'argent; et, en dernier lieu, la réformation de l'insolence du peuple, afin de le réduire à sa première et naturelle obéissance, lequel coustumièrement se complainct de l'estat présent, de sa subjection et obéyt malaisément à celuy qui luy donne la loy, afin qu'il puisse reprendre l'antienne police et respecter la loy et le magistrat en toutes ses actions, et pour ce faire suivir la trace de ceuz lesquels recongnoissoient, en leur administration, double raison de meurs : l'une, qui desconseilloit et destournoit de faire injure; l'autre, qui révocquoit les personnes de vices et meschanceté ; et où le scélérat estoit descouvert, il ne pouvoit obtenir pardon, et, par ce moien, l'on exuloit les mauvaises meurs, et, par le temps, s'abolissoient. Par ainsy, l'on retenoit l'un et l'autre des citoyens, les uns par grand soing et dilligence, et les autres par supplices. Mais il va bien autrement, quand, par la corruption des meurs, les loix, les décretz, les ordonnances ne sont gardées, ains aussi tost violées et enfraintes que promulguées et publiées, et les violateurs et infracteurs non punis *(qui oppilationes peccatis faciunt multas fieri leges cogunt)*, ne prenant garde que la cité, de laquelle les loix sont iniques et toutes fois observées inviolablement, est mieux et plus heureusement conduicte que celle qui, ayant la justice en ses éedictz et décretz, est inconstante et muable en l'observation d'iceux (1). Aussy, à la vérité, la multitude des loix, éedictz et ordonnances, n'est le chemin d'entrer au bien public de la République; mais est posséder et avoir la justice à l'esprit, au cœur et à l'œuvre, c'est à dire que les provinces et cytez ne sont bien gouvernées et régies par tant de divers décretz, mais par bonnes meurs et exemples. Les mal appris, mal nourris, les mal instruicts osent bien violer les loix exquisitement et saintement escrites; mais à ceux qui seront libérallement instituez et disciplinez, demeurera l'honnesteté et vertu de la loy. Aussy, Lycurgus, en son entrée, quand il commença à remuer tout le gouvernement de la chose publicque des Lacédémoniens, estimant que faire loix et ordonnances ne serviroit de rien, non plus que à un corps tout gasté ne profiteroit quelque légère médecyne, comme bon establisseur et réformateur de respublicque, donna ordre à bien faire nourrir et instituer les hommes. Par cela, l'on peut facilement voir et discerner combien nous sommes loing, non seulement de l'image de ceste ancienne police, mais de l'ombre d'icelle. Toutes fois, il ne fault et ne peult-on pas juger que ce mal soit provenu par ceux qui gouvernent de présent, ne qu'ilz soient autheurs de telle altération et corruption, et moins de ce que l'on faict, comme S. M. espère bien le faire congnoistre en bref à l'assemblée qu'il a déterminée à Compiègne; mais c'est à dire que les troubles, séditions, rebellions, désobéissances et guerres civiles en sont la seule cause *(Et potentiam quasi diruerunt*

---

(1) *Arcelaus dicere solitus est, quemadmodum ubi multi essent medici : ita ubi permultæ leges essent, ibi plurimum esse vitiorum. — Cleon multo meliorem dicebat esse statum civitatis, quæ licet deteriobus, firmis tamen legibus utitur : quam illius, quæ bonis quidem, sed irritis. Conradi Lycorsthenis Apophthegmata* au chap. *De legum authoritate.*

et imperium et magistratum ad tantam verterunt vilitatem). Puisque ilz ont causé l'irrévérence à Dieu, facillement s'en est ensuivy la désobéissance au Roy et au magistrat, la ruyne de toute police, la corruption de meurs et changement de loix. Nous ne réciterons les misères insupportables, piteuses à voir et tristes à raconter ; mais seulement dirons qu'ilz ont rendu la France dénuée de deniers, et le prince endebté et despouillé de tout son domaine, aydes, gabelles et de bonne partie de ses tailles, que la nécessité a contrainct de vendre et aliéner pour frayer aux guerres, et non seulement son domayne, aydes ; mais, à son grand regret, la nécessité (qui est outre la Loy) a contrainct S. M. exposer en vente tous estats et offices, et mesmes ceux de la justice et, *si fas est dicere*, jusques aux honneurs, chose sacro-sainte, et qui ne doibt estre au commerce des hommes. Ce sont les fruictz, Messieurs, et les effectz de la sédition, de la rébellion et désobéissance *(Labem civitatibus opulentis repertam, ut magna imperia mortalia essent).* Et, encores que cest affaire soit grief à supporter à S. M., pour estre contre les bonnes meurs, toutes fois, il l'a faict pour soullager et descharger son pauvre peuple de demandes extraordinaires, ce qu'autrement il eust esté contrainct pour suppléer l'aliénation de son domayne, aides et gabelles, pour le défaut de fons de sa despence ordinaire, lequel il a convenu reprendre sur la vente des estatz et offices et autres voyes extraordinaires, pour remeitre et réduire toutes choses à ceste ancienne police, repoulsement et chassement de toute misère, calamité et surcharge du pauvre peuple. S. M. a charché par tous moiens la restablir et relever et mesmes par la vraye voye, qui est l'establissement d'un repos public en son royaume. Mais l'on sçait assez que, incontinent qu'il a esté estably, il a esté rompu, et mesmes, ceste année, par une partie de ses subjectz, ennemys de toute tranquillité publicque et mesmes de leur

propre liberté, lesquels, oublians l'obéissance naturelle qu'ilz doibvent à leur prince souverain, avoient, au commencement de ceste année, repris les armes, ce que S. M. ne voulant supporter et moins mespriser les forces et violences d'un peuple si téméraire, a esté contraincte, ceste présente année, faire grandz fraiz et lever armées en divers lieux : à la Rochelle, Montauban, Languedoc et Sancerre, chose à un chacun assez notoire; et, pour ce faire, a eu recours aux habitans de ses bonnes villes, ausquels il a vendu partie de ses tailles, et, entre autres, a la ville de Rouen, 25,000 l. de rente par 250,000, comme le semblable il a faict aux autres. Depuis, sur le mois d'aoust, le Roy continuant sa bonté naturelle et clémence accoustumée, et recongnoissant que c'estoient ses subjectz, S. M., inclinant à leur prière et requeste, a voulu terminer les affaires, plus tost par une patience, que non pas par la rigueur des armes, non toutes fois telle qu'il eust bien désiré, car fortune, ou pour mieux dire, Dieu, courroucé contre noz péchez, ne nous voulant encores faires dignes d'une seure et ferme paix, ainsy que ung chacun a peu congnoistre et entendre par la publication de l'éedict, l'on ne se doibt esbahir, sy, au commencement de l'année, le Roy ayant esté âpre vindicateur, s'est à la fin d'icelle rendu sy doux et apaisé (1); car, comme dit Cicéron, *pro Cn. Plancio:* « Ce
» n'est pas inconstance de soy bien conduire en la républicque,
» comme en un navire, assavoir selon les vents qui se lèvent (2) »
et là-dessus le mesme orateur, en la défense de Flaccus, dict chose fort à propos tant pour le Roy que ses magistratz :
« Il est scéant (dit-il) à la gravité et sagesse des juges de s'ac-
» commoder, en, jugeant ès circonstances du temps, utilité de la
» républicque, estat commun et occasions occurentes, et, selon

(1) Allusion au traité de paix signé à la Rochelle, le 6 août 1573.
(2) *Neque enim inconstantis puto, sententiam tamquam aliquod navigium, atque cursum, ex reipublicæ tempestate moderari,* § *XXXIX.*

» ce, se conduire et ne tenir tous jours un mesme train. » Or, Messieurs, vous pouvez juger par ce que vous ay récité les grandz fraiz qu'il a convenu faire pour l'entretènement desd. armes et combien le fons des finances du Roy est demeuré court pour la présente année, au moien d'iceux, et comme il a convenu prendre de l'advance sur l'année prochaine. Je ne veux point vous parler des fraiz que S. M. a esté contrainte de faire pour les entrées du roy de Poulongne et pour son voiage, ayant eu recours pour partie d'iceux sur MM. du Clergé, qui lui ont libérallement fait offre et don de 800,000 l., et sur les dons gratuitz qui luy ont esté faictz particullièrement par chacune ville de ce royaume, d'autant que S. M. ne prétend remettre cela en considération sur ceux qui contribuent à ses tailles, mais seulement ce que la nécessité des armes la contrainct défrayer, ce que vous représentant devant les yeux et mesmes l'armée qu'il a encore de présent sur les bras au pays de Languedoc, vous trouverez libéralité de S. M., sy, ayant esgard à ce que dessus, il se contente de semblable demande qu'il vous feit l'année passée, sans rien augmenter sur les tailles et ne surcharger son peuple, qui vous doibt estre occasion juste et raisonnable pour prendre de bonne part si S. M., suivant sa promesse, ne vous peult descharger, pour l'année qui vient, de la crue des 4 sols pour livre. Je ne vous réciteray, pour briefveté, particulièrement la demande pour vous estre assez notoire, tant par les années passées, comme aussy vous l'entend[r]ez plus amplement par la lecture des lettres-patentes. Ces considérations vous doibvent acheminer à luy octroyer libérallement sa demande, comme M. de Carrouges, lieutenant de S. M., et ceux qui sont commis par icelle se promettent, et que, de leur part, ilz offrent tout debvoir et protestent tout office pour la satisfaction de voz demandes, plainctes et doléances; et mesmes M. de Carrouges, lequel, incontinent,

après le retour de S. M. de Metz à Compiègne, a commandement l'aller trouver. Nous ferons une fin par une remonstrance que feit Othon, empereur, aux Rommains : « Toute
» belle cité ne demeure pas en pied pour avoir des maisons
» bien basties, bien superbement lambrissées et couvertes,
» et pour estre fondée sur des pierres bien joinctes ensemble.
» Toutes ces choses sont sans âme et sans sentiment quel-
» conque, et peuvent estre ruynez et réparez plusieurs foys.
» Mais l'éternité des choses est la paix d'entre les citoyens et
» subjects, et le salut de tous ne conciste qu'en la conser-
» vation du prince et de sa justice et police » (1).

III

Lettres du Roi en faveur des nouveaux officiers des Elections contre les anciens.

« Charles, par la grâce de Dieu, roy de France, au premier notre huissier ou sergent sur ce requis, salut. Noz bien amez les Esleus, greffiers, recepveurs et controlleurs de nos aydes et tailles, par nous nouvellement crées et érigez en notre païs et duché de Normandie, nous ont, en notre Conseil privé, faict remonstrer que noz prédécesseurs roys, d'heureuse et louable mémoire, que Dieu absolve ! ont cy-devant, par leurs éedictz et ordonnances, statué et ordonné, pour le bien et soulaigement de noz subjectz dud. pays, contribuables en nos dictes aydes et tailles, que les sièges des Ellections et bureaux de receptes particullières de nos dictes aydes et tailles seroient establiz par les vicontez, de cinq en cinq lieues prez l'un de l'autre, affin que nos dicts

(1) *Quid ? vos pulcherrimam hanc urbem domibus et tectis et congestu lapidum stares creditis? Muta ista et inanima intercidere ac reparari promiscua sunt; æternitas rerum, et pax gentium, et mea cum vestra salus, incolumitate senatus firmatur.* Tacite, Hist. lib. I. LXXXIV.

subjectz peussent plus aisément venir et retourner en leurs maisons en ung mesme jour, sans estre contrainctz coucher hors de leurs maisons, et que, suivant iceulx éedictz et ordonnances, nous ayons, à l'instance, poursuitte et requeste des gens des Estatz de notre dict pays, par notre éedict du mois d'aoust dernier, et pour plusieurs autres justes et raisonnables causes et considérations à ce nous mouvans, créé et érigé de nouveau en chacune des dictes vicontez de notre dict pays, ung siège d'Ellection pour l'exercice de la justice deue à nos dictz subjectz pour raison des différendz qui se meuvent entre eulx, tant à cause de l'assiette et département de nos dictes aydes et tailles, que pour le paiement d'icelles, ensemble ung bureau pour y faire la recepte de nos dictes aydes et tailles, et, en iceulx sièges et bureaulx, créé et érigé, en tiltre d'offices formez, certains, estatz et offices d'Esleuz, greffiers, recepveurs et controlleurs de nos dictes aydes et tailles, à pareils et semblables honneurs, auctoritez, prééminences, franchises et libertez dont joissent et usent Esleuz, greffiers, recepveurs et controlleurs establiz d'ancienneté aux autres sièges et bureaulx dudict païs, desquels offices lesdicts supplians auroient esté depuis par nous pourveuz, moiennant finance, que nous en ont, chacun d'eulx, paiée ès mains des Trésoriers de noz parties casuelles, sans fraulde ny déguisement. Or, combien que iceulx supplians ayent tousjours bien fidellement tenu et exercé lesdicts estatz et offices, comme ilz font encores de présent, au contentement de chacun de nos dictz subjectz, sans qu'il en soit advenu aucune plainte, ce néantmoins lesdictz anciens Esleuz, greffiers, recepveurs et controlleurs, meus d'une certaine envie et jalousie qu'ilz portent ausdictz supplians, et pour leur proffict particulier, auroient, puis peu de temps, trouvé moyen, par promesses ou autrement, obtenir, d'aucuns habitans desd. parroisses desdictes Ellections et bureaulx nouvellement érigez, quelques procurations par lesquelles nous supplient leur accorder la suppression des offices desdicts suplians, et, en vertu d'icelles, obtenir de nous quelques commissions particullières ou générales pour informer ou faire informer de la commodité ou incommodité que nous et nos dictz subjects pourrions avoir en leur accordant lad. suppression des offices desdictz suplians, jà soit que, en faisant par nous l'érection d'iceulx offices, nous ayons, et les gens de notre Conseil privé, esté bien et deuement informez du bien, commodité et soulaigement que reçoivent chacun jour nos dictz subjectz par le moyen de ladicte Ellection, nous réquérant à ceste fin iceulx suplians qu'il nous pleust sur ce leur pourvoir et à ceste fin leur impartir noz lettres de provision sur ce requises et nécessaires. Nous, à ces causes, désirans subvenir et pourveoir ausdictz suplians en cest endroict, te mandons et commectons, par ces présentes, que tu fasses très expresses inhibitions et deffenses, de par nous, sur certaines et grandes peines, à nous à applicquer, à tous ceulx qu'il appartiendra, et dont seras requis, qu'ilz n'aient à informer ou faire informer sur ladicte incommodité, sans exprès commandement de nous par lettres-patentes seellées de notre grand sceau, voulant cependant que iceulx suplians soient maintenuz et conservez, et lesquelz nous maintenons et conservons, par ces présentes, en la jouissance de leurs dictz estatz et offices, pour en jouir suivant notre dict éedict et lettres de provision, sans qu'ilz y puissent, ne en choses qui en deppendent, estre aucunement troublez ne empeschez par lesdictz anciens Esleus, ne aultres, ausquelz ces dictes présentes leur seront à ceste fin, si besoing est, par toy notiffiées, sans pour ce demander aucunes lettres de *visa*, *placet* ne *pareatis*, et de tes exploicts fais deue relation. De ce faire te avons donné et donnons plain pouvoir, puissance, auctorité, commission et mandement spécial par ces dictes présentes; mandons et commandons à tous nos justiciers, officiers et subjectz que à toy, en ce faisant, sans pour ce demander *placet, visa* ne *pareatis* soyt obéy. Car tel est notre plaisir. Et par ce que de ces dictes présentes l'on pourra avoir affaire en plusieurs et divers lieux, nous voullons que au *visa* d'icelles, faict soubz seel roial ou deuement collationné par l'un de nos amez et féaulx notaires et secrétaires, foy soit adjoustée comme au présent original. Donné à Paris, le 8ᵉ jour d'aoust l'an de grace 1573, et de notre règne le treizième. Et au bas estoit escript : Par le Roy en son Conseil : de Laubespine, et seellé en simple queue du grand sceau de cire jaulne. » (Extrait des Mémoriaux de la Cour des Aydes de Normandie.)

ADDITIONS

EXTRAITS DES REGISTRES DU PARLEMENT.

Arrêt de la Cour rendu sur la requeste des trois députés des Etats du bailliage de Rouen, qui leur accorde un délai pour s'opposer à ce que les officiers du présidial de Saint-Lô, en Cotentin, soient unis à ceux du présidial de Caen, et obtenir l'entière suppression du présidial de Saint-Lô.

« Prononcé le 13ᵉ de décembre 1563. — Veu par la Court les lettres-patentes du Roy données en forme de édict, données à Caen, au mois d'aoust dernier passé, par lesquelles ledit seigneur veult et ordonne que le siège présidial de Saint-Lô, en Costentin, soit et demeure joinct et uny à celluy qui est encores séant et establi en la ville de Caen, et que les conseillers, encoires vivans dudit siège de Saint-Lô, qui ne sont en nombre suffisant pour tenyr ledit siège, exercent leurs offices durant leurs vies audit siège de Caen, et pareillement, que en icelluy siège establi à Caen, soient jugées, décidées et déterminées les causes et matières qui estoient jà introduictes audict siège de Saint-Lô et qui y pouvoient encoires estre traictées suivant l'establissement d'icelluy, tout ainsy et en la propre forme et manière qu'elles l'eussent peu estre audict siège de Saint-Lô; requeste présentée à ladicte Court par Guillaume Le Got, docteur et chanoyne d'Avranches, Bertran du Homme, sieur de la Rochelle, et Gilles de Maulléon, bourgeois, demourant à Avranches, députez pour les troys Estatz du bailliage de Costentin, tendant estre receuz, pour ledit pays, à s'opposer à la publication d'icelluy édict, et leur estre donné temps compétent pour en communiquer aux gens des trois Estatz dudict bailliage, pour envoyer mémoires et instructions aux fins de leur dicte opposition, prétendans monstrer qu'il seroit expédient et utile de supprimer du tout ledict siège présidial de Saint-Lô que de le joindre à celluy de Caen; response à ladicte requeste du procureur général du Roy, auquel, de l'ordonnance de ladicte Court, elle avoit esté monstrée et communiquée, tout considéré,

» Il sera dict que la Court, ayant esgard à ladicte requeste, ensuivant le consentement du procureur général, a donné et donne ausdicts supplians temps et délay jusques à deux moys du jour de ce présent arrest pour communiquer ledict édict ausdicts gens des troys Estatz du bailliage de Costentin et envoyer mémoires et instructions aux fins de leur dicte requeste, pendant lequel temps de deux moys la publication dudict édict demourra surcise suivant les conclusions du procureur général. Signé : R. Raoullin. »

Arrêt de la Court ordonnant que les conseillers qui se retireront aux champs, pendant le temps des vacations s'informeront des contraventions commises contrairement à l'édit de pacification.

17 août 1564. — « Sur la requeste présentée à la Court par le procureur général du Roy, disant que, combien que l'intention et vouloir du Roy soit que le contenu de son édict de pacification et lettres-patentes de Déclaration et interprétation et ampliation d'iceluy soient observez, sans y estre aucunement contrevenu, sur les peines indictes par iceulx édict et Déclaration, si toutesfois icelluy réquérant est adverty que, en plusieurs lieux et endroictz, il n'est observé, ne la messe et divin service restabliz, pour la crainte en laquelle sont constituez les curez, vicaires et presbtres par les menaces dont est usé envers eulx, injures et excès qui leur sont faictz en leurs personnes et biens, leurs dixmes et revenu accoustumé, non payés aux ungs, et aux autres prins et levez, oultre leur gré et volonté ; ne cessent les meurtres, volleries, larcins et saccagemens des églises, biens et cloches d'icelles ; les presches sont faites ès lieux non permys par iceulz édict et Déclaration ; et, ès lieux permys, y sont receuz ceulz qui n'y doibvent estre, de quoy les juges des lieux sont négligens informer et procéder à la punition des délinquans, soit par crainte, soit par connivence ou autrement, estant le temps des vacations et de la cessation de la séance de la Court prochain, que plusieurs des présidens et conseillers de la Court se retireront en leurs maisons qu'ilz ont aux champs, situées çà et là en divers lieux de ce ressort, lesquelz, en passant par iceulx et pour le temps qu'ilz y séjourneront, peuvent aysément et facilement avoir cognoissance des dictes contraventions, excès, meurtres, volleries, larcins, saccagemens et autres crimes, et en informer, réquérant ledict pro-

cureur général qu'il pleust à ladicte Court ordonner que, par lesditz présidens et conseillers respectivement, feust d'office informé de ce que dessus et de la négligence et connivence des juges ordinaires, officiers et enquesteurs des lieux, pour incontinent en advertir la Court ou la Chambre ordonnée durant les vacations et aussi iceulx juges et officiers, s'ilz voyent qu'il soit expédient de ce faire, mesmement le Gouverneur du pays, pour y estre pourveu et remédié, etc. » ... Ordonnance conforme à la requête du procureur général.

» Signé : Lalemant ».

Nouvel arrêt de la Cour contre ceux qui contrevenaient à l'édit de pacification.

Du 28ᵉ jour de novembre 1564. — « Veues par la Court, les Chambres assemblées, assistant le sʳ de Carrouges, lieutenant du Roy ès bailliages de Rouen et Evreux, en l'absence du duc de Buillon, gouverneur et lieutenant général de S. M. en ce pays de Normandye, les lettres-patentes de Déclaration de sa dicte Majesté, données à Marseille, le 9ᵉ jour de ce présent mois de novembre, adressans aux Gouverneurs des provinces de son royaume pour faire observer et garder l'édict faict par sa dicte Majesté sur le faict de la pacification des troubles, provisions et Déclarations sur ce ensuivies, et obvier aux maulx et inconvéniens qui sont advenuz et adviennent journellement de ce que ledict édict est mal observé, et aussy de ce qu'il ne se fait justice également des infracteurs et contrevenanz, à raison des passions et particularitez, négligences, connivences et dissimulacions mencionnées ès dictes lettres-patentes, avec réservacion faicte par icelles aux offencez et injuriez, auxquels justice n'auroit esté faicte des tortz et injures à eulx faictz contre et au préjudice du dict édict, de leurs actions contre ceulx qui auront connivé, dissimulé ou reffusé de leur pourveoir, administrer et faire administrer justice, ainsi qu'il est plus à plain contenu et déclaré ès dictes lettres-patentes de Déclaration ; veues aussi les lettres closes du Roy audit duc de Buillon, Gouverneur, et aprez avoir oy en lad. Court les lieutenant général civil au bailliage de Caux et particuliers ès sièges de Caudebec et Cany audict bailliage, mandez par ladicte Court pour rendre raison respectivement de leur debvoir à faire observer ledict édict de pacification et Déclarations sur icelluy et d'avoir informé et procédé contre les infracteurs et mesmement sur plusieurs particularitez de contraventions proposées en la dicte Court avoir esté commises et se commettre journellement audit bailliage de Caux ; oy aussi le promoteur aux causes d'office de la Court ecclésiastique de l'archevesché à Rouen, envoyé de la part des vicaires dudict archevesché, mandez sur certains pointz concernans les dictes contraventions, et, sur le tout, oy le procureur général du Roy en ce qu'il a voulu, de sa part, proposer, requérir et conclure, et considéré tout ce que fesoit à considérer en ceste matière à grande et meure délibération, la dicte Court a ordonné et ordonne que les dictes lettres-patentes de Déclaration, du 9ᵉ de ce moys, seront publiées au premier jour de audience et enregistrées ès registres de lad. Court, et que les vidimus en seront envoyez, ensemble ce présent arrest, par les bailliages de ce ressort, aux fins y contenues, et, pour satisfaire au bon plaisir (1) et volunté du Roy, qu'il sera et est très expressément enjoinct et commandé à tous les bailliz, leurs lieuxtenans généraulx civils, criminels et particuliers,

(1) Le Roi, parlant en son nom, disait : « notre plaisir ». Les magistrats, villes et sujets, disaient, par honneur : « le bon plaisir du Roi ». Ces expressions de bon plaisir ont été interprétées contrairement à leur sens naturel.

vibaillis, leurs lieutenants et tous autres de ce dict ressort, de se informer diligemment, chascun en droict soy, des infractions, contraventions et rébellions qui se sont commises et commettent contre l'édict de pacification, provisions et Déclarations sur ce ensuyvies, mesmement des assemblées à port d'armes, volleries, pilleries tant d'églises que autres maisons, meurdres et homicides et de tous aultres crimes et délits qui ont esté commis et se commettront contre la teneur desdits édict et Déclarations, procéder promptement, sommairement et de plain au jugement des procès et punition exemplaire des délinquans et coulpables, et, si pour en faire les appréhensions, lesdits juges n'avoient force suffisante, en advertir le Gouverneur ou son lieutenant du lieu, afin de y pourveoir et tant faire que la force reste en demeure au Roy et à sa justice, et de ce que faict en auront lesdits juges advertir ladicte Court et envoyer par devers elle les coppies des procès-verbaulx et informations qu'ilz auront sur ce faictes, sans retardement toutesfois des jugemens des procès et punition des dits délinquens, et ce dans quinzaine, quant à ceulx des bailliages de Rouen, Caux, Evreulx et Gisors, et dans trois septmaines, pour le regard de ceulx de Caen, Costentin et Alençon, sur les peines contenues ès ditctz édict et Déclarations, en oultre de s'en prendre aux propres personnes desdicts juges, et autres peines arbitraires à la discrétion de la dicte Court.

» Signé : LALEMANT ».

« Je soussigné, secrétaire de Mgr. le duc de Buillon, certifie avoir receu de M. de Bois-Levesque, greffier de la Cour de Parlement en ceste ville de Rouen, les lettres-patentes de Roy cy-dessus mentionnées, ensemble ung extrait signé de l'arrest, cy-dessus aussi escript. Faict audict Rouen, ce 3e décembre 1564.

» Signé : DESAILLY ».

Arrêt de la Cour, rendu sur la requeste du bailli de Longueville qui oblige au serment et à la profession de foi tous les ministres de justice et de police.

9 décembre 1564. — « Veue par la Court la requeste à elle présentée de la part de Mᵉ Adrian Le Tellier, lieutenant particulier du bailly de Longueville aud. lieu, remonstrant par icelle que, depuis la réduction des villes de Rouen et Dieppe en l'obéissance du Roy, plusieurs rebelles et séditieux ayant quitté et abandonné lesd. villes par force et oultre leur grey, se sont retirez et retirent, ung chacun jour, en grand nombre et s'espartent dans les bourgs et villages du bailliage de Caux, jusques à eulx monstrer et présenter en la face de justice, eulx glorifians d'avoir faict de vice vertu ; et entre autres, plusieurs officiers, advocats et autres ministres de la justice, après avoir quité et abandonné leurs estatz et originelles demeures, l'espace de 4 à 5 moys, pour eulx estre rendus avec lesd. rebelles dans ses villes, par eulx détenues contre son auctorité et majesté, et après n'ont honte, et s'efforcent de revenir en leurs dictes demeures, reprendre et exercer leurs estatz ainsy qu'ils avoient accoustumé, dont en provenoit grand murmure par le menu peuple catholique, qui en donne scandalle à la justice de ce que tels rebelles et séditieux, notoirement congnuz, et desquelz n'apert de leur réformation et conversion, ne sont pris et apréhendez, ce que l'on n'a ausé encores faire jusques à ce que par la Court y ait esté donné reiglement et police, suppliant à ces causes led. Le Tellier, lieutenant, ayant esgard que aud. duché de Longueville, estant de grande estendue et district, y a grand affluence de telles personnes, qui s'efforcent de eulx amasser ainsy qu'ilz estoient auparavant, qu'il plaise à la Court sur ce donner reiglement pour les juges du plat pays, permettre aud.

bailly de Longueville et audit Le Tellier, lieutenant, comme juges ressortissans sans moyen en lad. Court, faire les captures et apréhensions de telz délinquens et fauteurs, faire et parfaire leurs procès jusques à sentence diffinitive inclusivement, prendre et recevoir le serment et profession de foy de toutes personnes publicques, d'autant qu'il y en a audit duché et bailliage de Longueville, et en tout faire, exercer et réaliser, audit bailliage de Longueville, l'arrest de ladite Court, donné à Louviers, le 26e jour d'aoust dernier passé, nonobstant la qualité ou délict desdits rebelles, et qu'ilz soient déclarez crimineux de lèze-majesté. Et en ce faisant, sera pourveu plus promptement à la correction et extirpation de telles personnes pernicieuses au bien public; veu aussi la response et conclusion du procureur général du Roy, auquel la requeste, par ordonnance de lad. Court, avoit esté monstrée et communiquée, et oy le rapport du conseiller rapporteur de ladite requeste, tout considéré, la Court, pour le regard des juges, officiers, advocatz et autres ministres de la justice et police, a ordonné qu'ilz feront leur serment et profession de foy devant les juges royaulx, chacun en droict soy, et, pour le surplus du contenu en lad. requeste, ordonne ladicte Court que les arrestz donnez en icelle seront observez selon leur forme et teneur.

» Signé : Lalemant, Briselet. »

Arrêt du Parlement qui surseoit à l'enregistrement des lettres-patentes portant union du présidial de Saint-Lô à celui de Caen, jusqu'à ce que le Roi ait entendu l'avis des délégués des Etats de la province.

« Prononcé le 22ᵉ jour de décembre 1564. — Veue par la Court la requeste à elle présentée de la part de MM. Jehan Dupré, Ursin Potier et Thomas Leconte, conseillers au siège présidial de Saint-Lô, Pierre Daubonne, greffier, et Michel Lalemant, huissier, pour eulx et les autres officiers dudict siège présidial de Saint-Lô, par laquelle ilz réquéroient qu'il pleust à ladicte Court, suyvant le contenu ès lettres-patentes du Roy, par eulx obtenues le 28ᵉ jour de juillet dernier passé, procéder à la lecture et publication d'icelles, ensemble de l'édict fait par S. M., au mois d'aoust 1563, sur le faict de l'union dudict siège présidial de Saint-Lô avec celluy de Caen, et d'aultres lettres-patentes de seconde jussion, du 13ᵉ de janvier, mentionnées ès dictes dernières lettres; veues aussi lesdictes lettres, du 28ᵉ de juillet, adressantz à ladicte Court, par lesquelles, et pour les causes y contenues, est mandé et enjoinct très expressément à icelle Court que, sans attendre autres rescription ou mandement, et sans s'arrester ou avoir esgard à l'arrest par elle donné le 20ᵉ jour de mars précédent, elle ait à procéder à la vérification et entérinement dud. édict de union et incorporation et lettres depuis expédiées sur icelluy, sans aulcune restrinction, modification ou difficulté, faisant joyr les impétrans de tout le contenu en iceulx pleinement et paisiblement; coppies des dictes lettres de édict et jussion dessus mencionnez, arrest de la dicte Court, du 13 de décembre 1563, donné sur la requeste des déléguez des troys Estatz du bailliage de Costentin, autre arrest de la dicte Court, du 20ᵉ jour de mars, par lequel avoit esté ordonné que, suivant l'édict des suppressions de tous offices vacanz par mort ou forfaicture et arrest de lad. Court donné sur la publication d'icelluy, le 27e jour de juin 1560, les conseillers dudict siège présidial de Saint-Lô, qui ne restoient en nombre suffisant pour juger en dernier jugement ès cas des édictz de création, establissement et reiglement des sièges présidiaux, pourroient, et leur auroit lad. Court permis se retirer audict bailliage de Costentin et siège de Saint-Lô, pour cognoistre et juger des causes et matières qui s'offriroient en la jurisdiction dudict bailliage, comme assesseurs du bailly du Costentin, parce que les appellations, qui en seroient émises, ressortiroient en ladicte Court, comme il se faisoit auparavant l'érection et establissement des sièges présidiaulx;—extraict du xxe article du Cayer des complainctes et doléances faictes en la Convention des Estatz de Normandye, tenue à Rouen au moys de novembre dernier passé, contenant la supplication faicte, par ceulx du bailliage de Costentin et Gisors, qu'il pleust au Roy, suyvant l'édict d'Orléans et l'instruction envoyée aux précédens Estatz, touchant la suppression des officiers érigez depuis le règne du Roy Loys XIIe, supprimer les estatz et offices des juges présidiaulx d'iceulx bailliages et autres officiers, avec la response sur ce des commissaires du Roy tenans la dicte Convention, conclusion du procureur général du Roy, auquel, par ordonnance de lad. Court, le tout a esté monstré et communiqué ; et oy le rapport du conseiller commissaire, à ce député, tout considéré,

» Il sera dit que la requeste des supplians sera et est différée jusques à ce que le Roy ait esté suffisamment adverty, tant par les déléguez des Estatz, que par le procureur général du Roy, pour le bon plaisir de S. M. sur lesdicts advertissemens entendu, estre ordonné sur ladicte requeste ce que la Court verra estre à faire par raison.

» Signé: Lalemant, De Bordeaux. »

Arrêt du Parlement portant qu'on enverra dans chaque présidial la copie de la lettre du Roi prescrivant des informations au sujet des bénéfices possédés par des personnes qui n'ont satisfait à l'édit de pacification.

Du 7ᵉ jour de septembre 1565. — « Veue par la Court la lettre close du Roy, adressante à icelle, donné à Rochebeaucourt, le 12ᵉ jour d'aoust dernier passé, à ce que ladicte Court eust à s'informer des abbayes, prieurez et autres bénéfices qui, à l'occasion des troubles passez, ou bien pour estre possédez par aucuns qui n'ont point encor satisfaict et obéy à l'édict de pacification et Déclaration faicte sur icelluy, sont demourées maintenant comme désertes, n'y ayant aucuns religieux ny autres en icelles pour les desservir, ne s'y faisant aucun service ny debvoir, et ceulx que l'on trouveroit de ceste qualité les faire saisir en la main dudit sʳ et y députer commissaires et advertir S. M. de l'ordre qui y aura esté donné ; veu aussy la conclusion sur ce du procureur général du Roy,

La Court a ordonné et ordonne que la coppie approuvée de ladicte lettre close sera envoyée aux juges et officiers au siége présidial de chacun bailliage de ce ressort, auxquelz il est enjoinct et commandé de informer de ce que dessus, faire la saisye et députer commissaires suivant le vouloir du Roy, et de ce que faict en auront en envoyer les procès-verbaulx devers lad. Court dedans le moys de la réception d'icelle coppie et de ce présent arrest.

» Signé : Lalemant. »

Suit la lettre close.

Enregistrement des commissions de Carrouges, Matignon, la Mailleraye, nommés lieutenants du Roi en Normandie, après la mort du sieur de Villebon.

Du 7ᵉ jour de septembre 1565. — « Veues par la Court, les chambres assemblées, les lettres-patentes du Roy données, à Cognac, le 22ᵉ jour d'aoust dernier passé, par lesquelles S. M., advertie du trespas du sʳ de Villebon, en son vivant lieutenant général de S. M. au gouvernement de Normandie, en l'absence du duc de Bouillon, Gouverneur dud. pays, a ordonné que les sʳˢ de Carrouges, de Matignon et de la Mailleraye, et chacun d'eulx, seront et demourront lieux-tenans généraux d'icelle Majesté en l'absence dudit duc de Bouillon, aux bailliages où ilz sont respectivement départys, assavoir : ledict sʳ de Carrouges, ès bailliages de Rouen et d'Evreux ; ledict sʳ de Matignon, ès bailliages de Caen et Costentin, et ledict sʳ de la Mailleraye ès bailliages de Caux et Gisors, avec les pouvoirs, facultez et ainsi qu'il est plus à plain contenu ès dictes lettres-patentes ; requeste présentée à ladicte Court, de la part dud. sʳ de Carrouges, afin qu'elles feussent vérifiées, publiées et enregistrées ès registres d'icelle Court, avec la conclusion du procureur général du Roy, auquel, par ordonnance de ladicte Court, lesdictes lettres-patentes ont esté monstrées et communiquées, par laquelle conclusion ledict procureur général a requis le Roy estre adverti de l'omission faicte, ès dictes lettres-patentes, du bailliage d'Alençon, et tout considéré,

» Il sera dit que lesdictes lettres-patentes seront leues, publiées et enregistrées ès registres de la dicte Court, pour en joyr par les sʳˢ de Carrouges, de Matignon et de la Mailleraye, suivant leurs précédentes commissions et les présentes lettres-patentes, à la charge aussy, et soubz les modifications et déclarations contenues en l'arrest donné en ladicte Court, les chambres assemblées, le 30ᵉ jour de may 1559, sur la vérification et publication des lettres-patentes de commission et facultez du feu sʳ de Villebon, c'est assavoyr pour joyr, par lesdicts sieurs de Carrouges, de Matignon et de la Mailleraye, de leurs dictes commissions suyvant les édictz et ordonnances du Roy, et ainsi que ledict feu sʳ de Villebon et ses prédécesseurs ont joy et usé deuement de semblables commissions, et non autrement, sans préjudice de l'autorité de la dicte Court et des juges ordinaires, en ce qui dépend de leur juridiction ordinaire, et par ce qu'ilz ne pourront prendre congnoissance, jurisdiction ne correction sur les officiers et ministres de la justice ordinaire, en ce qui concerne l'administration de leurs charges et offices, mays, sur les prévostz des mareschaulx, vibaillyz' et leurs lieutenans, ce qu'il leur est attribué jurisdiction par les ordonnances; et oultre, à la charge de faire et prester le serment par lesdits sʳˢ de Carrouges, de Matignon et de Mailleraye, dans troys moys, ès mains du Roy ou de ladicte Court, sauf au procureur général du Roy en advertyr S. M. en temps et lieu qu'il verra bon estre.

» Signé : LALEMANT, LE BRUN. »

Enregistrement des lettres du Roi qui interdisent le prêche de Roumare et autorisent les protestants à porter leurs enfants, pour le baptême, à Rouville.

Du 29 nov. 1566. — « Veues par la Court, les chambres assemblées, les lettres missives du Roy et de la Royne, adressans à ladicte Court, escriptes à Saint-Mor, les 21 et 22ᵉ jours de ce présent moys de novembre, et conclusions sur icelles du procureur général du Roy (1).

(1) *Extrait des registres capitulaires de la cathédrale de Rouen.* — « Mys en délibération par quel moyen l'on pourra empescher que

» La dicte Court, en ayant esgard à la réquisition du procureur général, a ordonné et ordonne que lesdictes lettres seront registrées ès registres de ladicte Court, et les coppies d'icelles délivrées audict procureur général, suivant lesquelles lettres, du 21ᵉ de ce moys, et volunté dudict sieur, icelle Court a faict et faict expresses inhibitions et défenses que l'on n'aye à faire aucun presche ne exercice de la religion prétendue réformée au lieu de Roumare (1) et à toutes personnes de se y trouver ne assister, sur peine d'estre punys comme rebelles, désobéissans au Roy et infracteurs de ses édicts; a ordonné et ordonne que lesdictes inhibitions et défenses seront publiées, tant audict lieu de Roumare, que par les quarrefours de ceste ville Rouen, afin qu'elles soient notoires, et que aucune personne n'en puisse prétendre cause d'ignorance; et, suivant les autres lettres, du 22ᵉ de ce dict moys, la Court a aussy faict et faict inhibition et défenses à toutes personnes d'empescher ceulx de ladicte

ceulx de la Religion, prétendue réformée, ne continuent à faire la presche et exercice de ladicte religion en la paroisse de Roumare, auquel lieu ilz commencèrent le jour d'hier, comme l'on dict à la faire, présence de comte Portian (Antoine de Croy, prince de Porcien, marié à Catherine de Clèves), et soubz umbre de la haulte justice qu'il a audict lieu de Roumare, comme conte d'Eu : il a esté advisé que le Chapitre ne se fera teste, ainsy que le désirent les gentz du Roy; mais bien, comme seigneurs dudict lieu, avec MM. les grandz vicaires de Mgr le cardinal, parleront à MM. de la Ville, pour, tous ensemble, instiguer lesdits officiers du Roy de faire garder les édicts et faire faire défense de faire plus aulcune presche, audict lieu ny ailleurs, aultrement qu'il est contenu en l'éedict de pacification ; et, cependant Monsʳ l'official a esté prié de faire informer de ladicte presche et de ceulx qui y ont assisté, pour, l'information faicte, estre portée audict sieur cardinal, affin d'y donner ordre. »

(1) Roumare, canton de Maromme (Seine-Inférieure). Le comte d'Eu et le Chapitre de Rouen y exerçaient, chacun pour leurs fiefs, des droits de haute justice.

religion prétendue reformée, de porter leurs enfants au lieu de Rouville (1), pour y estre baptisez, et, à eulx, y porter leurs enfans en plus grande compagnie que de 4 ou 5 personnes, ainsi qu'il est contenu ès lettres-patentes de Déclaration du Roy, publiées en ladicte Court, le 22ᵉ jour de décembre 1563 ; et ne permettra le sieur de Rouville qu'ilz y soient receuz en plus grand compagnye, le tout sur pareilles peynes que dessus. Signé : De Bauquemare. »

Requête présentée à la Cour par le procureur général contre les fauteurs de troubles, adhérents au prince de Condé.

Du 10ᵉ de décembre 1567. — « Veue par la Court, les chambres assemblées, la requeste à elle présentée par le procureur général du Roy, de laquelle la teneur ensuyt : Requiert le procureur général du Roy, disant qu'il est notoire, évident et du tout descouvert que ceulx de la nouvelle religion prétendue réformée ont suscité les troubles précédens et qui sont de présent en ce royaulme, par conspiration contre la personne du Roy, pour l'expulser de son royaume et évertir l'estat d'icellui, et y introduire une aultre république, en laquelle ilz ont éleu pour chef, en leurs églises et assemblées, le prince de Condé, qui est de leur religion, pour icelle fonder, authoriser et augmenter, à l'éversion de la religion catholique, de laquelle est le Roy, à la fin de laquelle conspiration et entreprise ledict prince s'est mis aux champs à main armée, acompaigné de ses conspirez, qui sont gens de sa religion, pour parvenir à leur entreprise, à laquelle tous ceux de ladicte religion sont

(1) Rouville, paroisse du doyenné de Foville, aujourd'hui canton de Bolbec.

suspects d'avoir adhéré, tant pour avoir contribué aux choses requises pour l'entretènement de telle armée, par collecte de deniers et enrollement d'hommes et armes faicts par leurs églises espandues par ce royaulme, que par leurs prières ordinaires, qu'ilz font en leurs assemblées publiquement et en leur privé, qu'ilz ont faict imprimer et publier, contenans prières spéciales pour ledit prince de Condé (1) nomément, à ce que son entreprise ayt heureux et prospère, succèz avec imprécations et excitations contre la personne du Roy, son Conseil et ministres de sa justice, lesquelles conspirations et entreprises n'ont esté par eux révélées, combien qu'ilz en eussent congnoissance certaine, comme il est vraysemblable, par ce mesmement que, au jour de leur entreprise, ilz se sont partis la pluspart de leurs maisons, quelque épartis et élongnez qu'ilz feussent les ungs des autres, pour raison de quoy, le Roy, les ayant tous à suspectz, a faict deffenses, lesquelles ont esté publiées, d'achapter d'eulx de leurs biens meubles ou immeubles, et, à eulx, de les vendre. Et, pour ce que ceulx qui ont l'administration de la justice, en quelque office, estat ou charge que ce soyt, qui sont de l'aultre religion, peuvent plus grandement ayder à l'entreprise dudict prince et nuire au Roy par leur authorité et conseil, intimider et fouller les catholiques et soustenir les leurs et les rendre plus obstinez et audacieux, et que le Roy, par son éedict, publié et observé, et non révoqué, a voulu que les personnes ayans l'administration de la justice feussent de sa religion, prouvez et attestez telz, avant que y estre receuz, au moyen de quoy, si aucuns de ladicte religion y ont esté receuz, ce a esté par surprinse, et ne font à y continuer ; mesmement durant ces

(1) Louis de Bourbon, prince de Condé, tué à la bataille de Jarnac, 13 mars 1569.

temps des troubles présens, sy dangereux et périleux, et encores moins ceulx qui, depuis leurs réceptions, ont changé et se sont despartis de leur religion catholique ; ce considéré et que la Court, dès le lendemain de la Saint-Martin dernière, y auroit en partie pourveu, à l'instance dudict requérant, pour le regard de ceulx qui debvoient comparence en la Court audict jour, il vous plaise, pour éviter toute commotion populaire, par forme de provision ordonner que, durant lesdits troubles qui sont à présent et jusques à ce que par la Court autrement en ait esté ordonné, sera deffendu, à tous juges, officiers, advocatz, procureurs, commis, greffiers, sergens, leurs commis et autres ministres de la justice de ce ressort, qui ont faict profession de la nouvelle religion, tout exercice de leurs offices, estatz et charges, sur peine de privation de leurs offices, estatz et charges et de nullité de ce que par eulx sera faict, au lieu desquelz juges sera la justice administrée par ceux ausquels est permis par l'ordonnance, en cas d'absence ou récusation des juges ; et, pour le regard des autres officiers et ministres inhibez, sera, en leur lieu, pourveu de notables personnages catholicques par les juges non inhibez ; aussy ordonner que l'arrest qui sera donné sur la présente requeste sera leu, publié et enregistré en chacun des sièges et vicontez de ce ressort, à jour de la jurisdiction du bailly et heure de plaine audience, desquelles lectures et enregistremens les actes seront envoyez au requérant dedens les trois sepmaines ensuivant d'icelle publication. Fait le 5e jour de décembre 1597. Signé : Bigot (1), Péricard et Damours.

» La Court a ordonné et ordonne que le Roy sera consulté

---

(1) Laurent Bigot, Sr de Thibermenil, nommé avocat général en 1527. La requête est de lui, bien que présentée au nom du procureur général. — Jean Péricard et Nicolas Damours, seconds avocats généraux.

sur ladicte requeste et conclusion dudict procureur général, lequel se retirera à ceste fin par devers S. M.

» Signé : De Bauquemare, Le Georgelyer. »

Commission donnée par le Roi au sire de Bréauté, pour commander à Rouen, en l'absence de Carrouges.

« Charles, par la grace de Dieu, roy de France à notre amé et féal le sieur de Bréaulté, chevalier de notre ordre et cappitaine de 50 lances de noz ordonnances, salut et dilection. D'autant que les principaulx chefs de la nouvelle religion se sont de nouveau eslevez en armes contre nous et noz ordonnances avec mauvaise volunté et intention, et que l'on void évidemment, que, par toutes les provinces de notre royaume, ilz s'efforcent d'eslever et attirer avec eulx le plus de noz subjectz qu'ils peuvent, avec desseing de faire quelque surprinse sur noz villes et autres places fortes estans en icelluy, mesmement en noz pays et duché de Normandie, au moien de quoy nous aurions ordonné à notre amé et féal le sieur de Carrouges, chevalier de notre ordre, cappitaine de cinquante lances de noz ordonnances, et notre lieutenant général en notre ville de Rouen et bailliage d'Evreux, de faire souvent ses chevaulchées par l'estendue de sa Charge, pour entendre et veoir à l'œil en quel estat y sont nos affaires et donner ordre à ce que il ne se face aucunes émotions en sa dicte charge, et tenir par ce moien le plat païs et les villes en seureté, et que, durant qu'il fera lesdicts voiages et en son absence, il est besoing de commectre et donner la charge, à quelque bon et vaillant personnage, de commander en notre ville de Rouen ; Nous, à ces causes, à plain confiants de vos sens, suffisance, loyaulté, vaillance, expérience au faict de la guerre, dextérité et dilligence, et pour la parfaicte congnoissance que nous avons de votre personne, vous avons commis, ordonné et depputé, et, par ces présentes, commectons, ordonnons et depputons pour estre, demeurer et commander en notre ville de Rouen, en l'absence dudict sieur de Carrouges, notre dict lieutenant général, tant aux gens de guerre qui y sont souldoyez et volontaires, que aux manans et habitans de ladicte ville et autres lieux prochains et à l'entour d'icelle, pour icelles gens de guerre employer et exploicter à la tuition de ladicte ville, en ce que verrez et congnoistrez estre à propoz les emploier pour notre service, faire faire et ordonner la garde de ladicte ville et chasteau d'icelle, donner le mot du guet, faire fermer et ouvrir les portes, quand bon vous semblera, et deffendre ladicte ville par armes et autrement à l'encontre de ceulx qui vouldront entreprendre sur icelle, tellement que la puissiez retenir et conserver en notre obéissance et maintenir noz subjectz y estans en repos et tranquilité, et les faire vivre en telle seureté, soubz noz loix et ordonnances, qu'il ne leur advienne aucune perte ou dommage en leurs personnes ne en leurs biens; pourvoir aux affaires publiques de ladicte ville, et, pour cet effect, faire venir et appeler à vous les conseillers et eschevins de ladicte ville, et, pour toutes autres choses pour lesquelles vous jugerez qu'ilz feront à appeler, pour avoir leur advis sur les choses qui seront à délibérer, pour après en estre par vous ordonné, et, afin que les choses de grande importance qui se feroient en ladicte ville pour notre service soient avec plus meure et grande délibération résolues, vous y comporter avec le prudent conseil et advis de noz amez et féaulx conseillers les gens tenans notre Court de Parlement audict Rouen, avec lesquelz vous communiquerez, pour après estre par vous promptement exécuté ce qui aura esté conclud et arresté, et généralement estre par vous faict en ladicte charge tout ainsi que nous ferions et faire pourrions, si présens en personne y estions, encores que le cas requist mandement plus spécial. De ce faire vous avons donné et donnons plain pouvoir, autorité, commission et mandement spécial, mandons et commandons tant ausdicts gens de guerre, souldoyez et volontaires, que à tous les manans et habitans et autres nos justiciers, officiers et subjectz de ladicte ville et lieux circonvoisins, que à vous, en ce faisant, ilz obéissent et entendent diligemment sans y faire faulte. Car tel est notre plaisir. Donné à Saint-Maur-des-Fossés, le premier jour de septembre, l'an de grâce mil cinq cens soixante-huit et de notre règne le huictième. Signé : Par le Roy, Fizes, ung seing et paraphe, et seellé du grand seel sur simple queue en cire jaulne. »

Du 11e jour de septembre 1568. — « Veues par la Court, pour ce expressément assemblée, les lettres-patentes données à Saint-Mor-des-Fossez, le premier jour de ce moys, par lesquelles le Roy a commis, ordonné et deputé le sieur de Bréaulté, chevalier de l'ordre et cappitaine de cinquante hommes d'armes, pour estre, demourer et commander en ceste ville de Rouen, en l'absence du sieur de Carrouges, lieutenant général dudict seigneur et se y comporter par ledict sieur de Bréaulté par le prudent conseil et advis de ladicte Court, afin que les choses de grande importance soient résolues avec plus meure et grande délibération, pour après estre par luy promptement exécuté ce qui aura esté conclut et arresté, le tout ainsi qu'il est plus à plain contenu ès dictes letres, présentées à ladicte Court par ledict sieur de Bréaulté, et oy sur ce le procureur général du Roy,

» Ladicte Court a ordonné et ordonne que lesdictes lettres-patentes seront enregistrées ès registres d'icelles pour jouyr et user par ledict sieur de Bréaulté du contenu en icelle, selon la forme et teneur.

» Signé : DE BAUQUEMARE. »

Arrêt portant que, vu l'occupation de la grand'chambre au procès des officiers de la nouvelle religion et de ceux qui ont voulu livrer le Havre et Dieppe aux ennemis, on déférera à la chambre de la Tournelle, après autorisation du Roi, les procès des rebelles et séditieux qui, par privilège, auraient le droit d'être jugés à ladite grand'-chambre.

Du 21e jour d'avril 1569. — « La Court, les chambres assemblées, aiant esgard aux grands empeschemens et affaires urgens et nécessaires qui sont de présent en la grand'-chambre d'icelle, mesmement pour le jugement des procès, tant des officiers qui sont de la nouvelle prétendue religion, que des procès faictz et instruictz par les commissaires députez par lad. Court, à l'encontre de grand nombre de prisonniers, accusez et prévenus de la conspiration et prétendue prodition des villes et chasteau de Dieppe et Havre de Grâce, pour les mettre ès mains des ennemys du Roy, au jugement desquelz Mes Jacques de Bauquemare premier, Jehan de Croismare et Gilles de Hattes, présidens assistent, a ordonné et ordonne, soubz le bon plaisir du Roy, que les procès des rebelles et séditieux, de quelque qualité qu'ilz soient, contes, barons, presbtres ou autre qualité, à raison de quoy, par privilège des édicts sur ce faicts, lad. grand'-chambre seroit fondée pour en congnoistre, seront jugés décidez et déterminez en la chambre de la Tournelle, en laquelle Me Michel Vialar, conseiller du Roy et président en ladicte Court, présidera, jusques à ce que, les affaires de la grand'-chambre cessant, autrement en soit ordonné ; et sera ce présent arrest envoyé par devers le Roy, à ce qu'il plaise à S. M. sur ce décerner ses lettres-patentes de auctorisation pour les jugemens qui seront donnez suivant icelles.

» Signé : DE BAUQUEMARE. »

Arrêt de la Cour par laquelle elle retient la connaissance des personnes compromises dans les séditions de la vicomté de Montivilliers.

2 décembre 1569. — « Sur le profit de défaut demandé par Guill. Regnault, prévost des bendes françaises, en garnison pour le Roi au Havre, pourvu par S. M. en l'absence du bailly des bailliages de Caux et Gisors, en la vicomté de Montivilliers, la Court retient la connaissance des procès contre M⁰ Denis Poyer, Pierre Le Fevre, Pierre Gilles, dit Houteley, Raoul Regnard, contrôleur du Havre-de-Grâce, Jehan Mennecier, Robert Raoullin, Jehan Du Busc, Roger Hédouin, Jehan Dufour, Robert Brière, Nicolas Trougard, Robert Duval, Jacques Théodet, Robert Oursel, Guill. Berry, Jehan Brehan, Jehan Hamel, Jehan Pouchin, Blaise Gauger, Jehan de Nerval, Jehan Costé, Jehan Ferey, Bertran de Bailleul, sieur de Ruffosse, Robert de la Haulle, châtelain de Ganceville, Nicolas de Bryon, sieur de Houppeville, Pierre Le Fèvre, sieur de Longueil, Robert de Grainville, sieur de Fiquainville, Ch. de Vattemare, sieur de Gayneville, Guillaume de Caumont, sieur de Bondeville, Ch. de Thiboutot, sieur de Lèvemont, Jehan Després, sieur dudit lieu, Jehan Morant, sieur de Thiboutot, Ch. Dessusleboys, sieur de Cauville et de l'Esglentier, M⁰ Jacques Le Breton, Jacques Dufour, Thomas Durant, Pierre et Guillaume dits Maillard, Richard De la Mare, Nicolas

Houtteville, Marin Tuillier, Guillaume Bruyeres, Loys Mauger, Jehan Godefroy, Guillaume Louvel, Pierre Cœuret, Regnauld Martel, Pierre Dambrinne, Guillaume Lesbarey, Allain Couyon, Robert De la Mare, Guillaume Deshayes et Jacques Caumont, Mes Pierre Hors-la-Ville, Olivier Loques et Nicolas de Fondimare, tous habitants du Havre-de-Grâce, Moustivilliers, que de la viconté dudit lieu de Moutivilliers. »

Ordonnance du Parlement pour assurer la tranquillité de la ville de Rouen.

Du 19e octobre 1569. — « La Court, les chambres assemblées, en ayant esgard à la réquisition du procureur général du Roy, pour éviter aux séditions, volleries, pilleries et enfondremens de maisons, a faict et faict inhibitions et défenses à toutes personnes, de quelque estat, qualité ou condition qu'ilz soient, d'aller aux maisons d'autruy, mesmes ès maisons de ceulx de la nouvelle opinion, pour y fouiller ou regarder, en quelque sorte que ce soit, sans adveu ou mandement de justice, sur peine de la hart, et a ordonné et ordonne aux catholiques voisins desdits de la nouvelle opinion et au capitaine du quartier, d'empescher qu'il leur soit faict et donné aucun effort, injure et violence, en quelque sorte que ce soit, et de faire retirer les petits enfans allans courir après eulx, sur peyne d'en respondre en leur propre et privé nom ; et pareillement a faict et faict inhibition et défenses ausdicts de la nouvelle opinion de aller courir, vaguer de nuict, ains eulx contenir en paix en leurs maisons, sur ladicte peine de la hart ; et oultre a ordonné et enjoinct, sur ladite peine, à tous vacabondz et gens sans adveu qu'ilz ayent à vuider hors de ceste ville, dedans vingt-quatre heures après la publication de ce présent arrest, qui sera faicte à son de trompe et cry public, par les carrefours et lieux accoustumez, et icelluy arrest imprimé et attaché par lesdicts carrefours, afin que aucun n'en prétende cause d'ignorance, et enjoint à tous manans et habitans de ladicte ville de se mettre et enroller soubz la charge des capitaines des quartiers et paroisses de la ville dedens lesdictes vingt-quatre heures. Aultrement, à faulte de ce faire et ledit temps passé, ladicte Court a tenu et tient ceulx qui ne seront enrollez pour vacabonds et estre comprins à la présente ordonnance.

» Signé : De Bauquemare, Rassent. »

Arrêt de la Cour qui accorde à Duval de Mondreville un délai de deux mois pour se faire rendre compte par ses commis de la recette des tailles de l'Election de Caen; après quoi, il les congédiera, comme étant de la nouvelle opinion.

Du 26e jour de novembre 1569. — « Sur la requeste présentée à la Court par Estienne du Val, sieur de Mondreville, commis par le Roy, pour la minorité de Nicolas Duval, son fils, à l'exercice de la recepte des tailles en l'élection de Caen et receveur général des deniers des Estatz de Normandie, tendant afin qu'il lui soit donné temps compétent, pour, suivant l'arrest de la Court, mettre hors de son service Me Pierre Daubonne, exerçant la recepte des deniers de la taille, Mathieu Falaise et Guillaume Denys, ayans charge pour la conduicte et sollicitation des affaires concernant les estatz et charges dudit sieur de Mondreville, estans de la nouvelle opinion, afin que, pendant ledict temps, ilz luy rendent compte et raison de leurs dictes charges et administration.

» Veu par la Court ladicte requeste, conclusion sur ce du procureur général du Roy, et oy le rapport du conseiller commissaire rapporteur de ladicte requeste,

» Il sera dict que la Court a permys et permet audict Duval faire rendre compte ausdicts Daubonne, Falaise et Denys, de leurs dictes charges et administrations dedans deux moys prochains, pour toutes préfixions et délays, sans qu'il les puisse par cy-après employer à faire aucune recepte pour luy.

» Signé : De Bauquemare, De Bordeaux. »

Règlement pour les Ecoles et pour les Inhumations.

Du 18e jour de novembre 1570. — « Sur la requeste présentée à la Court par le procureur général du Roy, narrative que aucuns vicaires de l'archevesque de Rouen luy avoient faict entendre que les catholiques leur faisoient, de jour en autre, plainctes de ce que ceulx de la Religion, qu'ilz disent réformée, faisoient inhumer les mortz ès cimetières et terres sainctes, dont en advenoient grandz débatz et contentions ; davantage, que ceulx de lad. religion, qu'ilz disent réformée, s'ingèrent d'instruire et enseigner la jeunesse, tant aux universitez de ce ressort, que ès villes d'icelluy, et aussi que plusieurs libraires et autres marchans faisoient apporter plusieurs livres réprouvez par l'église catholique, le tout contre l'édict de pacification, édicts et ordonnances anciennes, vouloir et Déclaration du Roy, tendant ledict procureur général du Roy affin que injonction et commandement soient faictz aux juges ordinaires de ce ressort, à chacun en leur district, de pourveoir à ceulx de ladicte religion, qu'ilz disent réformée, d'un certain lieu pour y faire l'enterrement des mortz, selon et en ensuivant le 18e article dudict édict de pacification, et ne permettre à aucunes personnes de régenter, tenyr escolles ou instruyre enfans publiquement, sans qu'ilz soient approuvez de l'évesque et diocésain ou de leurs vicaires; ensemble que défenses soient faites à tous libraires et autres marchans d'exposer en vente aucuns livres réprouvez, prohibez et défendus, et que lesdicts évesques et diocésains de ce ressort et leurs vicaires soient admonestez de commettre personnages notables pour faire lesdictes visitations sur lesdicts libraires et marchans, selon les ordonnances anciennes, et enjoint ausdicts juges ordinaires et substitutz du procureur général du Roy y tenyr la main.

» Veu par la Court, les chambres assemblées, ladicte requeste, et oy le rapport du conseiller commissaire à ce député,

» Ladicte Court, les chambres assemblées, a ordonné et enjoinct aux baillys de ce ressort ou leurs lieutenans, chacun en leur district, pourveoir à ceulx de ladicte religion, qu'ils disent réformée, de lieux, à eulx appartenans, soit de ceulx qu'ilz ont jà ci-devant acquis ou autres qu'ilz pourront acquérir, pour y faire l'enterrement des mortz, et oultre leur enjoint commettre, en chacune ville ou paroisse, quelque ministre de justice, auquel l'un de ceulx de la maison ou famille du décédé ira dénoncer ledict décès, pour garder qu'il ne se face aucun scandale à l'enlèvement, convoy ou inhumation du corps mort, lequel convoy ne pourra estre plus grand que de dix personnes, suivant qu'il est contenu au 13e article de l'édict de pacification, et a faict et faict inhibitions et deffenses aux dessus dicts de porter inhumer lesdicts corps mortz ailleurs que audict lieu qui leur sera destiné. Et oultre ladicte Court a faict et faict inhibitions et défenses à toutes personnes de tenyr ou faire tenyr escolles publiques pour instruire les enfans des villes, bourgs, bourgades et villages de ce pays de Normandie, que premièrement ceulx qui vouldront tenyr lesdictes escolles ne soyent approuvez et receuz par les archevesques, évesques ou leurs vicaires, suivant l'édict publié en ladicte Court, le 7e may 1566, sur peine d'estre punys comme rebelles et infracteurs des édictz. Et pareillement a faict et faict inhibitions et défenses à tous libraires et autres marchans d'exposer en vente aucuns livres réprouvez, prohibez et défendus, et à ceste fin seront visitez les dicts libraires et marchans, selon les anciennes ordonnances, par les évesques ou diocésains de ce ressort ou leurs vicaires et autres par eulx commis. Et enjoinct lad. Court ausdictz juges ordinaires et substitutz dudict procureur général du Roy de tenyr la main à ce que les édictz et ordonnances et ce présent arrest soient entretenuz, observez et gardez et en advertir ladicte Court, de 15ne en 15ne, sur les peines au cas appartenant.

» Signé : DE BAUQUEMARE, RASSENT. »

Lettres du Roi qui interdisent au Parlement la connaissance des causes résultant des exemptions des francs tenants, les évocquent au Conseil privé et les renvoient à la Cour des Aides de Rouen.

« Charles, par la grâce de Dieu, Roy de France, à noz amez et féaulx les gens de notre Court de Parlement, de noz Aydes en Normandie, baillis, séneschaulx, Esleuz en la dicte province, leurs lieuxtenans et chascun d'eulx, comme il appartiendra, salut. Notre amé et féal conseiller et advocat en notre dicte Court des Aydes, Me Jacques Auber, nous a, par ses articles, présentez en notre Conseil privé, faict remonstrer que les habitans contribuables aux tailles de notre païs et Généralités de Normandie sont grandement molestez, tant à l'occasion des grandes charges de tailles qu'ilz portent, que pour l'érection ou provision d'aucuns qui se dient francs tenans ou exemptz, lesquelz, soubz couleur de quelques prévillèges qui leur auroient esté accordez par noz lettres-patentes du mois de mars 1566, mois de septembre 1567, 23e février 1572, et que, entre autres clauses, soit contenu qu'ilz ne pourront estre chargés de la taille à plus haulte somme que de leur part et portion en laquelle ilz estoient imposez lorsqu'ilz ont obtenu leurs exemptions, néantmoins que, par les dictes dernières lettres, il soit dict que ceulx qui ont augmenté en biens, soit par succession ou autrement, seront cottisez à l'équipollent de leurs dictes augmentations, toutes fois iceulx prétenduz exemptz ou la plus part d'iceulx abusent tellement de leurs dicts prévillèges et se y commettent telles fraudes, que ceulx qui pourroient porter grande somme de taille selon la valeur de leurs biens et facultez pratiquent se faire imposer à petites sommes par fraudes et monopolles, et se prétendent descharger des charges de faire les assiettes et collections, en sorte que par telz moyens noz subjectz les plus paouvres demeurent opprimez et surchargez ; et, lorsque notre dicte Court des Aydes ou les dicts Esleuz ont voulu pourveoir à la réformation des dicts abus, ilz y ont esté et sont empeschez ordinairement, tant par notre dicte Court de Parlement, que par nos dictz baillifz ou leurs lieutenans, prétendans en debvoir congnoistre, pour avoir, en vertu de nos dictes lettres-patentes et commissions, adjugé les dictes exemptions, qui revient à la foule et oppression de notre pauvre peuple et subjectz, à quoy il est très requis et nécessaire pourveoir, Nous, de l'advys des gens de notre Conseil privé, et après avoir oy en icelluy les depputez de notre dicte Court de Parlement et notre dict advocat des Aydes, en leurs raisons et remonstrances respectivement, avons dict et déclaré, disons et déclarons que, par nos dictes lettres-patentes et autres octroyées, ou que nous pourrions cy-aprez octroyer ausdictz francs tenans, nous n'avons entendu, comme encores nous n'entendons, que ceux qui ont esté et seront pourveuz cy-aprez desd. exemptions puissent, au moyen des dictes provisions, estre deschargez ou diminuez de la contribution à nos dictes tailles, aydes et creue, ains voulons et nous plaist qu'ilz puissent estre augmentez et contraints à subir les charges d'icelles tailles, tant en principal que accessoires, selon leurs biens et facultez qu'ilz augmenteront ou diminueront ès biens, comme nos autres taillables, sauf toutesfois que nous n'avons entendu ne entendons que leurs dits impostz puissent estre ou soient augmentez, en considération des prévilèges à eulx accordez par nos dictes lettres-patentes, desquelles exemptions, en ce qu'elles concernent le faict de nos aydes et tailles, circonstances et dépendances d'icelles, Nous n'avons entendu ne entendons que autres juges que notre dicte Court des Aydes, et, en première instance, nos dicts Esleuz en prennent aucune jurisdiction ne congnoissance de cause, et, à cest effect, avons évocqué et évocquons à nous et à notre personne tous et chacuns les procès et différens concernant les exemptions, franchises et immunitez prétendus par les dicts franz tenans pour le faict de nos dictes aydes et tailles, soit par appellation, impétration ou autrement, et d'iceulx, leurs circonstances et deppendances en avons faict et faisons renvoy, tant à notre dicte Court des Aydes que par devant nos dictz Esleuz pour y estre jugez, décidez et terminez, ainsy qu'il appartiendra par raison, vous inhibant et défendant, à vous les gens de notre Parlement, et à nos dictz baillifz, leurs lieuxtenans, et juges présidiaulx, et tous autres, de prendre des dictes causes et procez, leurs circonstances et deppendances aucune court, jurisdiction ne congnoissance, à peine de nullité de toute procédure et de tous les intérests, dommaiges et despens des parties, et vous mandons et ordonnons faire publier notre présente Déclaration partout où besoing sera, etc. Car tel est notre plaisir, nonobstant aussy toutes ordonnances, clameur de haro et lettres à ce contraires. Donné à Paris, le 15e jour de juillet 1572, et de notre règne le 12e. Par le Roy, en son Conseil, Potier; et seelé du grand seel, en simple queue, de cire jaulne ».

Enregistré, le 3 janvier 1574, conformément à l'arrêt du 13 du même mois.

Signé, DE HATTES, RASSENT.

Extraits des Registres de délibérations du Chapitre de Rouen.

Mercredy 13e novembre 1566. — « Sur ce que M. Sequart a dit et remonstré que, combien qu'il fût, le jour d'hier après midy, à l'Hostel-de-Ville, comme grand vicaire de Mgr. le révérendissime cardinal, pour eslire gens à assister aux Estatz, ce néaulmoins le distributeur de chœur l'avoit mis en perte, demandant, pour ceste cause ledict distributeur estre contrainct lui bailler ses distributions, il a esté ordonné audict distributeur, evocqué à ceste fin et présent, faire gaigner le dict sr Sequart, comme ont faict ses prédécesseurs grands vicaires, et non aultrement.

» Relation faicte par M. Busquet que luy et M. Martin avoient, le jour d'hier, comparu à l'Hostel-de-la-Ville, et que le curé de Saint-Candre-le-Jeune avoit esté député de la part de l'Eglise, le baron du Bec-Thomas pour la Noblesse, et les sieurs de Fresquiennes et Vandrimare, de la part du tiers Estat, pour assister aux Estatz, lesdits sieurs capitulants ont remercié lesdictz commissaires ».

Samedi 7 décembre 1566. — « Sur ce que le procureur de l'Hostel-de-Ville, capitulairement comparent, a dict que, sur la quérimonie faicte par le tiers Estat aux Estatz de Normandye dernièrement tenuz, le Roy avoit envoyé lettres déclaratives par lesquelles il vouloit que les bourgois des villes, ayans terres aux champs, tenans icelles en leurs mains, fussent taillables, et que pour ce délibérer, il avoit ordonné que assemblée seroit, faicte ce jour d'huy aprez midy, audit Hostel-de-Ville, demandant estre député aulcuns pour y assister, MM. estans escriptz à la table *ad beneficia conferenda* ont esté à ceste fin députez ».

Lundi 15 novembre 1568. — « Le s^r Nagerel a référé que, le jour d'hier aprez midy, ledit s^r Le Brun et luy s'estoient transportez en l'Hostel-de-Ville, à l'assemblée générale des trois Estatz de ce baîlliage; et, pour ce qu'on ne les faisoit seoir au lieu accoustumé, ne pareillement demandé leur oppinion immédiatement aprez les gentz du Roy et vicaires de Monsr l'archevesque, ains qu'on préféroit à eulx les modernes conseillers, chose inaccoutumée en tel cas, auquel est question des affaires de tous Estatz, et non de la police de la Ville, il avoit protesté de pourvoy; et sy ledit s^r Le Brun s'en estoit allé à raison, veu qu'il n'avoit peu pouvoir au banc où M. Eude, comme grand vicaire de Monsr, et led. s^r Nagerel estoient assis, et mesmes pour ce que lesd. conseillers modernes l'avoient voullu faire seoir au dessoubz de eulx.

» Au surplus a référé que lad. assemblée se faisoit pour eslire des personnes de chacun Estat, pour assister aux Estatz généraulx de ceste province termez à tenir ceste sepmaine, et que led. s^r Eude, pour l'Estat de l'Église, et le s^r de Vieupont, pour l'Estat de Noblesse, avoient esté députez, duquel refert ledit s^r a esté remercié ».

Lundi 14 novembre 1569. — « MM. Busquet et Cossart

ont refféré qu'ilz s'estoient, le jour d'hier, transportez à l'Hostel-de-Ville, ouquel, après avoir esté longtemps disputé pour la séance de ceulx de l'Église et fait lecture d'un arrest sur ce donné aud. Hostel-de-Ville, laquelle faicte les dicts s^rs Busquet et Cossart avoient protesté se pourvoir, par voye de droict, de ce qu'on leur vouldroit oster leur lieu et séance ; et, quant au reste, avoient esté députez des personnes pour assister aux Estatz, sçavoir est, de la part du Clergé, Me Denys Guérard, promoteur de ceste archevesché, et de la part de la Noblesse, le baron de Vieupont, oy lequel refert, M. Le Tessier a esté prié d'adviser les moyens de pourvoir audit affaire ».

18 nov. 1568. — « Soit faicte procession tous les jours jusques à l'advent aux paroisses circonvoisines de ceste église, pourveu qu'il fasse temps compétent, et dès ce jour d'huy sera faicte en l'église Saint-Nicolas, affin de prier Dieu donner victoire au Roy ».

II

Lettres concernant la juridiction des amirautés et les officiers de cette juridiction.

« Monsieur Noblesse, il vous plaira souvenir que, vous estant à Carrieres, au moys de juing dernier, en ma présence, vous feust par ung nommé Loyseau, huissier en l'admiraulté, baillié une lettre en forme d'édict avecques une atache, faisant mention comme le Roy voulloit que le contenu audict éedict, concernant le règlement de la justice de l'admiraulté, contre le prieur et consulz des marchans de Rouen, sortist son effect, et lequel éedict et lettres en forme de *perinde valere*, vous furent par ledit Loyseau baillées pour les mettre sur le seau, de sorte que je baillay à l'un de voz clercs argent pour en faire la poursuite et la revestir dudit seau ; et d'autant que par plusieurs foys je vous en ay importuné et faict importuner de les rendre à MM. les juges de l'ádmiraulté, de sorte, que à l'une foys, vous me feistes faire responce que aviez envoié lesd. lettres et éedict à Monseigneur l'admiral avec aultres lettres concernant la navigation des Quillebois (1), et pour ce que on a sceu certainement dud. s^r admiral que ne lui avez faict tenir lesd. lettres, joinct aussi que, le Roy estant à Gaillon (2), vous, logé au Roulle (3), me dictes que, à votre adviz, ilz estoient ancores dedans les cofres avec aultres lettres qui restoient à seeller, et que incontinant que lesdictes lettres seroient expédiées, les feriés tenir audit s^r admiral ou à ses officiers à Rouen, à raison de quoy, veu que les officiers dud. s^r admiral ont grandement à faire dudict éedict de *perinde valere*, qui vous ont esté baillez par ledict Loyseau en ma présence, je vous supplie affectueusement, en la faveur de l'amitié que me portez, comme estant de nombre des serviteurs de M. le comte de Raiz, ainsi que le avez peu appercevoir et veoir, moy estant à la suitte de la Court, de envoier ledict éedict et lettres de *perinde valere* ausdits officiers de mon dict s^r l'admiral à Rouen, soient seellées, ou non seellées lesdictes lettres de *perinde*; et, en ce faisant, fairés plaisir et service audict s^r admiral, et ne demourray ingrat à le faire recongnoistre par ledit s^r envers vous ; et sur ce vous présenterai mes humbles recommandations, après avoir prié Dieu vous donner sa grâce. De Rouen, ce xviiie jour de décembre, V^c LXVI.

» Votre humble serviteur et amy,

» GUERCHOYS ».

(1) Habitants de Quillebeuf.
(2) Le roi Charles IX était à Gaillon en 1562.
(3) Le Roule, ham. de la com. d'Aubevoie (Eure).

Suscription :

« A Monsieur,

» Monsieur Noblesse, secrétaire du Roy,

» en Court ».

« Monsieur l'advocat, suivant ce que m'avez escript du recepveur et aprochant du jour que m'avez mandé, j'ay dépesché ce porteur pour aller devers ledit recepveur pour recepvoir de luy la partye qui m'est deue. Au demourant incontinant que les ordonnances des forestz seront publiées en Normandye je vous prye de m'en advertir affin que incontinant je m'achemyne de par de là. Quant à votre filz, Gaillard vous en escrira ce qui en a esté ordonné, qui me gardera de vous faire plus longue lettre, priant notre Seigneur vous donner sa grâce, me recommandant à la vôtre. De Paris, le ve janvier mil V^c LXVII.

» Votre entierement bien bon amy,

» ROSTAING » (1).

Suscription :

« A Monsieur,

« Monsieur Le Gay, advocat du Roy, au siege de la
» Table de marbre

« à Rouen ».

« A Monsieur,

» Monsieur l'advocat du Roy, en la jurisdiction de la
» Table de marbre à Rouen,

» à Evreulx.

« Monsieur l'advocat, Monsieur le lieutenant Du Bosc, l'un de voz bons amys, est à Paris, ainsy qu'il m'a rescript pour quelques affaires qu'avez ; et, d'aultant qu'il a esté adverty que nos estatz seroient tacitement suprimez par le

(1) De Rostaing, grand maître des eaux-et-forêts.

moyen de l'édict présenté à la Court, et aussi que, de vostre grâce, lui avez dict, ainsy comme à moy, qu'il y a moyen d'obtenir l'option de l'une des vicontez et sièges de noz charges, il m'a prié de vous requérir ungne lettre de faveur, au nom de nous deux, adressantz à M. Gaillard pour l'introduyre à parler à M. le grand maistre, à ce que, par le moyen dud. sr, il puisse obtenir lad. option ou continuation en noz exercices. En ce faisant, vous nous obligerez de plus en plus en vostre endroict, et vous pourrez rescripre au dict sr Gaillard qu'en nous aydant en cest affayre nous nous tiendrons ses redebvables, et le recongnoistrons jouxte et ainsi que vous l'ordonnerez. Dymanche dernyer, ung nommé Le Coq m'a dict de voz nouvelles et entre aultres choses comme y vous est amendé de vostre malladye, dont j'ay esté fort joyeulx. Me dict aussy le bon récit que luy avyez fait de moy et le bon vouloir que me portez, dont je vous remercye grandement, qui est l'endroict, M. l'advocat, où je feray fin, me recommandant humblement à vostre bonne grâce, en priant le Créateur vous donner, en santé, bonne et longue vye. De Rouen, le xviie jour de janvier mv^clxii. Par

» Le votre obéissant à jamais.

» Sy vous avez affayre par deça, je vous prye de m'employer. Le lieutenant de ceste viconté n'est que commys comme vous sçavez : il n'a presté le serment à la Table de marbre. Par vostre moyen, il sera aysé à débusquer. Je vous prye de penser à m'y ayder » (1).

(1) Ces lettres, autrefois déposées au tribunal de commerce de Rouen, se trouvent avec les papiers d'une famille Bauquemare, qu'il ne faut pas confondre avec celle du premier président. Elles donnent une idée des tripotages auxquels donnèrent lieu les suppressions et les rétablissements d'offices à la fin du xvie siècle.

TABLE DES MATIÈRES

Abbayes et monastères, qui n'ont plus le nombre ancien de leurs religieux, doivent contribuer à l'entretien des prédicateurs, maîtres d'école et pauvres catholiques, 41,

Affranchis (contre les), 4, 20, 45, 46.

Agriculture (éloge de l'), 141, 142.

Allemands, cruelle et barbare nation, 171.

Ambassadeur du roi d'Espagne; on réclame contre les lettres d'évocation par lui obtenues, 78, 196.

Amirautés (juridiction des), 339, 340; amirauté de Rouen, 77.

Anglais ne devraient vendre ni acheter sinon par les mains d'un bourgeois du lieu, 7; — menacent la Normandie, 93.

Anoblis, rechargés, 146.

Archevêché de Rouen, proposé pour règle quant aux droits des collations de bénéfices, 29.

Argoullets, 34.

Armée commandée par le Roi en Saintonge, 170.

Arquebuse (exercice de l'), 5.

Arquebusiers, armuriers, fourbisseurs, vendeurs de poudre à canon et salpêtre, doivent être catholiques, 58.

Arrière-ban, 34; receveur des taxes de l' —, 68.

Articles du Cahier des Etats, dressés par un pensionnaire de la ville de Rouen, 199.

Artillerie (pièce d'), achetée par la Ville de Rouen, 110.

Assesseurs des vicomtés, 223.

Avocats et gens de pratique exclus de la députation aux Etats, 112, 210.

Bailliages de Normandie; désaccord entre leurs délégués pour le fait de la religion, 6, 7.

Ban (taxe du), 37.

Ban et arrière-ban ne doit avoir lieu qu'une fois l'an; les comptes en devraient être rendus aux délégués de la Noblesse, 38.

Baptême des enfants, 26, 27, 39.

Bénéfices ecclésiastiques ne pourront être affermés à des protestants, 27, 28; y pourvoir dans le temps prescrit, 66; vérifier s'ils sont possédés conformément à l'édit de pacification, 218.

Blasphémateurs (contre les), 43.

Blés exigés indûment des laboureurs par les gouverneurs des villes, 37. — ne doivent être transportés hors de la Normandie, 55.

Bois à brûler (cherté du), 75.

Cahiers des Etats de 1567, 1-17; de 1568, 19-32; de 1569, 33-63; de 1570, 65-86; — taxes de ceux qui les portent au Roi, 60, 61; — à quelle époque on commença à les imprimer, 109; — doivent être portés par personnes capables et appuyées de l'autorité du gouverneur de la province, 209, 287.

Capitaines, doivent être catholiques, 40.

Capitaines de navires (déprédations commises par les), 157.

Chambre de la Tournelle connaîtra de tous les procès concernant les rébellions de Dieppe et du Havre, 328.

Chambre des Comptes de Normandie supprimée, 121.

Chambre des Comptes de Paris, 31, 38.

Changement (amour du), 145, 146.

Charge, terme équivalent à Généralité, 155.

Charte normande, 179.

Cimetières saints et bénits doivent être réservés aux catholiques, 40.

Clergé accorde un secours au Roi, 255-257, 304; députés, syndic du — du diocèse de Rouen, 119.

Collation des bénéfices; droits abusifs perçus à leur occasion, 29.

Commerce, 17. Traiter les marchands étrangers comme les marchands français sont traités à l'étranger, 78.

Commissions extraordinaires (contre les), 23, 215, 217, 287; — pour la réforme des subdivisions et départements faits pour les tailles, 46; — pour la levée de deniers, doivent être vérifiées au Parlement, présentées aux Hôtels-de-Ville, 68; — pour décider du fait des étapes, taillon, etc., 123.

Committimus à restreindre conformément à l'Edit de Moulins, 48.

Communes et pâtures enlevées aux habitants du pays, 78, 79.

Concile de Trente; on en demande la publication, 43, ainsi que l'exécution de ses décisions, 66, 67.

Confitures données en présent par la Ville de Rouen, 197.
Conseil privé du Roi à Gaillon, en 1571, 65.
Consuls de Rouen (juridiction des), 57, 339.
Cour des Aides de Normandie, 89, 100, 101, 106, 123, 154, 156, 173-177; — en conflit avec le Parlement, 228; — connaîtra, par renvoi du Conseil, des causes relatives aux exemptions des francs-tenants, 334-337.
Courtiers de prunes, nouvel office, 291.
Crue de 3 sous pour livre; les Etats demandent qu'on les en dispense, 16.
Curés en prison pour le paiement des décimes, 43, 67.

Dace des procès, 12.
Décimes, 119; abus dans leur perception, 43; doivent être payées, non par les curés, mais par les décimateurs, 67.
Demandes du Roi aux Etats, 208, 272, 303, 304.
Déprédations sur mer, commises par des Français, dénoncées par l'ambassadeur du roi d'Espagne, 76, 77, 193, 215, 217, 225, 263.
Députés des Etats de Normandie, 195, etc. — Forme de leur élection, 97-100; à Caen, 115 118; changée contrairement aux prétentions de l'Hôtel-de-Ville de Rouen, 196. Députés ne peuvent plus être réélus qu'après un laps de trois ans, 9, 31. Ceux de l'Hôtel-de-Ville de Rouen distincts du tiers Etat, 290, 291. Députés doivent être appelés au département des tailles, 55, 56. Leurs taxes, 13, 15, 24, 60, 61; trop faibles, 83, 276.
Description des biens et familles des habitants de la Normandie; commission nommée à cet effet, 235.
Dettes de l'Etat, 133, 134, 135, 152, 184, 188, 189, 302.
Dîmes ne doivent être baillées à des gentilshommes, 29, 30.
Eaux et forêts (réformation des), 74, 75, 217, 221, 222, 223, 227, 232, 262, 263, 276-282. — Grand maître des —, 342.

Echiquier d'Alençon (contre l'établissement de l') 178, 179.
Ecclésiastiques ont coutume de porter la parole au nom du tiers Etat, 126; devoir des —, 127, 128; leur réforme, 128; — tenant rôtures sont assujettis à la taille, 146.
Ecoles (règlement pour les), 332-334.
Ecumeurs et pirates (contre les), 56, 73, 74.
Edit d'Orléans, 5; — de pacification, 150, 161, 184, 200, 211, 309, 310, 311, 312; — pour remettre la religion catholique en sa splendeur, 151.
Eglises saccagées, 311; celles qui

ont été détruites par les protestants, à réédifier à leurs frais, 41, 67.

Elections. Etendue de celles d'Alençon, Lisieux, Coutances, Rouen, 106, 107; officiers des —, révoqués par Louis XI et bientôt rétablis; leur nombre augmenté en 1557, 106; réduits, 49, 50, 51, 55, 60, 82, 101, 146, 153, 173, 189, 246-249; rétablis, 284, 286, 305, 308; nouvelles —, 272.

Elus optés, 210.

Elus du bailliage de Gisors, 58, 59.

Emprunts sur le clergé, 256-259; sur le Parlement, 263; sur l'Hôtel-de-Ville de Rouen, 259.

Etapes, 2, 3, 30, 31, 34, 36, 37, 118, 217; abus dans la levée des —, 157; compte des —, 100; receveur des —, 245.

Etats généraux d'Orléans, 238.

Etats généraux de Tours, 106.

Etats provinciaux de Normandie. Lettres de convocation du Roi, 209, 288, 289; leurs attributions, 36, 37, 51; leur but et leur utilité, 124, 125; la cause de leur réunion, 268, 269; plainte de leur inconstance, 146; sentence des commissaires des —, 115; comptabilité des —, 14, 242-245; doivent mûrement délibérer leurs remontrances et les faire appuyer auprès du Roi par des personnes d'autorité, 276; devraient être maintenus dans leurs libertés et ne rendre les comptes de leurs frais communs que devant les Intendants des finances, 83; leur intervention sollicitée par le Parlement, 179-192, 194, qui leur demande de payer les frais du voyage de ses députés en Cour, entrepris dans l'intérêt du pays, 218; leur durée, 276; demandent la révocation de la Commission des sieurs des Fourneaux et Du Lac, 237; seront consultés à propos de la réunion du présidial de Saint-Lô à celui de Caen, 317. Commissaires du Roi pour tenir les — 87, 93, 123, 135, 136, 138, 213; les lieutenants du Roi doivent être Commissaires des —, 110; le pensionnaire de la Ville de Rouen doit assister aux —, au nom de la Ville, 111; greffe et greffiers des —, 60, 89, 176; procureur-syndic des —, 60, 147, 155, 178; intervient, 154; son intervention sollicitée par le Parlement, 189; consulté par la Cour des Aides, 266; trésorier des —, 245; séance orageuse des —, 269.

Etats du bailliage de Cotentin, 308, 309.

Etrangers ne devraient être admis au gouvernement des places, qu'il ne faudrait confier qu'à des gentilshommes du pays, 38; ne peuvent être fermiers de villes ou de bourgs, sans une attestation du curé ou du vicaire du lieu d'où ils viennent, 45.

Evocations (contre les), 9, 47, 48, 75-78, 154, 190, 193, 195, 196, 215, 216, 263.

Exempts, 272.

Fabriques d'églises; fonds employés indûment par les trésoriers à faire des présents aux juges, Élus, sergents et capitaines, 44.

Faculté de théologie de Paris; obligation de se conformer aux articles de foi arrêtés par elle en 1543, 94.

Faux-monnayeurs, 193, 215, 221, 222, 232, 233, 263.

Fermes. Abus dans la — des tailles, 10; ne bailler à — les amendes des juridictions, les greffes, les tabellionnages, les sergenteries, 8, 23; — des biens ecclésiastiques, ne doivent être données qu'à des catholiques, 22.

Fermiers des impôts, ne pourront faire trafic de marchandises du genre de celles sur lesquelles ces impôts sont assis, 57, 58.

Fiefs de haubert, 65, 66.

Foires de Rouen; leur prolongation, 240.

Forêts (droits d'usage dans les) doivent être gardés, 47; ordonnance des —, 340.

Fortifications (levées pour les), 81.

Francs-fiefs et nouveaux-acquêts, 223.

Francs-tenants (contre les), 4, 20, 45, 46, 71, 72; la connaissance des causes concernant leurs exemptions, attribuée à la Cour des Aides exclusivement au Parlement, 334-337.

Gabelle, 52.

Gardes-sceaux (offices de) dans les juridictions, notamment dans celle des Consuls de Rouen, à supprimer, 57, 73, 264, 265.

Garnisaires aux maisons, pour payer les cotisations, sont à interdire, 69.

Gendarmerie, 133, 134.

Généraux des finances, 111, 117, 257, 290, 291; — ne devraient faire le département des tailles, 59.

Généraux alternatifs des finances, 290.

Gens de guerre, 20, 81; leurs exactions, 30, 31, 34, 35, 61; licenciés, 157; frais pour leur passage obtenu par lettres-patentes à l'insu des États, 14, 15, 47.

Gens de pratique ne peuvent être députés aux Etats, 118.

Gentilshommes soumis à des taxes abusives, 70. Leur défendre de prendre à ferme les biens des hôpitaux et

et des léproseries sans malades, de même que les dîmes, 29. — tenant rotures sont assis à la taille, 146.
Greffes des juridictions doivent être baillés à gens de bien, 51, 52.
Greffiers doivent tenir registre des actes et les faire approuver ; ne peuvent être pourvus qu'à l'âge de 25 ans, 81, 82.
Greniers à sel, fournis de mauvais sel, 52, 53. Les plus values des — engagés à la Ville de Rouen, 111.

Honneurs vendus, 302.
Hôpitaux sans malades, 29.
Horsains (tailles sur les), 272.
Hôteliers et cabaretiers (subside sur les), 13.
Huissiers et sergents royaux, 51.
Huitième des boissons, 13.

Impositions demandées par le Roi, 135, 136, 153, 171 ; leur chiffre, 271, 272, 304. — sur les villes de la Généralité de Rouen pour le licenciement des gens de guerre, 157. — de 5 s. pour muid de vin sur les villes closes, à révoquer, 13, 23, 158. — foraine, 7, 8.
Imprimeurs de livres censurés, à interdire, 40.
Inhumations (règlement pour les), 332-334.
Instruction publique ; régents à établir pour la jeunesse aux dépens des abbayes et prieurés, 6, 21, 41, 42 ; au moyen des biens des léproseries et des hôpitaux sans malades, 29.

Juridictions. On se plaint de leur multiplicité, 8. Taux des actes pour les juges et les greffiers des —, 282, 283.
Justice, 12 ; principal objet de la royauté, 126, 127 ; sa dignité, sa nécessité, 140, 141.

Légion du pays, à entretenir, 67.
Léproseries sans malades, 29.
Lettres patentes. Clause insolite qui y est insérée pour vérifier « à perte de gages », injurieuse au Parlement, 224.
Lettres de non-résidence abusives, 42.
Levées de deniers non autorisées par les Etats, 24, 25, 47, 48, 72 ; par Commissions, 68.
Levée de 10 l. sur chaque clocher, 60.
Libraires soumis à l'inspection des évêques, 333, 334.
Lieutenants du Roi en Normandie, 319, 320.
Livres censurés doivent être brûlés, 40.
Lire et écrire, science à exiger des notaires, tabellions, greffiers et sergents, 83.
Loi, 133 ; nécessaire, 138, 140.
Lois nombreuses et enfreintes, 300.

Magistrats ; leurs devoirs, 130, 131, 133.

Maître des ports, ponts et passages en Normandie, 239.
Maîtres de navires doivent être catholiques, 40.
Marine, 223.
Médecins apothicaires et chirurgiens doivent être catholiques, 58.
Messe obligatoire sous peine de sortir du royaume, 39.
Mesurage de terres, 254.
Ministres de la religion protestante (contre les), 26, 39.
Misère de la France, 144, 145, 180.
Misère de la Normandie, 13, 16, 23, 61, 62, 74, 144, 145, 171.
Monnaies (Réformation des), 196.

Noblesse autorisée à porter arquebuses et pistolets, 5; son devoir, 30, 128, 129.
Notaires et tabellions doivent tenir registres et n'être pouvus de leurs offices qu'à 25 ans d'âge, 82.

Offices inutiles, 291; nouveaux, 79; trop nombreux, 8; supprimés, 342; vendus, 300.
Officiers du Roi ne peuvent être députés aux États, 112, 118, 210.
Officiers, avocats et autres personnes publiques ne doivent être reçus à exercer leurs états, quelques lettres qu'ils aient obtenues, 44; remis en possession de leurs charges et états après abjuration, 283.

Paix, 180-183; ses avantages, 136; préférable à la guerre, 161.
Parlement de Normandie, 91, 95, 123, 189, 192, 210; député au Roi pour faire des remontrances, 193; intervient pour l'élection du procureur de la Ville de Rouen, 198; se demande s'il doit aller saluer le gouverneur, 214; se plaint de n'être pas respecté, 229; doit être consulté par le lieutenant du Roi, Bréauté, 326, 327; ne pourra connaître des exemptions des francs-tenants, 334-337; nombre de ses conseillers réduit, 134. Le nombre ancien devrait en être rétabli, en même temps que leurs gages seraient augmentés et leurs privilèges confirmés, 223; conseillers chargés, quand ils iront aux champs, de s'informer des contraventions commises contre l'édit de pacification, 310, 311. Premier avocat du Roi au —, 90. Extraits des registres du —, 262-265, 276-284, 318-320.
Pacification (Edit de), 65, 188.
Parties rayées aux comptes clos au privé Conseil, à rétablir, 13, 24.
Patrie; en quoi consiste sa splendeur, 129.

Péagistes (seigneurs) obligés à la réparation des ponts, 53.
Petits-sceaux (Erection des offices de), 73. Ordonnances sur les — 218, 219.
Plaisir et bon plaisir du Roi, expressions qui ne sont pas à confondre, 312.
Police royale, 292, 293.
Politique; sens de ce mot, 292, 293.
Ponts et chaussées à réparer, 53.
Prêches, 320, 321; dans les fiefs de haubert, 65, 66; établis en lieux non permis, 311.
Prédicateurs à désigner par les évêques et prélats à chaque ville et bourgade, 29; doivent être fournis par les évêques, abbés et curés, 41, 42.
Prélats ne doivent exiger plus que de raison pour les collations de bénéfices, 29.
Préséances à l'Hôtel-de-Ville de Rouen; débats à ce sujet entre les échevins et les chanoines, 147, 160, 338.
Présentations aux bénéfices ecclésiastiques retirées aux protestants, 40.
Présidiaux, 75, 194, 222, 223; plaintes contre cette juridiction, 229, 263. Présidial de Saint-Lô en Cotentin uni à celui de Caen, 308, 309, 316, 317.
Prevôt de Normandie, 62.
Privilège de Saint-Romain, attaqué, 287.
Procession à Rouen, 339.

Promoteur de l'officialité de Rouen; se plaint des contraventions commises contre l'édit de pacification, 312.
Protestants. Arrêt du Parlement contre eux, 93, 94. Protestation de la Ville de Rouen contre eux, 92. Plainte du chapitre de la Cathédrale contre eux, 94. Accusés de sédition, 322-324; doivent être exclus des États, 93, 94, 97; de l'administration des villes, hôpitaux et léproseries, 28; sont exclus de la recette des tailles de Caen, 331, 332; ne peuvent être fermiers des impôts et subsides, 57, 58; ne peuvent présenter que des catholiques aux bénéfices ecclésiastiques, 66; ne peuvent être enterrés aux cimetières catholiques, 27. Vexations contre eux à Rouen, 330.

Quatre sous pour livre demandés par le Roi outre la somme ordinaire de 4 millions, 184.
Quatrième des vins à réduire au huitième, 82.

Rébellion, 150; esprit de — général; ses effets, 186.
Recettes générales, 117.
Receveurs des levées doivent rendre compte de leurs recettes, 69. Receveurs alternatifs des aides et tailles supprimés, 101.

Reîtres ; difficulté pour leur paiement, 189, 208, 256, 259.

Registres à tenir par les curés, notaires, tabellions, greffiers et sergents, à présenter par eux aux assises, pour être approuvés par les greffiers du Roi et mis en lieu sûr, 81.

Religion catholique ; sa profession à exiger des officiers de judicature, bénéficiers, ecclésiastiques, capitaines, fermiers de biens ecclésiastiques, 6, 21, 22.

Religion nouvelle ; mesures à prendre contre ceux qui en font profession, 6.

Rentes constituées sur les domaines, aides, etc., etc., devraient être payées par les receveurs des lieux, 85. Rentes sur l'Hôtel-Commun de Rouen, appartenant aux protestants rebelles, attribuées aux échevins de Rouen, plus tard rendues aux rentiers, 211.

Résidence à exiger des curés, 42.

Roges et sentiers, 254.

Roi (Le). Eloge de sa bonté, 135, 136, 148 ; endetté, 152 ; obligé de punir, 274, 275 ; son principal soin, 126, 127. Dignité et devoir des rois, 143 ; ce qui leur est dû, 161.

Romaine et imposition foraine à Rouen, 108, 239.

Saint-Barthélemy (jugement sur la), 274, 275.

Salpêtres et poudres à canon, 74.

Sceau des draps et de la justice, nouvel office, 291.

Secrétaires nouveaux, supprimés, 79.

Sédition (esprit de), 162. Liste des personnes compromises dans les séditions à Montivilliers et au Havre, et dont le Parlement retient les causes, 329, 330.

Sel ; supprimer l'augmentation de 6 l. t. sur chaque muid de sel accordée aux adjudicataires, 80.

Soldats, 2, 3, 5.

Surséances accordées aux officiers de la nouvelle religion, à révoquer, 44.

Suisses ; difficulté pour leur paiement, 131, 132, 189, 208, 256, 259.

Taillables, qui se démettent en faveur de leurs enfants ecclésiastiques ou sous-âges, doivent continuer à payer la taille, 38. Les bourgeois des villes sont taillables pour les terres qu'ils tiennent aux champs, 338.

Tailles, 10 ; à modérer, 82 ; plaintes au sujet de leur inégalité, 4, 19. Changement d'octroi général pour les —, 87, 89 ; manière de cotiser les habitants pour les —, 272. Forme du département des —, 11. Garder la forme ordinaire pour leur assiette, 72. Département des tailles à faire par les commissaires des Etats, 59. Régalement des —, 154. Règlement pour les —, 87-89. Chiffres, par Elections des tailles de la Généralité de Rouen, 107, 158.

Taillon, 34.

Tavernes (ordonnances des), à garder ; tavernes et hôtelleries ne doivent être tenues par des protestants, 43.

Taxe de 1,000 écus, 70.

Taxes des vicomtes à modérer pour la reddition des comptes des pupilles, 51.

Tiers et danger (aliénation des droits de), 263, 264, 281, 283.

Tiers état ; avantages qu'il tire de la réunion des Etats, 125-126. — Députés de la Ville de Rouen distincts du Tiers état, 115.

Trésoriers de France à Caen et à Rouen, 53, 117.

Vice-baillis, 153, 291 ; doivent être soumis à la juridiction ordinaire, 71 ; en mettre en chaque bailliage, 5, 21, 36 ; plaintes contre eux, 34, 36, 189, 191.

Villes. Blés demandés indûment pour leurs approvisionnements par les gouverneurs, 37. Les comptes des deniers communs des — doivent être vérifiés devant les juges royaux du lieu avant d'être présentés à la Chambre des Comptes, 31. Police des — à rendre aux échevins, 84, 85. Imposition sur les — et bourgs de la Généralité de Rouen, 157. — franches, 272 ; leurs habitants tenant rotures imposés aux tailles, 146 ; taillables pour leurs terres aux champs, 338.

Voleurs en grand nombre, 5, 20.

TABLE DES NOMS DE LIEU

Achy, seigneurie, 120.
Alençon, duché, 193, 194. Députés. Echiquier, 178, 179, 226, 263. Montant de la taille de l'Election, 158. Election, 106, 107, 157, 158, 246-249. Vice-bailli, 291.
Allemagne; ses princes, ingrats envers le Roi, s'allient aux rebelles, 164.
Amboise; lettres-patentes qui en sont datées, 284.
Andely (commerce de blé à), 8.
Angleterre (commerce avec l'), 7, 22.
Arques (Élection d'), 157. Montant de la taille de cette Élection, 158.
Auberville, seigneurie, 110, 159, 197, 267.
Aubigny, seigneurie, 117, 123, 138.
Auge, vicomté, 114, 119. — Député de cette vicomté, 91, 95, 96, 137, 147, 178, 198, 267, 289. Vicomté héréditaire, 124.

Aulnay, seigneurie, 24.
Authieux (les), seigneurie, 120.
Avranches, chanoine, 309. Election, 173.

Baligny, seigneurie, 91.
Balligan, baronnie, 211.
Barbery, 154.
Bayeux (Élection de), 49, 237.
Beaucamp, seigneurie, 278.
Beaumont, seigneurie, 290.
Becquets (les), seigneurie, 101.
Bec-Thomas, baronnie, 120, 290.
Bellegarde, seigneurie, 110.
Bernay (Élection de), 157. Montant de la taille de cette Election, 158.
Blois (lettres-patentes données à), 183.
Boisguillaume, seigneurie, 199.
Bondeville (prêche de), 200. Seigneurie de —, 113, 329.
Bonnemare, seigneurie, 211.
Boscbénard, seigneurie, 91.
Bosc-Bénard-Commin, 278.
Boulogne (château de), 19, 25.

Bosc (le), seigneurie, 211.
Bourdeny, seigneurie, 33,
Bouville, seigneurie, 210.
Brametot, seigneurie, 91.
Bras, seigneurie, 115.
Brière (la), seigneurie, 95.
Busc (le), seigneurie, 213.

Caen, 53, 100, 286. Ses députés, 7, 115. Election, 149, 237. Généralité, 291. Hôtel-de-Ville, 210. Présidial auquel est réuni celui de Saint-Lô, 308, 309, 316-317. Procureur-syndic de la Ville, 115. Recette des tailles, 331.
Cailly, 112.
Carentan (délégués de), 7.
Carrières, 339.
Caudebec (Élection de), 154, 155, 157. Montant de la taille de cette Élection, 158.
Caumont, seigneurie, 289.
Cauville, seigneurie, 329.
Caux. Bailliage, 36. Vice-bailli, 29.
Champagne (armée en), 171.
Chantilly (le Roi à), 94.
Charleval ou Noyon-sur-Andelle, 220, 324.
Chaulnes; lettres du Roi qui en sont datées, 154.
Chaumont et Magny (Élection de) à réunir à celle de Gisors, 59.
Chenets (les), seigneurie, 109.
Chenonceaux; lettres du Roi qui en sont datées, 283.
Chevalerie (la), seigneurie, 91, 255.

Cognac; lettres du Roi qui en sont datées, 101.
Commanville, seigneurie, 211.
Compiègne. Assemblée qu'y doit tenir le Roi, 301. Le Roi à —, 305.
Condé, seigneurie, 113.
Cormeilles, près Caen, 115.
Cotentin (officiers du bailliage de), 517.
Couronne, 113.
Courvaudon, seigneurie, 214.
Coutances et Carentan (Élection de), 49, 107.
Croisset, seigneurie, 114.
Croix (les), seigneurie, 96, 110, 160, 212, 215.

Deux-Ponts (duc des) entre en France, 163.
Dieppe, 155. Conspiration de —, 328, 329. Réduction de —, 315.
Dracqueville, seigneurie, 138, 160, 179, 200.
Duretal (lettres-patentes datées de), 264, 283.

Ecotigny, seigneurie, 91.
Ecouis, 213.
Emendreville, seigneurie, 114.
Escalles, seigneurie, 112, 114.
Esglantier (l'), seigneurie, 329.
Espagne (l'ambassadeur d') fait évoquer les causes des déprédations par mer, 76, 77, 170, 217, 218. Commerce avec l'Espagne, 7.
Eu (comté d') réclamé comme étant du domaine de Nor-

mandie, contre le Parlement de Paris, 54, 55, 73.
Evreux (bailliage d'), 1, 40, 341. Élection, 157. Montant de la taille de l'Élection, 158. Receveur des tailles, 111. Vice-bailli, 291.

Falaise (vicaire de Sainte-Trinité de), 176.
Fécamp, 158.
Ferrière (baronnie de la), 221.
Ferrières-en-Brie, seigneurie, 222, 248.
Fontaine, seigneurie, 157.
Fontainebleau (lettres du Roi, datées de), 178, 264.
Fossé (le), seigneurie, 101, 231.
Fourneaux, seigneurie, 11, 23, 46, 235, 266.
Franqueville, seigneurie, 89.
Franquevillette (habitants de), usagers en la forêt de Longbouel, 281.
Fresquiennes, seigneurie, 120.
Frettemeule, seigneurie, 113, 114, 119.

Gaillon, 233, 341. Conseil du Roi à —, 86.
Gamaches, seigneurie, 110, 160.
Ganzeville, seigneurie, 329.
Gayneville, seigneurie, 329.
Gènetais (les), seigneurie, 110.
Gènetay (le), seigneurie, 178.
Gisors. Bailliage, 36, 58. Députés, 8. Élection, 157. Vice-bailli, 291.
Granges (les), seigneurie, 113, 114, 119.

Hadechoulle, seigneurie, 110.
Havre-de-Grâce, 158. Bourgeois du —, 240. Conspiration du —, 328, 329.
Herces, seigneurie, 197.
Hermanville, seigneurie, 110.
Hérouville, 115.
Heudreville, seigneurie, 210.
Heuqueville, seigneurie, 273, 277, 280.
Homme (le), seigneurie, 110.
Houppeville, seigneurie, 329.
Hugleville, seigneurie, 113, 114.

Ifs (les), près Caen, 115.
Isneauville en la banlieue de Rouen, 251.

Jarnac (bataille de), 323.

Languedoc (armée en), 303, 304.
Lèvemont, seigneurie, 329.
Limésy, seigneurie, 114.
Lisieux (Élection de), 101, 107, 157. Montant de la taille de cette Élection, 158. Receveur des tailles, 156. Ville de —, 101.
Lisores, seigneurie, 11, 23, 46.
Londe (la), seigneurie, 276, 278.
Longbouel (droits d'usages en la forêt de), 279, 281.
Longueil, seigneurie, 329.
Longuerue, seigneurie, 127, 212, 245.
Longueville (lieutenant particulier du bailli de), 313. Plainte contre les rebelles qui sont rentrés dans le bailliage de —, 314, 315.

Lorican, lieu dit à Saint-Etienne-du-Rouvray, 254.
Loucelles, 115.
Louvetot (curé de), 159.
Louviers (arrêt du Parlement donné à), 93, 315.

Madrid, près Paris, séjour du Roi, 221, 259, 266, 269.
Mailleraye (la), seigneurie, 110.
Mainesmares, seigneurie, 100.
Malassis, seigneurie, 113, 114, 178.
Malaunay, seigneurie, 113.
Martainville, seigneurie, 115, 119, 290.
Mathonville, 112.
Mesnil-Raoult (habitants du), usagers en la forêt de Longbouel, 281.
Metz (le Roi à), 305.
Montauban, 303.
Meudon, 221, 222, 224.
Monceaux, 224, 230, 233.
Mondreville, seigneurie, 115, 156, 157, 176, 242, 331, 332.
Montaigu, seigneurie, 113, 115.
Montivilliers (Élection de), 157. Montant des tailles de cette Élection, 158.
Mortain (comté de), 224. Élection, 173.
Mortemer (abbaye de), 156.

Nantes (lettres du Roi datées de), 111.
Normandie sauvée par Matignon, 169; surchargée de tailles, 4; Cour des Aides de —, 266; gouverneur de —, 89, 94; lieutenants du gouvernement de —, 110.
N.-D.-de-Franqueville, 252.

Offranville (vivres fournis par les habitants d') aux compagnies du comte de Brissac.
Oissel, 254.
Omméel (curé d'), 195.

Paris. Chambre des Comptes, 157. Chapitre de —, consulté par celui de Rouen, 258, 259. Lettres-patentes datées de —, 146, 308. — en opposition avec Rouen pour le commerce des vins, 291.
Pavilly, 113.
Perche (comté du), 157. Prévôt des maréchaux de ce comté, 271.
Plessis (le), seigneurie, 112, 119.
Plessis-lès-Tours; lettres du Roi qui en sont datées, 159.
Poitiers (siège de), 165. Gouverneur de —, 166.
Pologne (duc d'Anjou, nommé roi de), 298.
Pont-Audemer (capitaine de), 267. Députés de la vicomté de Pont-Authou et Pont-Audemer, 91, 95, 114, 119, 137, 147, 178, 198, 267, 289.
Pont-de-l'Arche (députés de la vicomté de), 91, 96, 114, 119, 137, 147, 178, 198, 289.
Pont-Saint-Pierre, 113.
Pontoise (Élection de), 243.
Pont-Saint-Pierre, 254.
Posville, seigneurie, 113.

Prée (la), seigneurie, 289.

Quillebeuf (plainte contre les pilotes de), 56, 121. Navigation des Quillebois ou habitants de —, 340.

Radepont, seigneurie, 113, 119.
Rivière (la), seigneurie, 113, 114.
Roche-Beaucourt; lettres du Roi qui en sont datées, 318.
Rochelle (ville de la), 273, 303.
Rochelle (la), seigneurie, 309.
Ronchérolles, seigneurie, 112, 114, 119.
Roquette (la), seigneurie, 113.
Rouen. Assemblée à l'Hôtel-de-Ville de Rouen pour l'élection de députés, 90; 98, etc. La ville de — achète une pièce d'artillerie, 110; en contestation avec les fabriques pour le remboursement des fonds employés à la suppression de la Chambre des comptes, 121-123; affecte de ne point confondre ses députés avec ceux du tiers État, 115; réclame la conservation de la forme anciennement suivie pour l'élection des députés, 196; reçoit mal l'édit de pacification, 200; obligée de rendre aux rentiers protestants les arrérages des rentes sur son Hôtel-de-Ville qui lui avaient été attribués, 211; subit un emprunt fait pour le Roi, 259; réduite au pouvoir du Roi, 91, 313; Bréauté chargé d'y commander en l'absence de Carrouges, 325. Mesures prises par le Parlement, pour assurer la tranquilité de —, 330. Injonction aux habitants de s'enrôler sous la charge des capitaines de leurs quartiers respectifs, 331. — Procureur-syndic de la ville de —, 91, 110, 159, 245, etc.; forme de son élection, 198. Receveur de la ville de —, 212. Sergent-major de —, 120. Bailliage de —, 90, 95, 109, 110, 112, 119, 159. Geôle du bailliage, lieutenant général du bailli, 177; procureur du Roi au bailliage, 197, etc. Capitaine de la ville et du château de —, 96, 110. Consuls des marchands de —, 339. Élection de —, 107; montant de la taille de cette Élection, 157, 158. Receveur de la Généralité de —, 157. Recette générale de —, 248. Table-de-Marbre de —, 341, 342. Vicomté de Rouen; ses députés, 198, 267, 289. Vice-bailli de —, 291. Marchands de —, 239. Archevêque de —, 255, etc. Archevêché de —, 29; le duc de Bouillon n'y veut point loger, 211. Chapitre de —, 89, 90, 91, 94, 96, 119, 159, 177, 178, 258, 286, 287; en contestation avec la Ville pour les préséances à l'Hôtel-Commun, 147, 160; exempt de loger les gens du gouverneur,

260 ; se prétend exempt des gardes, 287; extraits de ses délibérations, 337, etc. Saint-Cande-le-Jeune de —, curé, 119, 220, 337.—Saint-Nicolas de —, église, 339. Monastère de Saint-Ouen de —, réclamé pour le logement du duc de Bouillon, 197, 212, 213. Le cardinal de Bourbon, abbé de Saint-Ouen de —, 213. Dom Thorel, bailli de St-Ouen de —, 45, 119. Hôtel de Saint-Wandrille à —, 278. Porte aux Images; ponte Guillaume-Lyon, enseigne de la Couronne de fer à —, 251, 254, 256. Etats tenus à —, 87, 160, 179, etc.; à Saint-Ouen, 95. Banlieue ou bonne lieue de —, 249.

Roule (le), h. d'Aubevoie, 340.

Roumare (prêche de), interdit, 320, 321.

Roussillon; lettres du Roi qui en sont datées, 100.

Rouville; permission d'y baptiser les enfants de protestants, 322.

Ruffault, seigneurie, 113, 119.

Ruffosse, seigneurie, 329.

Sahurs, seigneurie, 90.

Saint-Désir, seigneurie, 112.

Saint-Étienne-du-Rouvray, paroisse comprise, pour partie, dans la banlieue de Rouen, 249-255.

Saint-Germain-en-Laye, 88.

Saint-Jean-du-Cardonnay, seigneurie, 113, 119.

Saint-Joire (ou Saint-Georges) de Boscherville, 113.

Saint-Lô; son présidial uni à celui de Caen, 308-309, 315, 317.

Saint-Martin-aux-Arbres, seigneurie, 113, 119.

Saint-Maur-des-Fossés, 158, 221, 327 ; lettres du Roi qui en sont datées, 158.

Saint-Pierre-de-Franqueville, 251.

Saint-Victor, 112.

Saint-Wandrille (religieux de); leur hôtel à Rouen, 278.

Saintonge (armée en), 170.

Sancerre, 303.

Sarilly, seigneurie, 211.

Saussay, seigneurie, 147.

Sayneville, seigneurie, 113.

Suisse (ambassadeur du Roi en), 123.

Suzay en Vexin, 220.

Tancarville (gouverneur de), 191.

Thibermesnil, seigneurie, 289, 324.

Thiboutot, seigneurie, 325.

Tillières, comté, 110.

Torigny, comté, 221.

Torp (le), seigneurie, 212.

Tostes, 197.

Toulouse; lettres du Roi datées de cette ville, 101.

Tours, 233.

Tourville, seigneurie, 96, 98, 99, 211, 267.

Vacherie (la), seigneurie, 198.

Valognes (Élection de), 49.
Vandrimare, seigneurie, 95, 113, 114, 120.
Vanescrot, seigneurie, 113.
Varennes, seigneurie, 90.
Varneville, seigneurie, 112, 114.
Vaupalière (la), seigneurie, 119.
Verneuil; le député du tiers État de cette ville réclame, pour elle, la libre élection de son maire, à qui serait rendue son ancienne juridiction, 83, 84. Élection de —, 157.
Vieux-Manoir, seigneurie, 112.
Villebon, seigneurie, 110.
Villers-Cotterets, 235, 257, 266.

TABLE DES NOMS D'HOMME

Acoulombs (Guill.), mesureur juré, 254.
Adam (Raoul), receveur ancien des aides et tailles en l'Élection de Lisieux, 101.
Adeston (François), sieur de la Roquette, 113.
Alençon (François duc d'), 225, 230, 231.
Allais (Jean), député aux États, 96.
Alorge (Martin), sieur de Sayville, 113.
Alphonse, roi d'Aragon, 130.
Anjou (duc d') commande l'armée en Touraine et Poitou, 162; vainqueur à Montcontour, 166; vient à Rouen, 197; est logé chez le sieur de Dracqueville, 123; nommé roi de Pologne, 298; instructions qu'il laisse, avant son départ, pour la réforme du royaume, 299.
Anzeray (François), conseiller au Parlement, 213, 214, 233.

Arnoult (Guill.), lieutenant du vice-bailli d'Evreux, 291.
Auber (Jacques), sieur du Fossé, avocat en la Cour des Aides, 101, 334; avocat du Roi à la même cour, 228, 231.
Auber (Guill.), 245.
Auber (Richard), sieur des Becquets, 101.
Austin, conseiller à la Cour des Aides, 177.

Bailleul (Bertrand), sieur de Rufosse, séditieux, 329.
Ballue (Adrien), chanoine de Rouen, 95, 260, 287; député aux États, 177, 178.
Balzac (Thomas de), sieur de Montaigu, député aux États, 113, 115.
Bapaume; taxe pour les decimes faite par lui, 43.
Baratte, procureur en la Cour des Aides, 101.
Bardoul (Henri), procureur nommé par un député malade, 195.

BAUDRY (Jacques), échevin de Rouen, député aux États, 147.

BAUQUEMARE (Jacques de), premier président au Parlement, 265, 282, 284, 325, 328, 331, 334, 342 ; commissaire du Roi aux États, 33, 215, etc. ; ses harangues aux États, 123-136, 138-146, 148-153, 160-173, 179-189, 200, 268-276, 292-305 ; commissaire pour informer des déprédations sur mer, 157 ; reçoit le duc de Bouillon au Parlement, 216.

BAUQUEMARE (Guill. de), conseiller au Parlement, 214.

BAUQUEMARE (Michel de), 211.

BAUQUEMARE (Nic. de), greffier des États, 17, 32, 63, 89, 100.

BAVIÈRE, (Wolfang Guillaume de) duc des Deux-Ponts, 163.

BEAUMESNIL, secrétaire des finances, 234.

BECDELIÈVRE (Ch. de), sieur de Sarilly, 211.

BELLAY (Martin du), sieur de Langey, lieutenant-général en Normandie, 85.

BELLIÈVRE (Ponponne de), conseiller d'État, 228.

BENARD (Nic.), général des finances à Caen, 117.

BERRIER (Jacques), 254.

BERRY (Guill.), séditieux, 329.

BIGARDS (Louis de), sieur de Tourville, capitaine de Rouen, député aux États, 96 ; sieur de la Londe, 276.

BIGOT (Emery), sieur de Thibermesnil, avocat pensionnaire de la Ville de Rouen, député aux États, 96, 98 ; nommé procureur de la Ville, refuse cette charge, 198 ; premier avocat du Roi au Parlement, 177, 191, 194, 200, 289 ; commissaire du Roi aux États, 268.

BIGOT (Lanfranc), chanoine de Rouen, 90, 96, 260, 261.

BIGOT (Laurent), sieur de Thibermesnil, premier avocat du Roi au Parlement, 90, 119, 137, 147, 324.

BIGUES (Jean), sieur de Saint-Désir, archidiacre, chanoine en l'église de Rouen, vicaire général de l'archevêque, 90, 112, 114, 137, 267, 289 ; député aux États, 115.

BIRAGUE (René de), 221, 233.

BIRON (Armand de Gontaut, baron de), 230.

BODIN (François), 281.

BODIN (Jean), procureur du Roi pour la réformation des forêts, 227, 231-233, 277, 281.

BOEVYN (Noël de), sieur de Tourville, 211.

BOHIER (Guill.), 239.

BOHIER (Nic.), ou *Boherius*, cité, 293.

BOISLEVESQUE (Robert de) greffier au Parlement, 313.

BOISLEVESQUE (Geneviève de), femme de Marillac, 248.

BONACORCI (Pierre de), général des finances en la généralité de Rouen, 111 ; commissaire du Roi aux États, 160, 179, 200, 268, 291.

Bordeaux (Guill. de), conseiller au Parlement, 214, 279, 282. 317.

Bouchart (Michel), 211.

Bouillon (Henri-Robert de la Marck, duc de), gouverneur de Normandie, 1, 86, 89, 94, 100, 110, 115, 117, 118, 121, 197, 260, 311, 319; vient loger à Saint-Ouen, 212; préside les États de 1566, 123, ceux de 1571, 214, 215; reçu au Parlement, 216, 218; malade, 227, 228.

Bouquelon (de), échevin de Rouen, 289.

Bourbon (Charles cardinal de), 90, 112, 197, 221, 222, 228, 229, 230, 233, 234, 267, 289; abbé de Saint-Ouen, 213. Lettre du Roi au cardinal, 255.

Bourbon (Françoise de), femme du duc de Bouillon, 89, 121.

Bourbon (Henri de), duc de Montpensier, 89, 224, 234.

Bourbon (Louis de), prince de Condé, 9; auteur des troubles, 323.

Bourgueville (Ch. de), sieur de Bras, 115.

Boursier (Pierre), 239.

Braques (Ch. de), sieur du Plessis, 112, 119.

Bréart (Jean), député aux États, 267.

Bréauté (Adrien de), nommé pour commander à Rouen, en l'absence de Carrouges, 325-327; commissaire du Roi aux États, 200.

Brehan (Jean), séditieux, 329.

Bretel (Raoul), conseiller au Parlement, 263, 282.

Brévedent (Denis de), chanoine de Rouen, 261.

Brévedent (Jacques de), sieur de Sahurs, lieutenant-général au bailliage de Rouen, 90, 109, 112, 113, 119, 137, 197, 198, 199.

Brévedent (Jean de), lieutenant-général du bailliage de Rouen, 159, 177, 289.

Brière (Rob.), séditieux, 329.

Briselet (Robert), conseiller au Parlement, 214, 315.

Brissac (Ch. de Cossé, comte de), 227, 230; régiment du comte de —, 157.

Brunville (Olivier de), lieutenant-général du bailli de Caen, 115, 116.

Bruyères (René de), chanoine de Rouen, 197, 267, 286.

Bruyères (Guill.), séditieux, 330.

Bryon (Nic. de), sieur de Houppeville, séditieux, 329.

Buhaire (Pierre), vicaire de Sainte-Trinité de Falaise, 176.

Bulli (Ch. de), sieur du Vieux-Manoir, 112.

Busquet (Jean), chanoine de Rouen, 119, 159, 160, 337, 338.

Busquet, conseiller au Parlement, 263, 282.

Byart (Michel), 211.

Caradas (Antoine), conseiller au Parlement, 251, 252, 254.

Carrouges (Tanneguy le Veneur, sieur de), comte de Tillières, lieutenant du Roi aux bailliages de Rouen et d'Évreux, 110, 211, 268, 275, 304, 312, 319, 320. Les députés demandent qu'il soit commissaire du Roi aux États, 86; commissaire du Roi aux Etats, 123, 138, 179, 200, 268. — Absent de Rouen pour faire ses chevauchées, 325-326. Sa séance au Parlement, 216.

Catherine de Médicis, 221.

Cauchart, procureur à la Cour des Aides, 101, 239, 246.

Caumont (Guill.), sieur de Bondeville, séditieux, 329.

Caumont (Henri), sieur de Ruffault, 113, 119.

Caumont (Jacques), séditieux, 330.

Cauvet (Jean), procureur du Roi en l'Élection de Bayeux, 49, 50.

Cavelier (Jean), lieutenant criminel au bailliage de Rouen, 112.

Cavelier (Jacques), sieur d'Auberville, procureur du Roi au bailliage de Rouen, 112, 119, 137, 159, 177, 197, 267, 289.

Cécille (Paolet), de l'Élection de Rouen, 253.

Champagne (Jean de la), lieutenant du bailliage de Caux, 291.

Chappuys (Claude), chanoine de Rouen, 245.

Charles VIII; recherche commandée par lui, 14, 19.

Charles IX, 210, 258, 264, 266, 267, 281, 282; se rend maître de Rouen, 92; donne audience aux députés du Parlement, 221; ses lettres pour le rétablissement des Élus, 285, 286; pour la convocation des États, 288, 289, etc.; en faveur des nouveaux officiers des Élections contre les anciens, 305-308; datées de Roche-Beaucourt, 318; de Saint-Maur-des-Fossés, 320; pour nommer Bréauté au commandement de Rouen, 325, 327; au sujet des francs-tenants, 334-337. — à Chantilly, 194; à Charleval, 220; à Gaillon, 340; à Madrid, 26, 238; à Nantes, 111.

Charles (Pierre), conseiller au Parlement, 269, 282.

Chesneau (Jean), conseiller au Parlement, 214, 215, 282.

Chignerre (Michel), 211.

Chiverny (Hurault de), conseiller d'État, 231.

Civille (Antoine de), sieur de Bouville, conseiller au Parlement, 210, 214.

Claville (le vicomte de), gouverneur de Tancarville, assassiné, 191.

Clerel (Nic.), chanoine de Rouen, 267, 289; député de l'église, 267; chargé de porter le Cahier, 286, 287.

Clères (Jacques de), baron du lieu, 112; dép. aux États, 198.

Clèves (Catherine de), 321.

Clinchamp (Réné de), chanoine de Rouen, 112, 114.

COLIGNY (Gaspard de), sieur de Châtillon, chef de la révolte, 164, 166; amiral, 225, 231, 234.

COLLET (Jean), deuxième Élu à Bayeux, 49, 50.

CONTE (Rob.), député aux Etats, 35.

CŒURET (Pierre), séditieux, 330.

CORBIE (François de), commissaire du Roi, 11, 23, 46.

COSSART, chanoine de Rouen, 159, 160, 338.

COSTARD, échevin de Rouen, 289.

COSTÉ (Jean), séditieux, 329.

COURANT (Guill.), substitut du procureur du Roi au bailliage de Rouen, 95.

COUYON (Alain), séditieux, 330.

CROISMARE (Ch. de), sieur de Saint-Jean-du-Cardonnay, 113, 119.

CROISMARE (Jacques de), avocat du Roi, puis conseiller à la Cour des Aides, 108, 250, 253.

CROISMARE (Jean de), président au Parlement, 123, 328.

CROISMARE (Pierre de), sieur de Limésy, 114.

CROISMARE (Isabeau de), 211.

CROY (Antoine de), prince de Portien, 321.

DAMBRUNE (Pierre), séditieux, 330.

DAMOURS (Nic.), avocat général, ensuite conseiller au Parlement, 215, 220, 226, 231, 276, 277, 324.

DAON, 231.

DARÉ (Alix), veuve de Raoulin, conseiller au Parlement, 211,

DAUBONNE (Pierre), greffier au présidial de Saint-Lô, 316. — receveur de la taille à Caen, protestant, 331, 332.

DAVID (Pierre), 2e Élu en l'Election de Coutances et Carentan, 49.

DE LA HAULLE (Rob.), sieur de Ganzeville, séditieux, 329.

DELAMARE (Colas), de Saint-Etienne-du-Rouvray, 253.

DE LA MARE (Rich.), séditieux, 329, 330.

DE LA PLACE (Pierre), conseiller à la Cour des Aides, 177.

DE LA PLACE (Pierre de), conseiller au Parlement, 198, 214, 282.

DE LA ROCHE (Jean), sieur de Vandrimare, 113, 114, 120; injurié par le sieur de Tracy, 121; député aux Etats, 95, 337.

DE LA SALLE, Élu opté de l'Election de Pont-Audemer, 290.

DE LAUNEY (Jean), député de la vicomté d'Auge, 289.

DE LAULNAY (Marin), député de la vicomté de Pont-Audemer, 198, 289.

DELEAU (Pierre et Robert), de St-Etienne-du-Rouvray, 253.

DELISLE (Nic.), 211.

DE LONDRES (Marin), député de la vicomté de Pont-Audemer, 267.

DELPECH (François et Pierre), 239.

Delphine (Piétrepol), corse, 110.
Denys (Guill.), employé à la recette des tailles, protestant, 331, 332.
De Reuilly (Jean), tavernier d'Evreux, accusé d'avoir inséré dans le Cahier des Etats une clause contraire aux intentions des députés, 102-105.
De Sailly, secrétaire du duc de Bouillon, 313.
Deshayes (Guill.), séditieux, 330.
Deshommets (Ch.), 211.
Deshommets (Jacques), maître des ports, ponts et passages de Normandie, 239.
Desloges (Réné), vice-bailli, 291.
Desmarets (François), sieur des Granges, 113, 114, 119.
Desprez (Jacques), sieur de Frettemeule, 113, 114, 119.
Després (Jean), sieur du lieu, séditieux, 329.
Dessus le boys (Ch.), sieur de Cauville et de l'Esglantier, séditieux, 329.
Doury (Fremyn), curé de Saint-Caude-le-Jeune de Rouen, député aux Etats, 119, 120.
Dubosc, lieutenant en la juridiction des eaux-et-forêts, 342.
Du Bosc (François), sieur d'Emendreville, 114.
Du Bosc (Louis), sieur de Radepont, 113, 119.
Du Bosc (Jean), lieutenant de longue robe d'un vice-bailli, 291.
Du Bosc (Jean), vice-bailli d'Evreux, 291.

Du Busc (Jean), séditieux, 329.
Dufour (François), Élu au siège d'Argentan, 100.
Dufour (Nic.), sieur de Longuerue, receveur de Rouen, 197, 212, 245; dép. aux Etats, 138.
Dufour (Jacques), séditieux, 329.
Dufour (Jean), séditieux, 329.
Duhamel (Jacques), sieur du Bosc, conseiller au Parlement, 211.
Du Lac (Imbert), avocat au Parlement de Paris, commissaire du Roi, 235, 266.
Du Moncel (Marie), femme de Nic. Damours, 215.
Dumonstier (Thomas), de Saint-Etienne-du-Rouvray, 253.
Du Moucel (Jean), sieur de la Brière, député aux Etats, 95.
Dupré (Jean), conseiller au présidial de Saint-Lô, 316.
Du Quesnay (Jean), sieur de Varennes, procureur du Roi au bailliage de Rouen, 90.
Durand (Guill.), sieur de la Rivière, 113, 114.
Durand (Nic.), sieur de Roncherolles, 112, 114, 119.
Durant (Clément), député aux Etats, 178.
Durant (Thomas), séditieux, 329.
Du Val (Ch.), conseiller au Parlement, 214.
Duval (Etienne), sieur de Mondreville, receveur des deniers communs des Etats de Normandie et des Etapes, 3, 156, 157, 176, 242-246, 331.

DUVAL (François), député aux Etats, 95, 114, 137, 198.
DUVAL (Jean), sieur de Commanville, secrétaire du Roi, 211.
DUVAL (Nic.), fils du sieur de Mondreville, 331.
DUVAL (Rob.), séditieux, 329.

ELISABETH, femme de Charles IX, 221.
ERCAMBOURG (François), sieur de Tourville, député aux Etats, 267.
ESTEVILLE (d'), échevin de Rouen, 289.
ESTOUTEVILLE (Jean d'), sieur de Villebon, bailli et capitaine de Rouen, lieutenant du Roi en Normandie, 85, 110, 319, 320.
EULDE (Christophe), grand vicaire et official de Rouen, chanoine, député aux Etats, 147, 258, 338.
EVERARD, député aux Etats, 198.

FALAISE (Mathieu), employé à la recette des tailles, protestant, 331, 332.
FAUCHAULT (de), trésorier général à Caen, 117.
FAULCON (Jacques), receveur alternatif des aides et tailles de Lisieux, 156.
FAVIER, conseiller au Parlement de Paris, commissaire extraordinaire, 192.
FEREY (Jean), séditieux, 329.
FERNAGU (Jean), procureur-syndic de Caen, 115-117.
FIESQUE (Scipion de), 234.

FILLEUL (Jean), sieur des Chenets, avocat à Rouen, pensionnaire de la Ville, 109.
FILLEUL (Michel), avocat à Rouen, 110.
FIZES (Simon), baron de Sauves, secrétaire du Roi, 25, 264, 327.
FLOTEY (Guill.), prévôt des maréchaux du comté du Perche, 291.
FONDIMARE, séditieux, 330.
FOSSE (Gilles), garde des sceaux en la juridiction des Consuls de Rouen, 57.
FOSSE (Jean), député aux Etats, 137.
FRANÇOIS Ier (lettres de), 249.
FREMOND (Simon), mesureur juré, 251.
FRESNEL (Pierre), conseiller au Parlement, 214, 282.
FUMÉE (Antoine), maître des requêtes de l'hôtel du Roi, 200, 233, 234.

GAUDART (François), sieur de Fontaine, maître ordinaire en la Chambre des comptes, à Paris, commissaire pour juger des déprédations, 157.
GAUGER (Blaise), séditieux, 329.
GAILLARD, officier des eaux-et-forêts, 341, 342.
GAYANT (Adrien), général des finances à Rouen, 291; commissaire du Roi aux Etats, 268.
GILLES (Jacques), vice-bailli de Gisors, 291.

GILLES (Pierre), dit Houteley, séditieux, 329.
GOBELIN (Jean et Philibert), de Paris, 239.
GOBERVILLE (François de), 113.
GODEFROY (Guill.), greffier civil au Parlement de Normandie, 233.
GODEFROY (Guill.), séditieux, 330.
GOSSELIN, clerc du parquet du procureur général au Parlement, 277.
GOSSELIN (Jean), sieur de la Vacherie, procureur-syndic des Etats, 178, 190, 192, 193, 194, 196, 198, 199, 235, 239, 240, 245, 246, 249, 253.
GOSSELIN (Nic.), sieur de la Vacherie, procureur-syndic de la ville de Rouen et des Etats, 9, 16, 45, 86, 90, 91, 95, 96, 101-109, 112, 114, 119, 120, 138, 147, 155, 156, 198, 242, 243; son décès, 159.
GOUDEMARE (Vincent), mesureur-juré, 254.
GOUEL (Ch.), sieur de Posville, 113.
GRAINVILLE (Rob. de), sieur de Fiquainville, séditieux, 329.
GRANTRUE (Hervé de), trésorier de France, commissaire du Roi aux Etats, 160, 179, 200, 268.
GUÉRARD (Denis), promoteur de l'archevêché de Rouen, curé de Louvetot, député aux Etats, 159, 260, 339.
GUÉRARD (Jean), député aux Etats, 267.

GUERCHOYS, officier de l'Amirauté à Rouen, 340.
GUERNET ou Guernot (Jean), député aux Etats, 114, 147.
GUERNIER (Marin), chanoine de Rouen, 94.
GUISE (duc de), 166; à Rouen, 197.

HALLÉ (Raoul ou Raoulin), échevin de Rouen, député aux Etats, 110, 194, 198, 199, 212.
HALLÉ (Barthélemy), député aux Etats, 95, 268.
HAMEL (Jean), séditieux, 329.
HARDOUYN, commis du payeur des gages du Parlement, 220.
HATTES (Gilles de), président au Parlement, 282, 328, 337.
HÉDOUIN (Roger), séditieux, 329.
HENRI, roi de Navarre, 229, 273.
HERMENEULT ou Ermenoult, 228, 231.
HERVYEU (Jean), solliciteur des affaires communes de Normandie, 175.
HESBERT (Jaspar), député aux Etats, 119.
HOMME (Bertran du), sieur de la Rochelle, député aux Etats, 309.
HORSLAVILLE (Pierre), séditieux, 330.
HOUTTEVILLE (Nic.), séditieux, 330.
HUPIN (Pierre), député aux Etats, 137.
HUGLEVILLE (Roger de), sieur du lieu, 113, 114.

JAUDIN (Guill.), sieur de Caumont, chanoine de Rouen, député aux Etats, 289, 290.

JOYSE, procureur en la Cour des Aides, 101, 239.

JUBERT (Guill.), conseiller à la Cour des Aides, 177.

JUBERT (Pierre), sieur de Bonnemare, 211.

LABESSEY ou Labessé, trésorier de France, commissaire du Roi aux Etats, 179, 200, 268.

LAÎNÉ (Martin), 154.

LAISNÉ (Christophe), avocat du Roi en l'Élection d'Alençon et du Perche, 246-249.

LALEMANT, conseiller au Parlement, 313, 315, 317, 318, 320.

LALEMANT (Michel), huissier au présidial de Saint-Lô, 316.

LAMBERT (Pierre), chanoine et pénitencier en l'église de Rouen, 177, 258.

LAMBERT (Antoine), sieur de Condé, 113.

LAMBERT (Jacques), député aux Etats, 147.

LAMBERT (Pierre), lieutenant du bailli de Gisors, 291.

LAT (Jean), fermier de l'imposition de 5 s. pour muid de vin, 258; trésorier général de la marine, prisonnier, 156.

LAUBESPINE (de), 308.

LE BIGOT (Jacques), Elu en l'Election de Falaise, 173-177.

LE BOUCHER (Pierre), échevin de Rouen, député aux Etats, 110, 194, 198, 199.

LE BOULLENGER (Jean), fermier de la Romaine, 239.

LE BRUN (Jean), chanoine de Rouen, 148, 261, 338.

LE BRUN (J.-B.), conseiller au Parlement, 282, 320.

LE BYS (Guill.), chanoine de Séez, curé d'Oméel, député aux Etats, 195.

LE CHANDELIER (J.-B.), conseiller au Parlement, 282.

LE CHEVALLIER (Adrien), sieur de Malassis, 113, 114.

LE CLERC (Nic.), sieur de Croisset, 114.

LECONTE (Nic.), sieur de Dracqueville, maître des requêtes, président au Parlement de Normandie, ambassadeur du Roi, 123; commissaire du Roi aux Etats, 138, 160, 179, 200, 220, 268.

LE CONTE (Thomas), conseiller au présidial de Saint-Lô, 316.

LE COQ (Guill.), avocat à la Cour des Aides, 101.

LE CORDIER, huissier au Parlement, 277.

LE CORDIER (Pierre), député aux Etats, 96.

LE CROQ (Adrien), sieur de Vanescrot, 113.

LE FÈVRE (Hervé), député aux Etats, 119.

LE FÈVRE (Pierre), député aux Etats, 268.

LEFÈVRE (Pierre), sieur de Longueil, séditieux, 329.

Le Fieu (Guill.), receveur général de la vicomté de Rouen, 157, 291.

Le Gay (Jean), sieur de Miray, avocat du Roi à la Table-de-Marbre à Rouen, 341.

Le Georgelyer (Claude), sieur du Busc, conseiller au Parlement, 213, 214, 282, 325.

Legot (Guill.), docteur, chanoine d'Avranches, député aux Etats, 309.

Le Grand (Ch.), 239.

Le Gras (Raoulin), député aux Etats, 91, 95, 114.

Le Gras (Rob.), avocat pensionnaire de la Ville de Rouen, décédé, 199.

Le Guerrier (Jean), sieur de Loucelles, député aux Etats, 115-117.

Le Hanyvel (Rob.), sieur de la Chevalerie et de Saint-Etienne-du-Rouvray, 255 ; député aux Etats, 9.

Le Jumel (Pierre), sieur de Lisores, président au Parlement, 11, 23, 46, 123, 214, 232, 276, 282 ; récit de son voyage en cour, 220.

Le Lieur (Antoine), sieur de Brametot, député aux Etats, se montre favorable aux protestants ; désavoué par la Ville de Rouen, 91, 92.

Le Liepvre (Claude), 239.

Le Maistre, procureur à la Cour des Aides, 101, 155, 239, 240, 243, 247.

Le Mesgissier (Martin), imprimeur du Cahier des Etats, 17, 32, 63, 86.

Lengeley ou Lengellé (Jean), chanoine de Rouen, 95, 260.

Lenoir (Dom), 286.

Le Nud (Robert), commissaire, député par les Etats, 100.

Le Pelletier (Richard), sieur de Martainville, 113, 119.

Le Prevost (Jean), député aux Etats, 178.

Lermitte ou l'Hermitte (Jacques), sieur de la Prée, avocat pensionnaire de la Ville de Rouen, 147 ; député aux Etats, 91, 95 ; nommé procûreur-syndic de la Ville de Rouen, 198, 199 ; agit en cette qualité, 159, 170, 178, 194, 239, 240, 245, 253, 289.

Le Roux *senior*, conseiller au Parlement, 254, 282.

Le Roux (Guill.), second Élu de Caudebec, opté, 155.

Le Roy (Guill.), député aux Etats, 289.

Lesbarey (Guill.), séditieux, 330.

Lescuyer (Pierre), député aux Etats, 267.

Le Seigneur (Alonce), échevin de Rouen, dép. aux Etats, 147.

Le Seigneur (Guill.), sieur des Croix, échevin de Rouen, 110, 194, 212, 215 ; député aux Etats, 96, 159, 160.

Le Sens (Jean), sieur de l'Aulnay, soutient que la vicomté de Pont-Audemer doit élire à son tour le noble du bailliage, 97, 98.

Lesueur (Jean), chanoine de Rouen, 90.
Le Tellier (Adrien), lieutenant du bailli de Longueville ; sa plainte contre les rebelles qui viennent reprendre possession de leurs offices, 313, 314.
Le Tessier (Jacques), chanoine de Rouen, 112, 114, 160, 339.
Le Tessier (Jean), chanoine de Rouen, 96.
Le Veneur (Renée), veuve de Jean de Mainesmares, 110.
Liégeart (André), clerc des généraux des finances, 111.
Loques (Olivier), séditieux, 330.
Lorraine (Mme de), 230.
Lorraine (Ch. de), duc d'Aumale, 100 ; commande l'armée chargée de s'opposer à l'entrée des Allemands, 163.
Lorraine (Ch. de), marquis de Mayenne, 166.
Lorraine (Henri de), duc de Guise, 166.
Lorraine (Louise de), reine douairière de France, 91.
Louis XI supprime les Élus et les rétablit, 106.
Louvel (Guill.), séditieux, 330.
Loyseau, huissier en l'amirauté de Rouen, 339, 340.
Lude (comte du), gouverneur de Poitiers, 166.
Lymoges (de), conseiller d'Etat, 24, 222.

Maignart (Jean), conseiller à la Cour des Aides, 251, 252, 253, 254, 255.
Maignart (Jean), conseiller au Parlement, 211.
Maignart (Thomas), conseiller à la Cour des Aides, 250.
Maillard (Guill. et Pierre), séditieux, 329.
Mailly (Nic. de), commissaire député par les Etats, 100.
Mainesmares (Jean de), sieur du lieu de Bellegarde, 110.
Maison-Cordet (Mr de), commissaire du Roi, 222.
Mallet (Michel), chanoine de Rouen, 94.
Mallevault (de), 225.
Manneville (Rob. de), l'un des Élus de Rouen, 109.
Mansfeld (Volrad de); son entrée en France, 163.
Marc, huissier au Parlement, 277.
Marguerite de Valois, première femme de Henri IV, 273.
Marie (Guill.), poudrier, ayant commission pour faire tous les salpêtres du pays, 74.
Marillac (Guill. de), intendant des finances, 222, 231, 248.
Marlet (Ch.), lieutenant du vice-bailli d'Alençon, 291.
Maromme (Sanson de), commissaire député par les Etats, 100.
Marsollet (Jean), député aux Etats, 198.
Martel (Adrien), conseiller au Parlement, 282.
Martel (Antoine), sieur de la Vaupalière, 119.
Martel (Regnauld), séditieux, 330.

MARTEL (René), avocat en la vicomté de Rouen, 246.

MARTIMBOS (Marian de), chanoine à Rouen et conseiller au Parlement, 214, 230, 231, 232, 282; député aux Etats, 137, 138; envoyé en Cour, 220.

MARTIN (Ch.), chanoine de Rouen, 119, 337.

MASSIEU (Michel), 211.

MATIGNON (Jacques de), lieutenant-général en Normandie, 111, 221, 319, 320.

MAUDE (de), 225, 226, 230, 231.

MAUGER (Louis), séditieux, 330.

MAZE (Nic.), député aux Etats, 138.

MAYNET, avocat du Roi au bailliage de Rouen, 159.

MAYNET (Jérôme), sieur de la Vallée, conseiller au Parlement, 210, 214, 263.

MÉDINE (Pierre de), conseiller au Parlement, 198, 214.

MESLIN (Jean), député aux Etats, 178.

MESNIL (Pierre du), procureur général à la Cour des Aides de Normandie, 108.

MOGES (Jean de), lieutenant-général du bailli de Rouen, 90.

MONTGUICHET, commissaire pour la réformation des forêts, 222, 231, 233.

MONTLUC (Jean de), ambassadeur du Roi, 298.

MONTMORENCY (Anne, duc de), maréchal de France, 229, 230, 231, 234; chargé de faire exécuter à Rouen l'édit de pacification de 1570, 200, 211.

MORANT (Jean), sieur de Thiboutot, séditieux, 329.

MOREL (Chrétien), 112.

MORIN (Mathurin), receveur alternatif des aides et tailles à Caen, 49, 50.

MORRE (de), 225.

MORVILLIERS (Jean de), conseiller d'Etat, 221, 228, 230, 233, 234.

MOY (Jean de), sieur de la Mailleraye, lieutenant-général en Normandie, vice-amiral de France, 110, 315, 320.

MYSOUART (Rob.), sieur d'Hermanville, avocat au Parlement, 110.

NAGEREL (Jean), chanoine de Rouen, 147, 148, 338.

NERVAL (Jean de), séditieux, 329.

NEUFVILLE (Jean de), procureur du Roi en l'Election de Coutances et Carentan, 49, 50.

NEVERS (duc de), comte d'Eu, 54, 55, 73.

NOBLESSE, secrétaire du Roi, 340.

NOVINCE (Guill.), sieur d'Aubigny, trésorier de France et général des finances à Caen, 117, 123, 160, 280, 291; commissaire du Roi aux Etats, 138, 179, 268.

OURSEL (Rob.), séditieux, 329.

PAPILLON (Rich.), échevin de

Rouen, député aux Etats, 91.
PARDIEU (François de), sieur de Balligan, 211.
PARDIEU (François de), sieur d'Ecotigny, 91.
PATRY (Adrien), lieutenant du bailli de Caux, 228.
PAULIN (Jacques), arpenteur général de Normandie, 254.
PAVYOT (Jean), député aux Etats, 277, 290.
PELLOQUIN (Nic.), clerc de Bonacorci, 111.
PERDRIX (Pierre), vice-bailli de Caux, 29.
PÉRICARD (Jean), avocat général au Parlement, 324.
PETIT-SEIGNEUR, procureur à Caudebec, 222.
PETREMOL (Jean), conseiller au Parlement de Paris, commissaire extraordinaire, 192.
PHILIPPE LE BEL, 84.
PICQUEREY (Pierre), procureur-syndic des habitants du Havre, 240.
PILLATTE (Pierre), 211.
PILLON (Richard), député aux Etats, 91, 119, 147, 178.
PINART, secrétaire d'Etat, 86, 223, 224.
PINART (Jean), 2e Élu de Valognes, 49, 50.
PINEL (Michel), Élu de Caudebec, supprimé, 154-155.
PLUTARQUE, souvent cité par Bauquemare, 127, 150, 166.
POSTEL (Guill.), sieur de Fourneaux, 11, 23, 46, 235, 266.
POTIER, secrét. du Roi, 286, 337.

POTIER (Jean), député aux Etats, 91, 96.
POTIER (Ursin), conseiller au présidial de Saint-Lô, 316.
POUCHIN (Jean), séditieux, 329.
POULLAIN (Mathieu), sieur du Boisguillaume, avocat, pensionnaire de la Ville de Rouen, 199.
POYER (Denis), séditieux, 329.
PREUD'HOMME (Louis), général de Normandie, à Caen, 117.
PREUD'HOMME (Madeleine), veuve de Nic. Gosselin, procureur des Etats, 242-245.

QUIÈVREMONT (Jean de), sieur de Heudreville, conseiller au Parlement, 210, 214, 224, 263.
QUINTANADOINE (Jean de), chanoine de Rouen, 260.
QUINTANADUENAS (Louise de), 91.

RASSENT (Nic.), conseiller au Parlement, 190, 191, 214, 263, 265, 282, 284, 331, 334, 337.
RAOUL (Joachim), 154.
RAOULIN (Rob.), conseiller au Parlement, 34, 309.
RATIER (Jacques), député aux Etats, 289.
RAYNOULT (Guill.), de Saint-Etienne-du-Rouvray, 253.
REGNARD (Laurent), sieur d'Escalles, 112, 114.
REGNARD (Raoul), contrôleur du Havre, séditieux, 329.
REGNAULT (Guill.), prévôt des

bandes françaises au Havre, 329.

Ribault, huissier en la cour de Parlement, 260.

Ribault (Paul), sieur du Boscbénard et de Beaucamp, 278.

Ricard (Guill.), mesureur-juré, 254.

Richier (Louis), trompette à Caen, 286.

Rivière (Raoulin), mesureurjuré, 251.

Romé, chanoine de Rouen, 94.

Romé, conseiller au Parlement, 282.

Romé (Nic.), sieur de Fresquiennes, député aux Etats, 120, 121, 337; injurié par de Tracy, 120.

Rocque (Pierre), sieur du Genetay, échevin de Rouen, 194, 212; député aux Etats, 178.

Roger (Simon), conseiller au Parlement de Paris, 200.

Roncherolles (Pierre de), sieur de Heuqueville, 281.

Roque (Jacques), receveur des étapes de la vicomté de Rouen, 245.

Rostaing (Tristan de), baron de Brou, grand maître des eauxet-forêts, 341, 342.

Roussel, procureur des habitants du Havre, 240.

Sabatier (Jean), 239.

Saint-Bonnet, conseiller d'Etat, 222.

Saint-Léger (Jean de), prévôt de Normandie, 62; on demande qu'il ne soit pas payé, comme étant à la R. P. R., 36.

Saint Louis (remettre les tailles comme au temps de), 82.

Saint-Pierre (Gilles de), sieur des Autheux et d'Achy, député aux Etats, 120.

Saint-Remy (Aymon de), commis de Bonacorci, 111.

Saint-Supplice (M. de), 228, 229, 231.

Sainte-Croix, gentilhomme du duc de Bouillon, 196.

Sequart (Adam), *senior*, chanoine, vicaire général, 114, 119, 137, 197; député aux Etats, 90, 91, 95, 96, 114, 198, 260; chargé de porter le Cahier, touchera ses distributions capitulaires pendant deux mois, 261, 262.

Soupplix (Jean), 239.

Surreau (Louis), sieur de Bondeville et de Malaunay, 113.

Théodet (Jacques), séditieux, 329.

Thiboutot (Ch. de), sieur de Lèvemont, séditieux, 329.

Thorel (Guill.), sieur de Saint-Martin-aux-Arbres, 113, 119.

Thorel (Jacques), sieur de Gamaches, échevin de Rouen, député aux États, 110, 160.

Thorel (Dom Jessé), bailli de Saint-Ouen de Rouen, 114.

Tot (Pierre du), sieur de Varneville, 112, 114.

Toustain, huissier, 245, 246.

TRACY (sieur de), député aux États, 120.
TROUGARD (Nic.), séditieux, 329.
TUILLIER (Marin), séditieux, 330.
TURPIN (Jean), vice-bailli de Rouen, 291.

VALLÉE (sieur de la), 210.
VALLÉE (François), argentier du duc de Bouillon, 212.
VALPOUTREL (Guill. du), avocat du Roi à la Cour des Aides, 231.
VATTEMARE (Ch. de), sieur de Gayneville, séditieux, 329.
VAUDAILLY, 228.
VERDUN (Nic. de), trésorier des parties casuelles, 175.
VIALAR (Michel), sieur de Herces, président au Parlement, 191, 193, 197, 198, 211-215, 263, 328.

VIALAR, chanoine de Rouen, 258, 259.
VIEUPONT (Antoine de), sieur de Saussay, député aux États, 147, 159.
VIEUPONT (Jean, baron de), député aux États, 91, 160, 245, 338, 339.
VIPPART (Claude de), baron du Bec-Thomas, député aux États, 120.
VIPPART (Nicolas de), sieur du Bec-Thomas, 290, 337.
VOISIN, procureur à la Cour des Aides, 101, 156.
VOISIN, échevin de Rouen, 289.
VYENNE (Jean), huissier au Parlement, 154.
VYMONT (Jean), sieur de Beaumont, député aux États, 290.

WITIKIND ou Vindocinde, 163.

TABLE

	Pages	
Cahier des États de novembre 1567	1 à	25
— de novembre 1568	26	32
— de novembre 1569	33	63
— de 1570	65	86
Documents relatifs aux États de novembre 1561	87	89
— — 1562	90	94
— — 1563	94	95
— — 1564	96	109
— — 1565	109	118
— — 1566	118	136
— — 1567	137	146
— — 1568	146	158
— — 1569	159	177
— — 1570	177	196
— — 1571	196	266
— — 1572	267	287
— — 1573	288	308
— Additions	308	342
Table des matières	343	352
— noms de lieu	353	359
— noms d'homme	361	375

OUVRAGES PUBLIÉS

PAR LA

Société de l'Histoire de Normandie :

Chronique de Pierre Cochon, 1 vol. in-8º....................	12 fr.
Actes normands de la Chambre des Comptes, sous Philippe de Valois, 1 vol. in-8º...............................	12
Chronique de Robert de Torigni, Abbé du Mont-Saint-Michel, 2 vol. in-8º.................................	24
Histoire générale de l'Abbaye du Mont-Saint-Michel, 2 vol. in-8º.	24
Le Canarien, 1 vol. in-8º.......................................	12
Histoire ecclésiastique du diocèse de Coutances, 3 vol. in-8º..	36
Documents relatifs a la fondation du Havre, 1 vol. in-8º.....	12
Cahiers des États de Normandie, sous les règnes de Louis XIII et de Louis XIV, 3 vol. in-8º...................	36
Mémoires du président Bigot de Monville, 1 vol. in-8º.........	12
Mémoires de Pierre Thomas, sieur du Fossé, 4 vol. in-8º.......	48
Histoire de l'Abbaye du Tréport, 2 vol. in-8º................	24
Cahiers des États de Normandie sous le règne de Henri IV, 2 vol. in-8º...................................	24
L'ancien Coutumier de Normandie, 1 vol. in-8º (1re partie)....	6
Histoire de l'Abbaye royale de Saint-Pierre de Jumièges, 3 vol. in-8º..................................	36
Le Dragon normand et autres pièces d'Étienne de Rouen, 1 vol in-8º......................................	12
Documents concernant la Normandie, extraits du Mercure françois, 1 vol. in-8º............................	12
Chronique du Bec et Chronique de François Carré, 1 vol. in-8º.	12
Documents concernant l'histoire de Neufchatel-en-Bray et des environs, 1 vol. in-8º......................	12
Cahiers des États de Normandie sous le règne de Henri III, 2 vol. in-8º....................................	24
Documents relatifs a la marine normande et a ses armements aux XVIIe et XVIIIe siècles, 1 vol. in-8º........	12
Comptes rendus des Echevins de Rouen (1409-1701), 2 vol....	24
Volume de Mélanges (1re série).................................	24

Le prix de chaque volume est de 10 fr. pour les nouveaux Sociétaires

Bulletins de la Société de l'Histoire de Normandie, 5 vol. in-8º, chaque volume.....................................	5

IMPRIMÉ PAR E. CAGNIARD, ROUEN.

www.ingramcontent.com/pod-product-compliance
Lightning Source LLC
Chambersburg PA
CBHW050439170426
43201CB00008B/728